La grande aventure
de *La Boudeuse*

DU MÊME AUTEUR

Romans

Un capitaine sans importance, Robert Laffont, Pocket.
Quelque chose qui prend les hommes, Robert Laffont ; nouveau titre *L'Homme de Verdigi,* Archipoche.
Tout l'or du fleuve, Ramsay ; nouveau titre *La Dernière Manche*, La Table ronde poche.

Poésie

Bourlinguer, Paragraphes littéraires de Paris.
Aventures et voyages, Paragraphes littéraires de Paris.
Au long cours, Editions Saint-Germain-des-Prés.
Ephémérides (à paraître).

Nouvelles

Le Chemin de la mer (à paraître), Editions de l'Aube.

Essais

Guerre en Afghanistan, La Table ronde.
De l'esprit d'aventure (en collaboration avec Gérard Chaliand et Jean-Claude Guilbert), Arthaud – L'Aube poche.

Récits d'actualité

L'Exode vietnamien, Arthaud.
Ils ont choisi la liberté, Arthaud.
Paona (en collaboration avec Alain Boinet et Domitille Lagourgue), L'Archipel.

Récits d'aventure

Au Congo jusqu'au cou, Fernand Nathan – Editions Ouest-France.
Terre farouche, Fernand Nathan.
La Folle Equipée, Robert Laffont – J'ai lu.
Qui a bu l'eau du Nil, Robert Laffont – J'ai lu.
Raid Papou, Robert Laffont.

Albums

Chasseur d'horizon, Filipacchi.
« La Boudeuse » en Amazonie (en collaboration avec Nicolas Clérice), Glénat.

Patrice Franceschi

La grande aventure de *La Boudeuse*

Mon tour du monde à la rencontre des peuples en péril

1

De l'Amazonie aux îles du Pacifique

PLON
www.plon.fr

ISBN : 978-2-259-19755-7

Le récit qui suit est dédié à quelques-uns des hommes dont l'amitié fidèle et le soutien sans faille ont permis qu'il s'accomplisse : Louis de Broissia, François Lépine, Christian Herrault.

Il est écrit en mémoire des 84 hommes et femmes qui ont fait partie des équipages du trois-mâts *La Boudeuse* autour du monde.

Ce que je crois

Aussi loin que je remonte dans mes souvenirs d'enfance, je n'ai jamais rien voulu faire d'autre qu'écrire des livres et vivre des aventures. A l'adolescence, ce fut plus précis encore : écrire toutes sortes de livres et vivre toutes les aventures possibles et imaginables...

L'innocence de cet âge sans doute... Mais c'était ainsi, je n'y peux rien.

Je suis donc né en vérité le 21 janvier 1974, le jour où, encore mineur, je me suis enfui de la maison familiale vers l'Amérique du Sud afin de faire de ces rêves une réalité : vivre pour de bon l'aventure, écrire « pour de vrai ».

C'est comme cela que tout a commencé. Par une délivrance.

Et c'est ainsi que tout continue depuis trente ans...

Ce qui s'est passé pendant cette période a été, je l'espère, fidèle au rêve d'origine. En tout cas, je m'y suis efforcé. Comme de ne jamais tricher avec ce rêve ; quand il le fallait, j'ai tout jeté dans la balance, sans compter, quel que soit le prix à payer. Le but n'a donc jamais varié : qu'il y ait toujours trop-plein d'aventures, de littérature et de vies plurielles. Au risque de se perdre.

Sinon, à quoi bon...

On me pardonnera ; chacun sa route après tout.

Le livre qui suit est la poursuite de cet itinéraire.

1

Ainsi soit-il !

Atlantique Nord, 2 septembre 2004

Il est 8 heures et je prends mon quart sur la dunette. L'océan est intensément vide autour de moi ; sa respiration, portée par la houle, semble venir du fin fond de l'horizon comme une force bienfaisante et je sens une harmonie parfaite entre cette immensité qui m'entoure – cet infini sans effroi – et l'existence que je mène depuis toujours. Un bref instant, je me dis que c'est peut-être cela le bonheur : une sensation d'accord véritable entre soi-même et la vie que l'on a choisie. Rien de plus...

La mer est belle, nous naviguons vent arrière sous misaine et huniers, droit vers le Brésil, tout là-bas derrière l'horizon. Depuis notre départ des Canaries, les alizés sont cléments et nous disent à leur manière que le plus dur est derrière nous, que ce tour du monde de trois années à la découverte des « peuples de l'eau » vient enfin de commencer pour de bon. Désormais, nous écrivons notre avenir nous-mêmes et il s'inscrit dans un périple si vaste qu'il est à la mesure des rêves qui l'ont engendré. Si ces rêves ne nous trahissent pas en route, si nous acceptons d'en payer le prix véritable, je sais que nous connaîtrons à nouveau des choses puissantes, fortes, libres et fécondes. De ces choses qui valent la peine d'être vécues. Alors, en cette matinée très précise, après tant d'efforts et de sacrifices pour être au milieu de cet océan, sur ce navire, en route pour des aventures que j'espère plus grandes que moi, je suis heureux de me sentir simplement exister, même dans cette tension vers le but à atteindre.

Ainsi vont les choses : il faut que ce soit le tourbillon de la vie intense et libre qui nous emporte.

15 h 30 : Le vent adonne sensiblement. J'appelle Ali Berredouane, notre bosco, pour le réglage des voiles. Sur un trois-mâts, le bosco est l'homme responsable du gréement et de tout ce qui se trouve sur le pont. Chez nous, c'est aussi celui qui sert d'interface entre le capitaine et les hommes d'équipage lors des manœuvres.

Le bosco de *La Boudeuse* est une vraie « gueule ». Fils de harki et ancien légionnaire, Berredouane est devenu marin dans des circonstances énigmatiques. Il a tout juste trente ans mais son allure en impose aux nouveaux venus : tatouages jusque sur son crâne rasé, coups de gueule aussi rares qu'imprévus mais selon l'humeur du jour, bottes et ceinture de cuir d'où pendent outils et couteaux en tout genre, démarche d'ours irascible, grand cœur et caractère impossible, Ali sait y faire pour être « autre ». Mais il connaît son affaire et c'est un travailleur né. A l'entretien du navire, rien ne lui résiste, alors gare aux tire-au-flanc...

Je dis : « Ali, tu désignes six hommes pour les bras de vergue et tu viens à brasser sur tribord. Juste à remettre le vent dans l'axe des voiles.

– Bien, capitaine. »

Ali repart vers l'avant balançant sa lourde carcasse qu'on entend venir de loin. Très vite, sa voix retentit pour désigner les hommes requis ; une voix rugueuse et peu amène comme chaque fois qu'il lui revient de commander. Puis, cinq coups stridents à son sifflet de bosco me préviennent que tout est « paré ». Je lance dans le porte-voix :

« A brasser sur tribord ! »

Sur le pont central, la manœuvre s'engage sans un mot de trop ; depuis la dunette, je perçois les halètements d'efforts des matelots, le crissement des cordages dans la mâture, le couinement des poulies de pantoires tout là-haut près des fusées de vergue ; dans le même temps, les trois voiles du « phare carré » : misaine, hunier fixe et hunier volant, virent sur la droite avec majesté avant de s'arrêter perpendiculairement au vent.

La manœuvre a été honorablement exécutée ; mais sans doute avec trop de « mollesse ». En cas d'urgence, il faut pouvoir faire mieux et surtout plus vite : question de sécurité pour le navire. J'en fais part à Ali revenu sur la dunette. Il hoche la tête :

« On finira par y arriver, dit-il, c'est sûr.

– Je n'en doute pas, Ali ; mais le plus tôt sera le mieux. Il faut augmenter les temps d'entraînement. Je vais faire modifier la feuille de service dans ce sens.

– Ce ne serait pas une mauvaise chose, capitaine. »

Tout autant que moi il sait que nous sommes loin d'avoir le navire en main après l'année de chantier qui vient de s'écouler et qui nous a entièrement mobilisés. Par la force des choses, la refonte du navire s'est faite au détriment de l'entraînement à la manœuvre. Il va falloir se rattraper ; en la matière, la longue traversée de l'Atlantique va être profitable.

Malgré tout, *La Boudeuse* répond déjà merveilleusement à nos attentes : souple, fine et manœuvrière, elle peut toucher ses 14 nœuds par bonnes conditions de mer et de vent. Pour un trois-mâts traditionnel, c'est exceptionnellement rapide, proche des capacités des frégates corsaires qui harcelaient les bateaux marchands au début du XIXe siècle. *La Boudeuse* leur ressemble sur bien des points. Ce pourquoi d'ailleurs nous ne nous sommes pas gênés pour peindre des lignes de faux sabords de canons sur sa coque...

Sous le soleil d'été qui inonde la dunette, irradiant jusqu'à la pomme des mâts, je sens déjà que je vais aimer ce navire plus que de raison. Je songe pourtant à l'étrangeté des choses. Car ce tour du monde de *La Boudeuse* a débuté par un naufrage, aussi étonnant que cela puisse paraître. Une de ces « fortunes de mer », brutale et cruelle, qui mettent un terme définitif à l'existence des navires.

Qu'une histoire puisse débuter par ce qui constitue habituellement une fin ne doit pas étonner. Les naufrages ont en effet quelque utilité. Non pour les navires eux-mêmes, bien sûr, mais pour les rêves portés par ces navires. Car si ces rêves étaient peu de choses, ils sombrent avec le bateau qui s'en va par le fond et le drame est consommé. Si ces rêves avaient quelque valeur, ils sortent renforcés de cette tragédie et s'en vont habiter un autre navire à qui ils insufflent une vie nouvelle. Tout peut alors recommencer.

C'est ce grand cycle de l'existence qu'a connu *La Boudeuse*, ce « rêve de navire ». Un rêve très simple : redonner sens et modernité à « l'esprit d'aventure » à travers les projets d'un grand voilier traditionnel.

Avant d'être un trois-mâts, *La Boudeuse* a donc été une jonque chinoise de haute mer dont j'étais aussi le capitaine, pour le meilleur et pour le pire. C'était six ans plus tôt, en 1998, du côté de Kompong Som, au Cambodge. Construite en bois de sao par des Français, cette jonque longue de trente mètres avait fière allure avec son haut château arrière dont les sabords s'ouvraient sur la mer, sa pagode aux tuiles de bois vernies, ses voiles couleur de terre rouge, sa coque noire sculptée de dragons. Il n'y en avait pas deux semblables au monde. Rien qu'à la regarder, on était transporté au cœur des temps anciens. Pour qui possédait un tant soit peu d'imaginaire, mettre le pied à bord de cette jonque, c'était entrer dans un ailleurs révolu propre à tous les rêves d'aventure.

Jusqu'au mois de mars 2001, la jonque *La Boudeuse* a donc porté tous mes rêves d'aventure et d'écriture, au cœur des mers du Sud-Est asiatique, dans une campagne d'exploration bâtie de toutes pièces pour servir ces rêves. J'avais baptisé cette campagne « L'esprit de Bougainville », en hommage à ce marin réputé, premier Français à avoir accompli un tour du monde au XVIIIe siècle, et surtout, premier de son temps à avoir emmené des savants avec lui – un an avant Cook, autre grande figure de l'époque. Pour aller encore plus loin dans l'esprit des choses, j'avais donné à ma jonque le même nom que la frégate de Bougainville et j'en étais heureux, comme, je crois, l'équipage qui était avec moi et les scientifiques qui avaient bien voulu en faire partie.

L'aventure de la jonque s'était vite transformée, conformément à mes vœux, en l'une de ces vastes odyssées humaines dont on a peine à revenir. Rien n'avait manqué à notre vie aventureuse sur les mers, pas même les attaques de pirates malais dans le détroit de Macassar. Nous avions exploré des gouffres inconnus au cœur de Bornéo, inventorié tout ce qui pouvait l'être des îles Calamian et Semirara aux Philippines, installé des sondes sismiques dans les volcans isolés de la mer de Banda, et j'en oublie... Mais plus encore, nous avions partagé d'inestimables expériences de vie avec des peuples rares, comme les Sakuddeï de l'archipel des Mentawaï en Indonésie.

J'avais été heureux de cette entreprise dangereuse et libre qu'il était possible de réinventer chaque matin. La jonque *La Boudeuse* était bien l'aboutissement du rêve qui l'avait fait naître, la concrétisation de cet esprit d'aventure qui voulait redonner aux aventures de mer, et pourquoi pas à la vie elle-même, la liberté et le romanesque qui ont tant déserté nos sociétés.

Puis, il y avait eu le retour vers la France par les îles Salomon et les côtes de Nouvelle-Guinée, l'archipel de la Sonde et les rivages de Sumatra, l'océan Indien et la mer Rouge ; enfin il y avait eu le passage du canal de Suez et l'entrée dans la Méditerranée. Rien que pour revenir chez nous, nous avions encore arpenté la mappemonde sur une douzaine de ses méridiens ; et je songeais déjà aux aventures futures de *La Boudeuse*. Ce serait à n'en pas douter un tour du monde d'Est en Ouest à la redécouverte de peuples vivants dans des îles isolées, le long de côtes perdues ou au bord de fleuves lointains : ce que j'appellerai plus tard les « peuples de l'eau ». Nous ne rentrions que pour mieux repartir.

Et puis, la malédiction s'était abattue sur nous dans la nuit du 14 au 15 mars 2001, à 135 milles dans l'est de l'île de Malte ; il faisait un froid macabre cette nuit-là et la mer était creusée d'une méchante houle, courte et hachée, qui nous cognait durement sur l'avant. Loin au nord, le vent soufflait en tempête : neuf à dix Beaufort d'après le dernier bulletin météo. Nous étions éreintés de fatigue après deux années d'aventures ininterrompues mais l'arrivée était toute proche... Encore quelques jours d'efforts, me disais-je, et nous trouverions le repos.

Ce qui frappa soudain l'étrave de la jonque, nous ne le saurons jamais avec certitude. Vraisemblablement un container perdu par un cargo dans le mauvais temps. Le choc n'avait guère été plus rude que celui des lames qui nous malmenaient depuis des jours. Mais la mer s'était mise à envahir les fonds, lugubre comme une « faiseuse de veuves » : voie d'eau impossible à colmater, juste au brion du navire. Le pire endroit – sous les tonnes de chaînes du mouillage – et au pire moment – la tombée de la nuit…

Douze heures de combat aux pompes avaient suivi pour tenter de sauver le navire. Combat fantomatique dans la nuit glaciale, avec cette eau épouvantable qui montait inexorablement malgré nos efforts désespérés. Dans la coursive centrale, je me battais avec mes hommes contre le destin et le drame annoncé, de l'eau jusqu'à la poitrine, le tuyau de la motopompe sur l'épaule. Sans cesse nous étions menacés d'être écrasés par le passage d'un bord à l'autre de tous ces objets familiers et amicaux qui avaient accompagné notre vie : cuisinière, bureaux, armoires, mais qui, arrachés par la violence de la mer ayant envahi notre coque, s'étaient soudain mués en béliers mortels.

Malgré tout, nous avions tenu jusqu'à l'aube. Un cargo italien, *L'Echo Europa*, s'était dérouté pour nous porter secours et nous formions quelque espoir qu'il puisse nous aider à sauver *La Boudeuse*. Aux premières lueurs du jour, dans une manœuvre aussi délicate que parfaite il était parvenu à nous accoster et nous avions passé des aussières à l'avant et à l'arrière, afin d'empêcher la jonque de couler. Une tentative de la dernière chance dans le but de colmater la brèche et de vider le navire.

En vain. La jonque était déjà trop surchargée d'eau ; brutalement, sans prévenir, les aussières avaient littéralement explosé l'une après l'autre sous le poids du navire et il avait sombré sous nos pieds, s'en allant par quatre mille mètres de fond rejoindre le grand cimetière des bateaux.

J'avais sauté à la mer le dernier, conformément aux usages, et j'avais vu le château arrière de mon navire s'enfoncer dans les flots à quelques mètres de moi – et, plus terrible encore, j'avais vu les lettres de son nom *La Boudeuse*, disparaître à jamais sous mes yeux.

Tandis que je nageais le long des flancs de *L'Echo Europa*, le cœur serré d'émotion, deux évidences s'étaient imposées à moi dans leur vérité toute simple. La première était que *La Boudeuse* venait de mourir sous mes yeux, irrémédiablement, la seconde, que l'esprit d'aventure porté par *La Bou-*

deuse n'avait aucune raison de mourir avec elle. La première évidence m'avait meurtri dans ma chair à un point innommable, la seconde m'avait insufflé une bouffée d'espoir inouï. Trempé jusqu'à l'âme, je m'étais hissé sur le cargo, me jurant dans le même instant que de cette « fortune de mer » je ferais surgir quelque chose de plus puissant encore que ce qui venait de disparaître.

Ce ne fut pas une mince affaire, naturellement... J'étais fort mal couvert auprès des compagnies d'assurances et ce que j'allais percevoir au printemps 2001 pour la perte de ma jonque – environ la moitié de sa valeur – n'allait même pas suffire à satisfaire la totalité des créanciers qui me pourchassaient depuis des mois. Car les dettes s'étaient accumulées au cours des deux années de la campagne d'exploration – comment faire autrement – jusqu'à devenir abyssales. Il fallait commencer par les combler pour ne plus en entendre parler. Ce fut l'affaire de vingt-quatre heures. Les millions qui rentrèrent d'un côté s'enfuirent de l'autre et l'on n'en parla plus. Après quoi, ne possédant plus rien, je repartis de zéro ; et même de plus bas encore puisqu'il restait d'ultimes dettes à régler...

Mener un nouveau navire aux confins de la terre pour un projet aussi ambitieux que celui des « peuples de l'eau », imaginé juste avant le naufrage, allait nécessiter quelque argent. Surtout sans faire appel au sponsoring pur et dur puisque je n'envisageais toujours pas d'afficher un logo quelconque sur les voiles du futur bateau qui porterait lui aussi de nom de *La Boudeuse*. Comment faire alors ? Je n'entrevoyais qu'une solution, comme dans tant d'autres aventures : tout jeter dans la balance, ne renoncer à rien, accepter tous les risques.

Pour remplacer la jonque, je décidai donc d'acheter le grand trois-mâts traditionnel que j'attendais depuis vingt ans. Une folie très raisonnable.

Je me mis en quête de ce trois-mâts dès que le cargo italien nous eut débarqués à Alexandrie en Egypte... Et à la recherche également de ce qui allait avec pour acheter un tel navire, c'est-à-dire des banquiers assez gaillards pour prêter quelques millions à un individu qui venait d'en perdre plusieurs et se proposait d'en perdre sans doute davantage. Les grands trois-mâts de jadis étant aussi rares sur les mers que les banquiers intrépides sur la terre ferme, il allait me falloir plus de dix-huit mois pour dénicher les deux. Les navires allaient me faire voyager partout en Europe, les banquiers partout en France. Mais enfin, et c'était l'essentiel, j'allais obtenir ce que je désirais... Les banquiers se trouveraient à Paris, Dijon et Marseille, le navire à Stockholm, en Suède. Quant aux vertigineux échéanciers de remboursement que tout cela allait engendrer, ils se trouveraient définitivement rangés dans la case : « risques inhérents à toute aventure véritable »...

Je découvris le navire qu'il me fallait au mois d'octobre 2002. *La Boudeuse*, deuxième du nom, s'appelait encore *Vida*, et se trouvait être un superbe trois-mâts goélette dont les lignes me plurent aussitôt par leur finesse et leur élégance. Ce navire-là était à coup sûr marin et bon marcheur...

Je me souviens comme si c'était hier de ce jour d'octobre 2002 à Stockholm : j'étais sur le quai, immobile et silencieux, à observer avec émotion ce qui allait être mon futur navire – du moins l'espérais-je. A mes côtés, Julia Du Rietz ne disait rien non plus ; pendant des mois, elle avait dirigé l'ensemble des recherches du navire, de la Grande-Bretagne à la Turquie et des Etats-Unis à la Hollande, se chargeant des délicates négociations avec les *brookers* ; elle semblait aussi satisfaite que moi. Pour elle également c'était une victoire. Elle avait rejoint l'équipage deux ans plus tôt, à 21 ans, et le naufrage de la jonque l'avait marquée autant que les « anciens », même si elle avait vécu le drame depuis la base arrière de Paris. Ce coup du sort ne l'avait pas fait fléchir et elle avait redoublé d'énergie pour faire revivre le rêve que la mer avait englouti. Deux années durant, elle avait abattu un travail considérable avec une intelligence aiguë et un calme inversement proportionnel aux turbulences qui nous entouraient. Très grande, très blonde et très belle, elle n'en était pas moins capable de supporter les vicissitudes de nos aventures avec une sorte de naturel parfaitement désarmant ; comme sa gentillesse était, en outre, à toute épreuve, elle avait dès le départ fait l'unanimité dans l'équipage de la jonque, chose qui n'était pas donnée d'avance eu égard aux coutumes parfois rugueuses des garçons qui le composaient...

Avantage annexe en cette année 2002, Julia était aussi suédoise... Et cela facilitait aussi bien les négociations avec les propriétaires du *Vida* que les recherches sur le passé de ce navire dans les archives maritimes de Stockholm ; car je voulais en savoir le plus possible sur mon futur navire... D'après ce que Julia put apprendre à ce sujet, le *Vida* avait porté plusieurs noms au cours de sa longue histoire : *Marie*, *Sundersand*, *Grimsö*, *Elsa*, entre autres... Il avait été construit par les chantiers Gbr Figge, à Vlaardingen, aux Pays-Bas, en 1916, en utilisant la technique de l'acier riveté à clins : quelque chose de très moderne à l'époque – on ignorait encore la soudure –, surtout pour des navires de ce type qui, avec l'arrivée des moteurs, allaient être les derniers voiliers de commerce à la voile.

En 1931, après avoir commercé dans la Baltique puis battu pavillon allemand et pêché le hareng en mer du Nord sous gréement de lougre, le navire avait été vendu à la compagnie Karlshamm's Dockyard implantée au sud de la Suède. En 1942, il avait été rallongé de 6,4 mètres dans sa partie centrale et refondu en trois-mâts goélette au chantier Lidingö New Shipyard. Un peu plus tard, son gréement était retiré et, un temps, il n'avait plus navigué qu'au moteur sur le lac Mälaren et en mer Baltique, à nouveau pour du transport de fret en vrac.

En 1980, de nouveaux propriétaires s'étaient décidés à le gréer une seconde fois en trois-mâts goélette – tel que je l'avais trouvé – avec l'aide du maître gréeur Björn Atterberg qui avait été auparavant en charge de la voilure du *Gladan* et du *Falken*, les voiliers-écoles de la marine suédoise.

Ainsi transformé, il avait accompli un tour du monde de 1987 à 1992, affrontant un typhon aux Antilles néerlandaises pendant plusieurs jours mais regagnant sans mal l'Europe. Transformé en navire-école, il avait ensuite formé quelques générations de jeunes marins spécialisés dans l'océanographie. Enfin, ses derniers propriétaires l'avaient affecté à une tâche de retraité méritant : le « charter » de passagers dans l'archipel de Stockholm.

Quand je le découvris la première fois avec Julia, il achevait donc loyalement sa vie sur des rivages paisibles. Son état général était honorable pour presque un siècle de mer. Après un bon chantier destiné à le transformer en navire d'exploration par un renforcement de sa structure et une augmentation de son autonomie, il pourrait à coup sûr reprendre du service et affronter sa nouvelle vie d'aventure. Son gréement surtout me convenait. Les trois-mâts goélette ont cette particularité qu'en sus de leurs voiles à cornes et de leurs voiles latines, ils possèdent des voiles carrées sur leur mât de misaine. Ils sont donc aptes aux allures de portant comme de près, contrairement aux autres trois-mâts – trois-mâts barques et trois-mâts carrés – qui remontent plutôt mal au vent.

Au cours des mois suivants, j'allais effectuer une série d'essais en mer avec mon ancien second sur la jonque, Christophe Kerneau, un de ces marins d'exception comme on aime en avoir avec soi dans les coups durs. Au cours de ces essais, *La Boudeuse* allait se révéler non seulement rapide et manœuvrante, mais aussi capable de changer d'allure en quelques instants, comme de prendre la cape dans presque toutes les configurations de voilure.

Même la taille me convenait : 46 mètres hors tout, c'était une longueur idéale pour un équipage que je prévoyais à 24 hommes et femmes pour l'ensemble des postes de manœuvre et d'expédition. Ce chiffre semble important de prime abord ; mais sur un navire traditionnel, il faut du monde, surtout si l'on veut répartir au mieux l'ensemble des tâches d'un travail où tout s'effectue à la force des bras, comme au bon vieux temps – le seul winch du bord ne servant qu'à retenir une porte étanche de roof... Sur *La Boudeuse*, il y aura au final 2 000 mètres de gréement dormant en acier et plus de 4 500 mètres de gréement courant, formés de cordages de tous diamètres ; les râteliers de mâts et de pont comporteront une centaine de cabillots servant à tourner et lover un nombre équivalent de drisses, écoutes, cargues et autres amures fonctionnant avec un nombre impressionnant de poulies de bois, simples, doubles ou triples. Et puis il y aura l'essentiel à gérer : près de 700 mètres carrés de toile répartis sur treize grandes voiles : deux au mât d'artimon, deux autres au grand mât, trois sur les étais, trois au mât de misaine dont un hunier fixe et un hunier volant, et trois encore à l'avant, la trinquette, le foc et le clin-foc.

Pour hisser toute cette toile comme pour brasser les vergues, pour manœuvrer au virement vent debout comme au lof pour lof, pour serrer ou desserrer les voiles dans les vergues à près de trente mètres au-dessus du pont, il faudra bien ces 24 hommes et femmes répartis dans toute la mâture et de la dunette au gaillard d'avant. Même si avec 9 bons marins, un trois-mâts comme *La Boudeuse* peut encore être mené en sécurité.

Quoi qu'il en soit, un grand voilier traditionnel est un tout autre univers qu'un voilier de plaisance ; tout y est plus dur et exigeant. Surtout lorsqu'on court l'aventure sur des mers lointaines où l'on ne peut compter que sur soi-même. Il y faut de l'abnégation et du courage, un goût du risque et de l'effort certain, un sens du sacrifice évident et, toujours et encore, beaucoup d'ardeur au travail. C'est une rude école de vie. D'autant que les récompenses que l'on retire de ce type d'existence sont à l'égale mesure de ce que l'on y met soi-même.

Le temps de ramener *La Boudeuse* de Suède et les choses sérieuses allaient commencer en juin 2003 avec le grand chantier des transformations du navire, d'abord à Brest puis à Camaret dans le Finistère ; nous allions être sérieusement épaulés par la DCN et la Marine nationale pour le gros œuvre et, en ce qui concerne le gréement, par deux de nos meilleurs spécialistes de la vieille marine à voile : Daniel Jehanno et Jean-Yvon Combot. *La Boudeuse* devra beaucoup à leur extrême compétence, Combot la commandant même du côté de la Nouvelle-Guinée en mon absence.

La refonte du navire allait demander une année entière de travail, sans trêve ni repos. Une année de tous les sacrifices : pour moi comme pour l'équipage, pour nos familles comme pour les amis qui soutenaient le projet de cette renaissance de *La Boudeuse* et de l'esprit d'aventure qu'elle voulait continuer à porter. Ce serait mon jeune frère Eric, solide et sans états d'âme inutile, qui superviserait ce chantier en prenant le poste de commissaire de bord. Un poste rarement gratifiant, souvent ingrat, toujours essentiel.

Maintenant que nous sommes enfin en mer, je ne veux me souvenir que des derniers jours de cette année éreintante : ceux de la mise à l'eau et du baptême le 24 juin 2004. Nous étions tous très fiers d'être allés jusqu'au bout, magnifiquement heureux de voir enfin le résultat de nos efforts, de ce que nous avions recréé de nos propres mains. Le pavillon français flottait à la poupe de *La Boudeuse* et les têtes de dragons de l'ancienne jonque étaient peintes de part et d'autre de la proue en signe de continuité et de fidélité à l'esprit d'aventure.

Nous avions gagné.

Contre vents et marées, contre l'usure du temps surtout, ce temps qui passe et abîme tout. Gagné jusqu'à obtenir le haut patronage de l'Unesco.

Puis il y avait eu le départ officiel le 27 juillet 2004, après un tour de France des principaux ports. Au son du canon et sous les *hourras* de la foule massée sur les quais, nous avions quitté notre port d'attache de Bastia pour courir sous le vent vers Gibraltar, l'Atlantique et notre premier objectif : l'Amazone à 8 000 kilomètres de là.

Je me souviens encore avec acuité de ces premières heures de navigation. D'une certaine manière, je n'en revenais pas d'avoir enfin pris la mer. Et surtout d'être parti comme je l'avais ardemment souhaité : libre de toute entrave véritable, même d'un point de vue financier. Les quelques partenaires que nous avions réunis autour du projet de *La Boudeuse* étaient de grandes institutions publiques aux appuis modestes et des entreprises qui nous fournissaient simplement du matériel. Elles n'avaient donc exigé en contrepartie de leur appui que la réalisation du projet lui-même et d'y être associées sur le principe. C'était une chose qui nous avait convenu. Ainsi, mis à part le soutien de mes banquiers – chose pour le moins notable –, l'essentiel du financement reposait sur ce que nous allions produire par nous-mêmes d'un point de vue culturel et intellectuel : films, livres, photos, etc. Par un heureux hasard, cela associait nos impératifs financiers à notre volonté de faire partager au plus grand nombre les expériences humaines qui nous attendaient. Evidemment, il s'agissait là d'un financement surtout potentiel et à long terme ; le risque demeurait donc élevé que nous nous trouvions démunis en cours de route compte tenu du coût d'exploitation d'un navire comme *La Boudeuse*. Mais c'était là le prix de l'indépendance.

Je l'avais accepté et, ma foi, il avait quelque avantage.

Atlantique Nord, 3 septembre 2004

Ce matin, je me réveille dans le roulis de l'Atlantique avec en moi une vieille fièvre que je connais bien, exaltante et cruelle en même temps, expression du besoin permanent d'aventurer partout la vie, d'imaginer mille sortes de livres, de jouer avec tous les styles d'écriture, d'utiliser toutes les manières d'exister... Dans cette cabine, allongé sur ma couchette, je retrouve d'un coup une exaltation de vivre que les obstacles de ces deux années avaient bridée. Les yeux ouverts, je songe à ces phrases que j'aime écrire pour m'essayer à les vivre : « transformer le quotidien en romanesque », « faire de chaque seconde une vie entière », ou cette injonction du brave Pindare : « O mon âme, n'aspire pas à la vie éternelle mais épuise le champ du possible »...

Je me lève, m'habille lentement : pantalon noir de marin chinois, marinière de matelot, rien d'autre... La simplicité de cette tenue me convient, j'aime le bonheur du dépouillement qu'elle me procure.

Je gagne le gaillard d'avant. L'aube pointe à peine et l'océan est vide. Pas le moindre navire nulle part.

Seuls au monde...

Je grimpe au sommet du mât de hune vérifier l'état de l'étrier du hunier volant, signalé usé par le bosco. A 30 mètres au-dessus du pont, le calme m'envahit dans la sensation d'être hors de portée des choses du monde.

Je regarde au loin : je suis comme au centre d'un immense cercle bleu. L'horizon est aussi courbe que la terre ; il nous enserre de toute part. Où que porte le regard, il n'y a que cette courbure incroyable. Effet d'optique dû à la hauteur du mât, naturellement. Mais qui ajoute à la progressive sensation d'isolement qui naît en moi, comme dans l'équipage, au fur et à mesure de l'éloignement des côtes. En y songeant, j'imagine l'effroi des premiers navigateurs, il y a très longtemps, lorsqu'ils voyaient disparaître la terre. Sans boussole, sans carte, sans rien, pas même la certitude de revenir vivant, en dépit de conditions de vie quotidienne épouvantables, ils s'en allaient malgré tout dans l'inconnu, poussés par des forces dont je ne sais ce qu'elles sont devenues chez les hommes d'aujourd'hui. Nous de *La Boudeuse*, allons accomplir un vaste tour du monde et peut-être admirera-t-on ce que nous aurons réalisé ; en vérité, nous aurons été peu de chose en comparaison de ces marins de jadis.

Etrange comparaison d'ailleurs. Et combien paradoxale. Car dans les temps anciens, qui donc cherchait l'aventure pour l'aventure ? En ces temps où tout était incertitude, violence, souffrance et insécurité, l'aventure était le pain quotidien des hommes ; en réalité, une malédiction qu'il fallait fuir. Ce que l'on cherchait ardemment pour soi et les siens, c'était la sécurité ; une sécurité presque impossible à trouver et, si tel était le cas, à maintenir dans la durée.

Aujourd'hui, ne serait-ce pas le trop-plein de sécurité voulu, conquis – puis imposé – par nos sociétés de surplus que l'aventure chercherait à compenser ?

Sans doute court-on toujours après ce que l'on n'a pas.

L'axe d'acier de l'étrier du hunier volant, usé par des rotations incessantes, a effectivement besoin d'être remplacé. Mais je juge que cela pourra attendre Belém, la grande ville de l'embouchure de l'Amazone que nous toucherons après la traversée de l'Atlantique ; nous y trouverons toutes les pièces d'acier nécessaire.

Je redescends du mât de misaine par les enfléchures de haubans et gagne la « salle informatique » au pont inférieur. C'est dans cette pièce, située sur tribord avant – près de la cambuse et des chambres froides –, que se trouvent l'administration du bord et nos moyens de communication par satellite : un téléphone Inmarsat, deux ordinateurs pour les transmissions par Internet et trois postes Iridium – un « marinisé » et deux portables pour les expéditions terrestres.

J'envoie notre premier message de la matinée à Julia qui, une fois de plus, assure la responsabilité de la base arrière de Paris, dans les bureaux de la Société des explorateurs français. Elle est appuyée par Bernard Wolfrom, un autre « ancien » qui a été de toutes les aventures où je l'ai entraîné depuis la guerre d'Afghanistan et dont la fidélité est à toute épreuve, même quand il faut assurer le travail ingrat des arrières du « front ».

Les échanges du jour avec eux concernent les habituels retards dans le règlement des fournisseurs du chantier de Camaret. La refonte d'un trois-mâts coûte cher et les dettes s'accumulent déjà. Je m'en console toujours de la même manière : en faisant ce constat rassurant pour l'avenir que le projet des « peuples de l'eau » est solidement bâti. Car c'est lui qui donne un sens à l'action du navire ; c'est ce projet qui justifie le fait même que *La Boudeuse* existe et navigue, c'est lui qui explique jusqu'à son nom. Et ce projet est bien charpenté dans ma tête. Parmi les centaines de peuples à travers le monde qui vivent sur des côtes isolées, des îles perdues ou des fleuves lointains, les douze que j'ai choisis me semblent former un panorama réellement symbolique des peuples réunis par la géographie de l'eau et caractérisés par leur isolement, leur taille modeste, les profondes mutations culturelles auxquelles ils font face, les périls qui les menacent. Ces douze petits peuples, dont l'Histoire ne parle jamais ou presque, vont être au cœur des douze expéditions terrestres de *La Boudeuse*. Enumérer ces peuples et leurs pays, c'est déjà faire un tour du monde virtuel et poétique : Indiens Yuhup d'Amazonie colombienne, Rapa Nui de l'île de Pâques, Polynésiens des mers du Sud, Mélanésiens de l'île Pentecôte, Papous Sahudate de Nouvelle-Guinée, guerriers chamans des Moluques, nomades de la mer des Célèbes, pêcheurs de baleines des îles de la Sonde, Mokens de Birmanie, marins des boutres d'Arabie et du Yémen, pygmées Babinga du Nord-Congo, Imraguens de Mauritanie... Sans oublier les dizaines d'autres peuples qui, sans donner lieu à des expéditions proprement dites, jalonneront notre parcours comme autant de rencontres supplémentaires.

Mais le plus important est ailleurs : ce vaste tour du monde se veut davantage une quête philosophique des « ressemblances » que l'on peut trouver chez « l'autre » – aussi dissemblable soit-il en apparence – que des « différences » qui le caractérisent. C'est toute l'originalité de ce projet sur les « peuples de l'eau » : tenter de dépasser les apparences pour chercher derrière celles-ci l'éventuel substrat d'une nature humaine universelle. En somme, chercher ce qui peut rassembler les hommes par-delà les différences qui les séparent.

C'est pourquoi au cours des trois années à venir l'équipage comprendra fort peu d'ethnologues et beaucoup d'écrivains et de philosophes.

Atlantique Nord, 4 septembre 2004

A la cloche du bord, un matelot pique les cinq batteries de deux coups annonçant le repas du soir. Journée banale, me dis-je en gagnant le carré salle à manger situé dans le roof central. Rien à signaler que des orages épars sur la mer, quelques bancs de poissons volants, le recul d'une heure aux horloges du bord pour suivre le défilement des fuseaux horaires : rien d'autre. Et toujours pas le moindre navire à l'horizon.

Beaucoup de terriens disent : « Qu'est-ce que l'on doit s'ennuyer à bord d'un bateau pendant ces longues traversées... » Ces gens-là ne savent pas de quoi ils parlent. Sur un trois-mâts traditionnel, même quand il ne se passe rien de précis, il est difficile de trouver du temps pour soi. Entre les quarts de veille, l'entretien du navire, les astreintes des travaux d'intérêt général et les manœuvres diverses et variées, les heures s'écoulent aussi vite que le sablier inexorable de la vie. On se couche souvent le soir en se demandant comment le temps a pu passer avec une telle rapidité, s'enfuir avec tant de désinvolture. Et se lever le matin en se sentant saisi d'un vertige existentiel : les années fileront-elles toujours ainsi, avec tant de légèreté, quoi qu'on fasse pour ralentir le temps en le remplissant d'actions ? La mer et l'aventure, la littérature même, ne devraient-elles pas servir à « densifier » le temps par la somme de leurs actions ? Ne devraient-elles pas « l'augmenter » par le seul effet quasi mécanique de cette densification ? Ou encore : l'aventure par l'« épaisseur » qu'elle donne au temps, ne devrait-elle pas pouvoir l'étirer à l'égal d'un élastique ? Jusqu'à sa rupture même ?

Je n'ai pu m'accorder aucun instant de répit pour assouvir l'un de mes bonheurs favoris : m'isoler dans la mâture et simplement regarder la mer, cette mer toujours identique et jamais semblable.

Atlantique Nord, 5 septembre 2004

Rôles d'équipage pour cette traversée, tels qu'inscrits officiellement au journal de bord.

Présents : 24 hommes et femmes.

– Capitaine : Patrice Franceschi
– Second capitaine : Patrick Féron
– 1er lieutenant : Fabrice Vernisse
– 2e lieutenant : Giao N'Guyen
– Commissaire de bord : Eric Franceschi
– Administrateur du bord : Vincent Trousseau
– Administrateur du bord : Maxime Ducoutumany
– Lieutenant bosco : Ali Berredouane
– Lieutenant mécanicien : Frédéric Tolosa
– Ecrivain du bord : Gérard Chaliand
– Philosophe : Hedwig Marzolf
– Médecin du bord : Pierre Chesneau
– Chef opérateur : Dominique Martial
– Dessinateur du bord : Nicolas Clérice
– Gabier : Christine Chevrier
– Gabier : Denis Fabre
– Gabier : Alain Cadichon
– Gabier : Sophie Mousset
– Cuisinière : Céline Baumard
– Matelot stagiaire : Julien Grimaud
– Matelot stagiaire : Frédéric Guimard
– Matelot stagiaire : Alexis Lepeltier
– Matelot stagiaire : Damien Orain
– Matelot stagiaire : Yohann Bacon

La relecture de ce rôle d'équipage – avec ce qu'il sous-tend d'humanité quand on le vit dans sa chair au jour le jour – m'amène à résumer dans mon journal personnel ce que peut être à mes yeux un « équipage d'aventure ». J'écris dans ma cabine, assis au petit bureau qui s'ouvre près de ma couchette :

Un bon navire est peu de chose sans un bon équipage ; et sans doute vaut-il mieux un mauvais navire doté d'un parfait équipage qu'un parfait navire mené par un mauvais équipage. Mais recruter un « équipage d'aventure » est encore une autre affaire – et des plus délicates. Il est non seulement nécessaire de trouver les gens les plus compétents qui soient dans diverses spécialités (mécaniciens, médecins, matelots de pont, chefs de quart, cuisiniers, boscos et autres gabiers), mais il faut aussi s'assurer de leur capacité profonde à affronter les rigueurs inhérentes à toute aventure, et c'est réellement une autre histoire. Comme ensuite, de faire vivre ensemble 24 heures sur 24 ces 20 à 30 hommes et femmes dans un espace confiné et plutôt austère. Et cela pendant des mois, voire des années... C'est un défi permanent. On ne le relève qu'avec un certain type d'individu et des règles de vie très précises, rigoureuses et incontournables, où tout est pensé pour éviter l'affrontement et favoriser la solidarité. En la matière, mieux vaut éviter l'angélisme inhérent à l'imaginaire collectif occidental qui voit principalement dans le voyage une échappatoire aux contraintes de la société. L'alliance, par exemple, du soleil, de la voile, du ciel et de la mer est perçue dans cet imaginaire comme la forme la plus aboutie de la vie paradisiaque bannissant effort, contrainte, difficulté. Bien évidemment, l'aventure vraie, celle qui est portée par un rêve, un projet, un but, est tout autre chose ; c'est une tension permanente vers ce but et, par conséquent, une somme de contraintes et de travail qu'on n'imagine guère tant qu'on n'y a pas été confronté soi-même. Car il s'agit de construire. Et l'on ne construit pas sans effort.

Dans une société comme la nôtre, qui produit surtout des consommateurs hédonistes et individualistes pour lesquels l'idée même de contrainte est vécue comme une attaque insupportable contre leur ego, il est redoutable de chercher des individus aptes non seulement à « partir en aventure », mais également à vivre en communauté fermée avec toutes les exigences de solidarité, de sacrifices individuels et de discipline personnelle que cela exige par nécessité. Il faut de longs mois pour sélectionner les éléments capables d'agir et de penser en tenant compte avant tout du groupe auquel ils appartiennent et du projet qui les soude, et rejeter ceux venus simplement consommer du voyage à moindre frais.

Mais même ainsi on ne peut encore être certain de disposer d'un véritable équipage, prêt à faire face comme un seul homme aux épreuves qui ne manqueront pas de surgir tôt ou tard. En la matière, il faut aussi des hommes désireux de partager un idéal collectif et prêts à consentir les sacrifices nécessaires pour le voir aboutir. D'une certaine manière, il faut des hommes qui cherchent leur bonheur davantage dans leur par-

ticipation à une œuvre commune, que dans la jouissance de plaisirs consommés quotidiennement. Et cela est chose fort rare.

Enfin, il faut que tous ces gens-là, volontaires et motivés, soient aussi de « sacrés gaillards » qui ne s'effraient ni de l'insécurité permanente et des tempêtes possibles, ni des pirates ou de la monotonie des repas. Il faut des gens qui sachent souffrir dans le vent et le froid, sous le soleil ou la pluie, et trouvent même quelque bonheur – et pourquoi pas un peu de grandeur – à cette vie rude qui affronte la nature. Mieux vaut avoir avec soi des hommes qui cherchent à s'accomplir à travers des épreuves surmontées, que des passagers de la vie dont le but principal est d'échapper à tout désagrément. L'aventure véritable, encore une fois, n'est pas une partie de plaisir. C'est bien ce qui la différencie du simple voyage. Il faut donc être solide, physiquement et mentalement. On ne peut faire d'impasse là-dessus. De surcroît, dans une aventure véritable, on sait quand on part, jamais quand on revient, et s'il est bon qu'il en soit ainsi, ce type d'incertitude ne convient guère à la plupart des hommes que produit notre époque formatée.

Par la force des choses, La Boudeuse *est donc un extraordinaire laboratoire des comportements humains. Sa microsociété est composée d'hommes et de femmes de tous âges et de toutes conditions, venant de tous les milieux sociaux et de toutes les origines. De cette microsociété en huis clos permanent et en perpétuelle gestation peut surgir le meilleur comme le pire. Et c'est bien l'un des rôles essentiels du capitaine que de veiller à ce qu'il en sorte toujours au moins les forces suffisantes et bienfaisantes pour continuer d'avancer.*

Quatre-vingt-quatre personnes feront partie des équipages de *La Boudeuse* au cours de nos trois années autour du monde, chacune embarquant a priori pour un minimum de six à huit mois. Cependant, une quinzaine d'hommes et de femmes accompliront de une à trois années à bord. Ceux-là constitueront le noyau dur de l'esprit du navire.

Atlantique Nord, 8 septembre 2004

Toute la semaine nous avons filé vent arrière vers le Brésil et le delta de l'Amazone. L'excitation augmente avec le passage des jours. Rien de plus naturel : c'est sur l'Amazone que commencera la première des douze expéditions terrestres prévues dans notre tour du monde, celle chez les Indiens Yuhup. Alors, certains voudraient que tout aille plus vite pour entrer enfin dans une forme d'action plus physique ; d'autres au contraire, plus contemplatifs, aimeraient que le voyage ralentisse afin de s'imprégner davantage encore de ces jours pleins et entiers que nous vivons hors du monde et des humains, hors des problèmes dont ils sont la source.

Ainsi vont les contradictions d'un équipage fait d'hommes et de femmes tous différents et venant d'horizons aussi divers que variés...

Quoi qu'il en soit, l'allure du navire est la même pour tout le monde : bonne, mais guère plus : 6 à 8 nœuds en moyenne, dans des alizés de nord-est modérés, entre 4 et 5 Beaufort.

La qualité des quarts s'est affinée au cours des jours, la précision des réglages de voiles également ; je fais effectuer les premiers exercices complets d'évacuation du navire, d'incendie et de récupération d'homme à la mer. Il y en aura désormais régulièrement ; et obligatoirement lors de chaque rotation d'équipage. Si personne n'a laissé sa vie dans le naufrage de la jonque il y a trois ans, c'est aussi parce que nous avions maintenu l'entraînement de l'équipage au plus haut niveau possible dans les conditions qui étaient les nôtres.

Les 4 et 6 septembre, nous avons amélioré l'ordinaire en pêchant nos premiers poissons – dorade coryphène et bonite de belle taille. Nos lignes de traîne laissées en permanence de part et d'autre du bossoir arrière se révèlent efficaces. Encore faut-il que des poissons croisent notre route...

Beaucoup d'entre nous ont voulu voir dans ces prises un signe favorable du destin pour l'avenir. J'ai haussé les épaules et mangé le poisson en mettant nos prises sur le compte du savoir-faire des pêcheurs du bord plutôt que sur les faveurs de Poséidon. La superstition n'est pas un vain mot chez certains marins, aujourd'hui encore : ainsi, prononcer le mot « lapin » porte malheur, il ne faut pas appareiller les vendredis, le capitaine doit déposer un louis d'or sous le grand mât s'il veut porter chance au navire, etc. A chaque occasion, je lutte contre ces boniments qui heurtent ma rationalité naturelle.

Des orques nous accompagnent parfois au loin – lignes claires sur le dos sombre de la mer – et des dauphins viennent régulièrement jouer dans l'étrave – lignes fuselées au milieu de l'écume blanche.

La nuit est tombée et je profite du voile de sérénité qu'elle a jeté sur le navire ; assis sur l'un des coffres de la dunette, je rêve à l'avenir qui nous attend. Pas un bruit autour de moi, que le souffle du vent dans les voiles, le bruissement de la mer contre la coque, parfois le crissement d'un cordage tout là-haut dans la mâture. Des rumeurs de conversation me parviennent du carré salle à manger, vagues et incertaines, étouffées par la distance. Devant moi, une cigarette rougeoie de temps à autre dans l'obscurité, jetant une lueur plus vive sur les ombres immobiles des hommes de veille, silencieux et attentifs.

Quinze minutes avant le changement de quart de 20 heures, conformément à la règle, j'entends venir de loin les trois hommes du quart montant qui vont assurer la relève du quart descendant. Patrick Féron, second capitaine à bord, apparaît le premier dans le halo de lumière du compas, grand et placide, silencieux comme à l'ordinaire. C'est lui le responsable de ce quart qui s'achèvera à minuit, avant que d'autres ne le relèvent pour quatre nouvelles heures de veille et de travail, puis d'autres encore, et ainsi de suite 24 heures sur 24, chaque jour que la nature fait. Quel que soit le moment du jour ou de la nuit, des hommes dorment et d'autres veillent. Sur un grand voilier traditionnel, il n'y a pas de pilote automatique pour la barre ; d'ailleurs, il n'y a rien « d'automatique » : par essence, on travaille « à l'ancienne », dans une relation physique, symbiotique, presque charnelle avec chaque objet ; c'est ce travail, sans doute, qui grandit chaque homme par-delà sa condition puisque le navire a besoin de lui, ne serait rien sans lui, et réciproquement. La mer demeure l'une des plus grandes écoles de rigueur que je connaisse, à l'égal du ciel pour les aviateurs ; un de ces lieux implacables où l'on paie « cash » ses erreurs, sans rémission parfois. Et où l'on est récompensé de même.

Dans la nuit noire caressée d'étoiles, les quinze minutes précédant l'heure ronde sont employées par Féron, comme il est d'usage, au passage des consignes ; elles se transmettent à voix haute entre les deux chefs de quart, leurs timoniers et les vigies : route suivie et à suivre, événements de mer, positions éventuelles d'autres navires, état et réglage de la voilure, bulletins météo, situation radar, contrôle des différentes machines en marche, notamment des génératrices qui fournissent l'énergie du bord, etc. Toutes les informations nécessaires doivent être fournies à ceux qui prennent maintenant la responsabilité du navire, seuls dans la nuit, sentinelles de leurs camarades endormis dont ils vont tenir la vie entre leurs mains.

Les quarts de nuit appartiennent à ces moments de vie très rares où l'on peut ressentir presque physiologiquement la grandeur de servir quelque chose de plus élevé que soi. Et trouver à cette servitude volontaire une dignité perdue ailleurs.

La passation de quart s'achève par les phrases rituelles de la vieille marine à voile :

« A vous le soin, messieurs, annonce le chef de quart descendant.

– A vous le repos », répond le chef de quart montant.

Dès cet instant, Patrick Féron devient responsable de la marche du navire, décide du choix du timonier parmi ses hommes et de l'emplacement de la vigie en fonction des dangers qu'il pressent.

A la vigie, Féron envoie ce soir Denis Fabre, un nouveau dans l'équipage, engagé au temps du chantier. De ce que j'ai pu constater jusqu'à présent, ce jeune marin blond et élancé a le calme nécessaire aux épreuves qui nous attendent. Professionnel et bon camarade, il se montre efficace dans les missions qui lui sont confiées, de surcroît spécialiste « éclairé » en électricité.

Comme timonier, Féron choisit Gérard Chaliand qui prend place à la barre avec la tranquille assurance d'un Eric von Stroheim dans *La Grande illusion*, personnage auquel il ressemble avec son crâne rasé et sa carcasse massive, toute ramassée dans une énergie contenue. Ecrivain politique de renom, poète, spécialiste de la guérilla et de tout ce qui touche à la géostratégie, Chaliand est à 70 ans le doyen de l'équipage. C'est du temps de la jonque, qu'il a appris à devenir marin. Et il s'en débrouille fort bien. Nous nous sommes connus il y a plus de vingt ans, à l'époque de la guerre d'Afghanistan ; depuis, une solide amitié nous unit, mêlée d'estime et d'affection. J'admire en Chaliand sa capacité à l'action et à l'engagement, même et surtout à un âge où d'autres sont gagnés par le renoncement. Cette vitalité, doublée d'une curiosité inaltérable, l'a mené sur tous les terrains militaires et politiques qui ont compté ces dernières décennies. Surtout, Chaliand est l'un de nos derniers penseurs libres et l'un des rares intellectuels de terrain que je connaisse. S'il est à bord une fois de plus – et pour des mois –, c'est afin d'écrire le livre de la première expédition de *La Boudeuse*.

Féron, notre second capitaine, est également un « ancien » de la jonque. Il a partagé avec moi nos aventures de la mer de Banda et des côtes de Papouasie trois ans plus tôt. Bon marin de tradition, nous lui devons d'avoir su gérer sans casse notre premier vrai problème technique. Celui-ci nous est tombé dessus dans les parages des îles Canaries à un moment où j'étais absent du bord, les contraintes du départ de France m'ayant obligé à un rapide retour à Paris depuis les Baléares. L'incident, survenu dans la nuit du 6 au 7 août, mérite un bref retour en arrière :

La Boudeuse courait alors ses 9 nœuds au largue par force 5/6 – sous grand-voile, foc, basse voile d'étai, hunier fixe et hunier volant – quand l'arbre d'hélice, qui tournait en cavitation normale, se désolidarisa brutalement du réducteur du moteur, reculant sur l'arrière du navire de près d'un mètre. Bruit d'enfer évidemment dans la salle des machines et choc violent au safran du gouvernail : moteur inutilisable. Pour le navire lui-même, pas de problème par bon vent, mais impossible désormais d'effectuer des manœuvres portuaires ou d'avancer par calme plat.

Malgré ces difficultés, Féron avait conduit *La Boudeuse* avec détermination jusqu'à l'île de Santa Cruz de Tenerife ;

un remorqueur avait ensuite mené notre brave navire à un bassin de radoub pour le mettre au sec. J'étais rentré à bord entre-temps, le 14 août, et les travaux de réparation avaient commencé aussitôt avec l'aide de sociétés locales. Ils allaient nous demander deux semaines d'efforts. Naturellement, les expertises avaient conclu à une malfaçon dans l'installation de l'arbre d'hélice par l'entreprise qui en avait eu la charge à Camaret. Un arbre d'hélice pourtant neuf. De quoi enrager...

Cet arrêt obligé avait néanmoins trouvé quelque utilité. Les premières semaines de navigation avaient démontré que l'équipage de départ n'était pas tout à fait conforme à nos vœux ; je le recomposai donc de meilleure manière. Avec les conseils de Féron et des autres « anciens », je fis rentrer en France la demi-douzaine d'hommes et de femmes dont nous avions fini par penser qu'ils n'avaient pas « l'esprit » de cette aventure ; je les remplaçai par des éléments en réserve, sans doute mieux disposés pour ce qui nous attendait.

Débarquer quelqu'un pour incompatibilité avec un projet collectif – sans parler des incompatibilités d'humeur entre tel ou tel – n'est jamais un plaisir mais toujours une nécessité. Dans un équipage d'aventure, qui a besoin plus que tout autre de force et de cohésion, un seul élément en dysharmonie peut suffire à faire basculer le destin du mauvais côté.

J'avais donc fait ce que je pensais devoir faire, et malgré ces difficultés techniques et humaines – que nous avions mis sur le compte du nécessaire « rôdage » de toute aventure nouvelle – nous étions quand même repartis.

Et c'était bien là l'essentiel.

Atlantique Nord, 9 septembre 2004

Le bulletin météo de la nuit annonce une onde tropicale en formation dans les parages du Cap-Vert. Elle n'est pas très éloignée et pourrait bien se transformer en cyclone. Et assez vite... De bulletin en bulletin, nous surveillons sa progression et l'intensité de sa formation, portant au fur et à mesure sa position sur la carte. Sans angoisse mais avec rigueur, prêts à infléchir notre route si nécessaire. A chaque coup de crayon sur cette carte, je me demande si je ne suis pas en train d'écrire notre destin : un peu plus à gauche ou un peu plus à droite, un peu plus en haut ou un peu plus en bas, et ce peut être le calme ou la tempête, nous pouvons connaître la paix ou avoir la guerre... L'écart entre ces deux extrêmes dépend parfois de si peu de choses...

En attendant, les alizés demeurent d'une stabilité impressionnante, en force comme en direction. Nous conservons donc le même plan de voilure depuis des jours, phare carré de misaine entièrement déployé. La « route fond » du navire reste également inchangée à 240° .

A midi, Giao N'Guyen, second lieutenant du bord, prend son quart. D'origine vietnamienne, Giao est un autre ancien de la jonque. A l'époque, il s'était engagé comme cuisinier sans avoir trop de pratique en la matière mais c'était le seul poste disponible et nous lui avions donné sa chance ; il avait su la saisir, occupant honorablement la cuisine au cours de l'année qui avait suivi, et nul n'avait eu à se plaindre de lui, bien au contraire. Catholique pratiquant, il avait mis de louables efforts à ne jamais manquer une messe lorsque nous étions en escale et s'était efforcé de vivre ses relations humaines à bord conformément aux enseignements de la Bible. De retour en France, pris par la passion de la mer qu'il venait de découvrir, il s'était lancé dans une formation complète de marin. Il avait décroché son brevet de chef de quart juste avant notre départ.

Et voilà comment de cuisinier sur une jonque il était passé lieutenant sur un trois-mâts...

15 heures : Les « hommes d'images » sont au travail... Assis sur le roof central, adossé au grand mât, son carnet de dessin à la main, Nicolas Clérice saisit des instantanés de la vie du bord pour servir aux livres futurs. C'est un garçon massif, barbu en diable, à la fois artiste et force de la nature, ce pourquoi je le dispose toujours à la drisse de hunier volant lors des manœuvres – cette drisse fameuse entre toutes à bord tant elle exige d'efforts physiques pour envoyer en tête de mât la lourde vergue de hunier... Nicolas apprend le métier de marin avec une facilité confondante, s'intéressant à tous les cours techniques de navigation ou de matelotage. Il a intégré l'équipage dès le chantier ; c'est lui qui a reproduit avec fidélité les têtes de dragon de la jonque de part et d'autre de l'étrave : un travail d'orfèvre.

Pour Dominique Martial – qui manie sa caméra non loin de Nicolas –, c'est autre chose. Nous avons vécu ensemble de nombreuses aventures, de la Nouvelle-Guinée à la haute Birmanie interdite, en passant par l'Amazonie. Naturellement, il a été des aventures de la jonque où il est resté de longs mois avant notre naufrage. A 50 ans, c'est un réalisateur de cinéma abouti, hors pair, même et surtout en terrain difficile, et mes films lui doivent beaucoup. Plus que cela, il appartient à cette race d'aventuriers « à l'ancienne » comme les auraient aimés un Cendras, un Carco ou un Mac Orlan. En résumé : comme Chaliand, Wolfrom, Eric et quelques autres, il est de ces « bons éléments » qu'on aime avoir à ses côtés.

Surtout quand rien ne va plus et que la roue tourne...

Minuit : La mer est demeurée irrémédiablement vide aujourd'hui encore. Pas âme qui vive depuis les Canaries. On dit parfois que le monde est petit. Il arrive que ce soit faux. Impeccablement faux...

L'onde tropicale qui menaçait de se transformer en cyclone depuis le Cap-Vert a pris une ampleur inquiétante. Mais elle passe derrière nous en ce moment même.

Juste à bonne distance.

Atlantique Nord, 10 septembre 2004

Je prends mon quart à 8 heures comme chaque matin, sous un soleil qui menace déjà de devenir incandescent.

Une fois passées les consignes avec mon prédécesseur, je m'installe dans la timonerie qui s'ouvre juste sur la dunette. C'est une pièce rectangulaire dans laquelle donnent deux cabines pour six personnes et des sanitaires très simples. Pourtant, cette pièce est la plus importante du bord avec la salle des machines. Ici se trouvent les 2 000 cartes de navigation nécessaires à notre tour du monde et tout ce qui concerne le contrôle opérationnel du navire.

Sur le standard C situé au-dessus de la table à cartes, je prends connaissance des messages arrivés pendant la nuit. Il y en a des dizaines chaque jour, apportés de l'espace par le système satellite Inmarsat. Ces messages concernent pour la plupart la météo de notre zone de navigation. Mais nous avons paramétré l'appareil pour recevoir également tous les bulletins dit de « sécurité ».

C'est l'un de ces bulletins qui retient mon attention. Il annonce une attaque de pirates au large de Belém, à l'embouchure de l'Amazone. Exactement là où nous allons aborder la côte brésilienne. Diable ! Ce message me rappelle ces pirates malais qui du côté de Bornéo, lorsque nous étions sur la jonque, avaient tenté de s'emparer du navire à l'arme automatique. L'équipage avait pu les repousser, mais non sans mal...

Je note de faire une synthèse de ce message au briefing du soir ; il va être temps de préparer chacun aux mesures de sécurité qui s'imposeront une fois parvenus au Brésil. Je n'oublie pas que c'est au nord de Belém, il y a seulement deux ans, que Peter Blake, le célèbre navigateur, a été assassiné par des voyous brésiliens. Ils étaient montés sur son bateau au mouillage et l'affaire avait mal tourné.

Le message de cette attaque de pirates ne met guère en émoi les trois membres de mon quart : Hedwig Marzolf, Alain Cadichon et Christine Chevrier. Tant mieux. Tous les trois sont nouveaux à bord et je ne sais encore ce qu'ils donneront dans les épreuves que nous aurons à affronter quoique je les sente tout à fait à la hauteur. Ils viennent d'horizons fort différents. Hedwig est philosophe. Aussi grande que blonde et belle, elle appartient à 27 ans à la même école doctorale que moi à la Sorbonne. C'est dans l'amphi du professeur Alain Renaut – notre commun directeur de thèse de doctorat de philosophie – que nous nous sommes connus. Elle a bien voulu accepter d'aventurer la philosophie sur le « terrain » puisque nous sommes tous convaincus de la nécessité d'une « philosophie appliquée » ; en attendant, elle fait ses premiers pas dans l'art de la navigation à voile comme matelot.

Alain Cadichon et Christine Chevrier ont fait partie, eux, de mes stagiaires à l'école de voile des Glénans lorsque j'y accomplissais des périodes d'instruction l'été. Ils se sont engagés sur *La Boudeuse* à l'époque du chantier et n'ont pas chômé, surtout lorsqu'il a fallu tenir les délais de départ. Ils ont moins de trente ans tous les deux mais sont aussi dissemblables de caractères qu'on peut l'être. Cadichon, mince et nerveux, est pêcheur de profession et ce sont les voyages lointains qui l'attirent. Ce qui a poussé Chevrier, jolie petite rousse aux yeux bleus, à tenter cette aventure, c'est la quête d'un « vivre autrement » et le partage de vraies valeurs avec d'autres. Tous les deux sont gabiers, ces matelots volants dont la première fonction est de gérer les voiles dans la mâture.

Un dur travail, soit dit en passant, que celui de gabier sur trois-mâts ; surtout quand la tempête gronde, que le navire roule en folie d'un bord sur l'autre et frappe dans la mer démontée et que, quoi qu'il en coûte, quoi qu'il arrive, il faut travailler tout là-haut dans cette fichue mâture qui grince et rugit, harnaché et croché aux lignes de vie, dans un équilibre impossible, giflé par la pluie et le vent, ce vent qui siffle et hurle sans discontinuer dans les haubans...

Atlantique Nord, 11 septembre 2004

9 heures : Dans la timonerie, je débute mon cours sur Standard C pour Hedwig Marzolf et Christine Chevrier. Ce cours prend place dans « l'université flottante » que nous avons instituée afin de faire fructifier intellectuellement les longues semaines de la traversée de l'Atlantique. La chose est plutôt inédite à bord d'un trois-mâts... Mais aux Canaries, nous nous sommes dit : « Il y a dans l'équipage toutes sortes de compétences portées par toutes sortes de personnes. Pourquoi ne pas croiser ces connaissances en se donnant mutuellement des cours ?... »

Alors, chaque jour depuis le 4 septembre de nombreuses matières, souvent inédites, sont enseignées à bord de *La Boudeuse* à l'intention de tout le monde : Hedwig s'occupe de la philosophie, Tolosa de la mécanique, Chaliand de la géostratégie et de l'histoire, le docteur Chesneau du secourisme, Féron du matelotage, etc.

Depuis cette date, l'ambiance à bord est devenue extrêmement studieuse...

La plupart des cours ont lieu de manière collective au milieu des 2 000 livres du grand carré bibliothèque situé au centre du navire, au pont inférieur. C'est un plaisir alors de voir le mécanicien écouter la philosophe, l'écrivain politique le marin, le médecin le bosco et ainsi de suite...

Tandis que *La Boudeuse* fend les flots dans l'intimité de la mer.

Atlantique Nord, 12 septembre 2004

Le journal de bord indique à la case « événements » – celle qui se trouve en haut de chaque page de droite : *« Passons le cap des 1 000 milles restants pour atteindre Belém. Jour prévu pour l'arrivée dans le delta de l'Amazone, le 19 septembre, dans une semaine. Si tout va bien... Parcouru depuis Camaret : 5523 milles. »*

Toute la journée, des grains se forment sur l'horizon comme des châteaux forts, bardés d'éclairs dantesques – signe de l'existence de cumulonimbus, les plus terribles de tous les nuages. Le vent se fait de moins en moins régulier aussi. Le « pot au noir » est à coup sûr imminent vu ces signes avant-coureurs, sans parler de notre latitude : 10° nord environ.

15 heures : réunion restreinte avec les deux administrateurs du bord, Maxime Ducoutumany et Vincent Trousseau. Belém approche et il faut préparer notre arrivée. Malgré leur jeunesse et bien qu'ils ne soient pas des « anciens » de la jonque, Maxime et Vincent font déjà partie des piliers de l'équipage par leur allant et leur motivation. Maxime a été le premier des deux à intégrer le bord. Il était venu me voir un jour aux Glénans entre deux cours. Il sortait d'une école de commerce et voulait faire « autre chose » avant d'entrer dans la vie professionnelle. On était au printemps 2002 et le projet du nouveau navire démarrait à peine avec Julia du Rietz, Bernard Wolfrom, mon frère Eric et Olivier Le Bret, un autre ancien de l'Afghanistan et de nos expéditions en Tasmanie. Il fallait étoffer l'équipe avec de nouveaux éléments et Maxime tombait au bon moment.

« Je suis prêt à m'engager, m'avait-il dit d'une voix où perçait une sorte d'innocence teintée de détermination.

– Même sur un bateau qui n'existe pas encore ? avais-je répondu. Pour un projet qui commence à peine ?

– Pourquoi pas ? Il y aura tout à bâtir, ça me plaît... »

Et voilà comment il s'était retrouvé embarqué dans l'aventure...

Plus tard, il avait fait venir Vincent Trousseau. Ce dernier aussi sortait d'une école de commerce et aimait la mer ; l'aventure le tentait. Alors, pourquoi pas ? A eux deux, épaulé de Julia, ils avaient donc abattu une large part du travail ingrat – mais si formateur – que représente la préparation d'une longue expédition comme la nôtre, surtout démunie de moyens financiers. Ils n'avaient pas compté leur peine et si le découragement les avait envahis dans les moments difficiles, ils ne l'avaient pas montré.

« Alors, messieurs, dis-je, comment se présentent les choses pour l'arrivée au Brésil ?

– Il ne devrait pas y avoir de problèmes, répond Maxime. Tout est prêt question papiers et documents pour les douanes, la police, les services de santé et tous ces trucs-là. On n'a plus qu'à les sortir à la demande....

– Pour ce qui est de la liaison avec Julia à la base arrière, ajoute Vincent, elle continue à être bonne et régulière. Les problèmes à Paris restent les mêmes, tu t'en doutes : l'argent manque, les créanciers appellent, les fournisseurs s'impatientent... Les choses habituelles, quoi... Mais ça devrait passer encore ce mois-ci... Julia s'en occupe avec Bernard.

– Parfait, dis-je. Continuez à faire au mieux pour les finances : l'essentiel dans l'immédiat, c'est de continuer à avancer. »

Atlantique Nord, 13 septembre 2004

Nous entrons dans le « pot au noir » au milieu de la nuit. De manière incroyablement nette : les alizés disparaissent d'un coup et des montagnes de nuages se ruent sur nous depuis l'horizon. Plus le moindre vent, plus un coin de ciel bleu ; les grains qui s'abattent sur notre malheureux navire sont d'une violence inouïe. Toute la journée, roofs et ponts sont bombardés de pluie. Le bruit est infernal. Quand les nuages explosent juste au-dessus de nos têtes, c'est à peine si l'on distingue encore l'avant de *La Boudeuse*...

Fort heureusement, aucune houle ne se lève.

Il y a moins d'un siècle, les marins redoutaient ces parages de l'équateur où les navires s'encalminaient comme dans de la poix ; après avoir été poussés par des vents bienfaisants depuis l'Europe, ils butaient soudain sur une sorte d'épaisse couche de coton qui les stoppait net. En ce temps-là, ils ne pouvaient savoir qu'une zone dépressionnaire est installée en permanence autour de l'équateur, comme une ceinture de basses pressions, empêchant l'existence de vents réels et puissants. Cette ceinture porte aujourd'hui le joli nom de « zone intertropicale de convergence » et « bouge » en latitude selon les saisons. Dans cette zone, les grains sont quasi permanents.

Autrefois, on pouvait rester des jours ou des semaines piégés par ce calamiteux « pot au noir », au milieu d'orages apocalyptiques sans commune mesure avec ceux des pays tempérés. Et si d'aventure la houle se levait – ce qui était fréquent –, les navires se mettaient à rouler bord sur bord sans pouvoir s'arrêter, rendant les hommes à moitié fous. Quant aux mâtures, elles souffraient tant de cet incessant jeu de bascule qu'elles pouvaient tout bonnement s'écrouler sur elles-mêmes ou se désarticuler. Si rien de tout cela n'arrivait, on était encore menacé par la soif et la faim car, naturellement, l'eau et les vivres finissaient par s'épuiser.

Alors, quand un souffle de brise se levait, on criait au miracle et les capitaines devaient user de toute leur science de marin pour tirer le meilleur parti possible des faibles vents que la providence daignait leur envoyer pour un temps généralement bref.

En ce qui nous concerne, nous avons fait par avance un autre choix : pas question de rester encalminés des jours ou des semaines alors que nous disposons d'un moteur auxiliaire. Ce serait absurde. Et fort coûteux en temps comme en argent... Or, si nous disposons du premier, nous sommes démunis du second... Notre Scania de 360 chevaux a donc été lancé dès que le vent a cessé et que les voiles ont été carguées puis serrées par les gabiers.

Curieuse impression d'entendre à nouveau un moteur après tout ce temps passé en compagnie du vent, de la mer, des craquements de bois, du couinement des poulies ou du crissement des cordages.... Mais c'est ainsi. Fort heureusement, ce ronronnement de moteur s'entend modérément sur un navire comme *La Boudeuse* ; et il ne joue pas trop sur le moral de l'équipage. Celui-ci semble s'y faire d'autant plus vite que nous n'avons pas de meilleur choix. Encore une affaire de psychologie...

De toute façon, Sophie Mousset veille au grain. Le moral de la troupe, c'est son affaire même si ce n'est pas son rôle officiel en tant que gabier. Compagne de Chaliand, écrivain elle-même et « ancienne » de la jonque comme il se doit, Sophie est une fidèle du navire qui sait employer son charme et son intelligence pour attirer les confidences des plus démunis affectivement. Sophie panse donc les plaies du cœur ou de l'âme comme Pierre Chesneau, notre médecin, panse les plaies du corps, ce qui, fort heureusement, n'arrive pas trop souvent.

16 heures : Le vent qui persistait à rester à peu près de face, sur la route directe de Belém, forcit soudain ; je décide d'envoyer nos six basses voiles et de tenter un virement pour venir tribord amure. Avec un peu de chance, nous pourrons reprendre notre route sous toile.

Branle-bas immédiat sur le pont... Les six voiles sont envoyées en un tournemain et le virement lof pour lof engagé dans la foulée. Le navire retentit de vie. Mais sans résultat : nous perdons très vite du terrain vers le sud faute de pouvoir serrer suffisamment le vent sur notre nouvelle amure. Nous revenons donc à notre position antérieure, « bout au vent et à la lame » dans un dernier ordre de manœuvre rageur :

« A serrer toutes les voiles dans la mâture ! »

Et Féron de conclure avec son fatalisme de vieux marin :

« C'était bien d'essayer quand même... »

Consolation du jour : l'exercice de récupération d'homme à la mer a été effectué en moins de six minutes.

L'équipage commence à être bien entraîné.

Atlantique Nord, 15 septembre 2004

Emotion forte ce matin : il est à peine 8 h 10 lorsque nous apercevons d'assez loin un gros porte-conteneurs qui fonce droit sur nous en route de collision. Pour une fois qu'il y a un navire dans cette immensité, voilà qu'il vient à nous éperonner... Invraisemblable !

Compte tenu de nos caps respectifs – il arrive sur bâbord –, c'est nous qui sommes privilégiés. C'est donc à lui de changer de route. Je laisse passer un peu de temps ; mais rien à faire, le porte-conteneurs ne bronche pas de sa trajectoire. Je l'appelle à la radio sur le canal 16 : pas de réponse. Je recommence : toujours rien... A se demander s'il y a quelqu'un sur la passerelle. Il est très proche maintenant. Nous voilà à jouer à qui perd gagne. Mais je veux attendre jusqu'au dernier moment. Le porte-conteneurs avance encore, me semble soudain grandir à toute allure, de plus en plus vite. C'est un véritable mastodonte. Il ne changera pas sa route, maintenant j'en suis certain. Allons, il est temps de réagir, nous ne faisons pas le poids :

« Timonier, la barre 20 ° à gauche pour passer sur son arrière.

– Barre à gauche 20° », répond Christine Chevrier en pesant sur la barre à roue.

Et maudit soit ce porte-conteneurs comme tous ceux de son espèce qui ne respectent plus les règles maritimes ni même celles de la plus élémentaire courtoisie !

Les escadrilles de poissons volants ont refait leur apparition. Longs comme la main et fuselés, ces drôles de poissons sortent en nuées de la mer quand on s'y attend le moins et foncent droit devant eux, aveugles et sourds à tout ce qui n'est pas leur vol. Lorsqu'un hasard malheureux les amène à croiser la route de *La Boudeuse*, comme aujourd'hui, c'est le carnage assuré dans leurs rangs. Et pour nous, l'impression de subir un bombardement tant les chocs de ces malheureux contre les superstructures du navire sont violents et répétés. Le pont est ensuite jonché de ces pauvres bêtes, frémissantes et gluantes, les yeux ronds, terrifiés, que les plus compatissants d'entre nous s'efforcent de rejeter à la mer avant qu'ils ne soit trop tard.

Notre jeune cuisinière, Céline Baumard, a bien demandé s'il était possible de cuisiner ces poissons volants mais nul n'a voulu en entendre parler. Il y a chair plus fine au fond des mers, s'est-elle entendu rétorquer... Elle n'a pas insisté mais ne sait plus quoi faire pour varier les menus et satisfaire l'appétit féroce des gaillards qui l'entourent. Céline n'est pas cuisinière de profession et occupe le poste par défaut. Elle ne s'en tire d'ailleurs pas si mal, même si c'est au prix de quelques crises de larmes et de découragement... Mais ainsi va parfois la vie en promiscuité...

On dit souvent que le poste de cuisinier est essentiel à bord d'un navire, le moral de l'équipage dépendant de ce qu'il trouve dans son assiette. Rien n'est plus exact d'un point de vue humain, toutes les expériences le démontrent. Cependant, en matière d'aventure, j'ai toujours eu le sentiment qu'il fallait parvenir à penser l'inverse. Car pour aller loin et « dépasser le possible », ne faut-il pas se rendre capable de manger n'importe quoi, n'importe où et n'importe comment, voire apprendre à ne rien manger du tout si les circonstances l'exigent, tout cela sans être atteint dans son moral ? J'aime cette idée aussi bien stoïcienne qu'épicurienne, qu'il est nécessaire de s'entraîner à manger peu et n'importe quoi pour dépendre le moins possible de la nourriture, pour la tenir à distance, l'apprivoiser en quelque sorte, en être libéré même, au point de pouvoir goûter avec joie le meilleur des repas gastronomiques tout en étant capables de s'en priver aussi longtemps que nécessaire sans la moindre souffrance. Dans cette capacité de maîtrise de la nourriture, dans cette possibilité de gagner en autonomie vis-à-vis du monde extérieur – le grand enjeu –, n'y a-t-il pas comme un surcroît de liberté à conquérir ?

Nos cinq matelots stagiaires venus de Bretagne semblent désormais amarinés. Je n'ai pas parlé d'eux jusqu'alors, parce que le mal de mer faisait quelques dégâts dans leurs rangs... Mais tout va mieux maintenant ; ce sont de bons et braves garçons qui tentent de tenir gaillardement leurs postes sans jamais faiblir. Ils ont compris qu'à bord d'un navire – davantage que dans la vie à terre, sans doute –, toute défaillance d'un homme dans sa tâche est obligatoirement compensée par un surcroît de travail équivalant chez un autre homme qui paie le prix de cette défaillance. Alors, ils font de leur mieux pour n'être à la charge de personne, bien que je les aie mis en sureffectif dans la plupart des quarts. Ils ont entre 18 et 25 ans et pour la plupart effectuent leur premier voyage à bord d'un bateau. Ils appartiennent à l'un des « programme jeunesse » que nous avons associé au projet de *La Boudeuse* sous le haut patronage de l'Unesco, afin de permettre à des jeunes issus de tous les milieux d'être en partie acteurs de cette aventure.

Des villes, des départements et des régions de France se sont engagés à nos côtés pour financer l'existence de ces groupes de jeunes. Sur un principe simple : le recrutement par concours gratuits. Et un engagement précis pour les gagnants : servir de démultiplicateurs pour tous les jeunes qui n'ont pas la chance d'embarquer. Appartenir à l'équipage de *La Boudeuse* signifie donc pour eux vivre une expérience personnelle mais en porter aussi témoignage pour leurs camarades inconnus, à travers Internet et les médias locaux avec lesquels nous nous sommes associés. L'action du navire comme les valeurs qu'il veut porter à travers ses missions sont donc transmises à des centaines de milliers de jeunes par le biais de quelques-uns d'entre eux, devenus ambassadeurs de tous les autres.

C'est pour moi comme une manière de passer le flambeau...

Atlantique Nord, 16 septembre 2004

Pour l'anniversaire des 13 ans de ma fille Tatiana restée en France, je m'autorise une cuite mémorable – bel exemple sûrement du chemin qu'il me reste à parcourir pour mon autonomie personnelle vis-à-vis des choses extérieures...

Quoi qu'il en soit, l'anniversaire de Tatiana est dignement fêté sur le pont à la tombée de la nuit. Tout l'équipage y participe comme il est d'usage chez nous, à l'exception des hommes de quart, cela va sans dire. Je laisse la responsabilité du navire à Féron et bois plus que de raison force rations de notre vieux rhum – une fois n'est pas coutume.

« A *La Boudeuse*...

– Et à son équipage !

– A Tatiana, fille de notre capitaine, hourra ! »

Les verres volent dans la mer à chacun des innombrables toasts qui suivent et, longtemps après, je m'écroule raide dans ma couchette à une heure dont le souvenir ne m'est pas resté...

Ce bref récit ne doit pas laisser croire que l'alcool coule à flots à bord de *La Boudeuse* comme chez les flibustiers d'antan... Certes, nous ne sommes pas un « bateau sec », contrairement à beaucoup d'autres, surtout anglo-saxons, où la présence même de l'alcool est prohibée. Mais la « cave à alcool » – située sous le bar du carré bibliothèque et honnêtement garnie à ce que l'on raconte – est sous clef et la clef dans la poche du capitaine – « seul maître à bord après Dieu », selon l'antique formule. La cave est souvent ouverte mais pour des raisons précises : anniversaires, passages de la ligne, arrivées dans les ports, départs, mariages, Noël, nouvel an et fêtes diverses. Les occasions de boire ne manquent donc pas – dans le cas contraire, il existe de toute façon un pot spécial appelé « pot sans raison » – mais la consommation globale de l'alcool reste réglementée. Tout relâchement en la matière mène aux pires dérives, l'expérience l'a largement prouvé.

Comme moi ce soir-là...

Atlantique Nord, 17 septembre 2004

Assis sur le coffre de barre, juste derrière le timonier, Chaliand est plongé dans le numéro des « Instructions nautiques » consacré à la côte brésilienne. Un numéro à la lecture aussi austère que les dizaines d'autres ouvrages de son espèce entassés dans les passavants de la timonerie. Mais les

« Instructions nautiques » – les IN comme on dit – sont des documents essentiels à la navigation ; on y trouve les détails de toutes les côtes, de tous les ports, ainsi que l'ensemble des informations météorologiques et océanographiques nécessaires aux marins :

« Ces bouquins sont réellement épatants, me dit Chaliand en interrompant sa lecture : précision absolue dans l'écriture, concision permanente et volontaire, utilisation parfaite des mots, sans qu'il y en ait jamais un de trop, justesse, clarté... Cette élimination de la moindre fioriture pour ne garder que l'essentiel, vraiment ça me plaît...

– C'est tout à fait toi, dis-je en riant : écriture épurée en toutes circonstances, pour l'analyse d'une guérilla comme pour le récit d'une action ; supprimer toutes les scories de l'écriture... Je comprends que tu puisses apprécier la lecture des IN... Ce n'est pas toujours le cas de mes lieutenants. Pour eux, ce sont les plus rébarbatifs des livres.

– Et pour toi ?

– Ma foi... ce sont des livres. Et comment faire autrement que d'aimer tous les livres... »

Atlantique Nord, 18 septembre 2004

Inscrit au journal de bord : *« Consignes du capitaine : pour les vigies et timoniers, redoubler de vigilance à l'approche de la côte sud-américaine. Poursuite de l'entretien général du pont : rouille, peintures, choucanes et autres. A midi, il sera 11 heures et TU – 3 : changement d'heure. On se prépare pour la fête du passage de la ligne. »*

11 h 30 : Je sens comme une brise tiède qui se met à courir sur la surface de la mer ; les pavillons flottant aux mâts dansent soudain par le travers de notre route...

Le vent !

Le voilà enfin... Faible, certes, mais c'est mieux que rien après tous ces jours de « pétole » et de houle. L'embouchure de l'Amazone est à 200 milles dans le sud-est de notre route.

Fichu « pot au noir »... Mais c'est fini maintenant :

« Equipage aux postes de manœuvre ! »

Je peux enfin m'époumoner dans le porte-voix... Nous allons envoyer toute la toile et voir ensuite la meilleure route à prendre.

L'ensemble des hommes et femmes de *La Boudeuse* surgit des roofs et se précipite vers les différents postes de manœuvre, au pied de chaque mât, sur la dunette et le pont avant. En quelques minutes, les gabiers sont dans les enfléchures et grimpent dans le mât de misaine pour desserrer les huniers sur leurs vergues, dans le grand mât et celui d'artimon pour les voiles de flèche. Vingt-cinq mètres plus bas, les matelots de pont, avec des gestes sûrs, préparent déjà les drisses, les cargues, les amures et les écoutes des premières voiles qui vont être envoyées. On s'affaire de partout avec une précision mécanique rodée par les presque deux mois de mer qui viennent de s'écouler. Un ballet vertigineux s'installe au milieu de la toile d'araignée des cordages et des haubans qui enserrent le navire de toutes parts.

« Paré à hisser trinquette, basse voile d'étai, grand-voile et artimon ! »

De l'avant à l'arrière de *La Boudeuse*, les sifflets des lieutenants retentissent les uns après les autres avec leurs codes de reconnaissance respectifs, signalant que toutes les équipes sont parées à la manœuvre complexe qui va s'engager pour tirer le meilleur parti du vent qui vient de naître.

« Timonier, la barre dessous ! »

Lentement, le navire présente son étrave aux vagues...

« A hisser toutes ensembles ! »

Les quatre premières voiles grimpent d'un même élan vers le ciel, vers la lumière qui inonde l'océan, toujours aussi vide à perte de vue. On n'entend plus que le halètement sourd des matelots arcqueboutés sur les drisses, le grincement des poulies, le crissement des cordages en action. Dieu que le spectacle est beau !

« La barre au vent, 10°, pour filer bâbord amure ! Paré à hisser clin-foc, foc et voile d'étai centrale !

– La barre au vent, 10° », répète le timonier, conformément à la règle.

Stridulation des sifflets, ordres qui fusent des lieutenants et du bosco vers les gabiers et les matelots. Trois voiles de plus claquent presque aussitôt dans le vent.

« Pour les vergues, brassez en pointe sur tribord, paré à envoyer hunier fixe et hunier volant ! »

Embraquées par six paires de bras solides, nos grandes vergues virent lentement autour de leur mât, les cargues sont mollies partout, la vergue volante monte au plus haut du navire et les deux huniers se déploient bientôt majestueusement au-dessus de toutes les autres voiles.

Nous cinglons à bonne vitesse vers les côtes du Brésil... Dans deux jours au plus nous serons à l'embouchure de l'Amazone ; alors, ce sera la longue et dangereuse remontée du fleuve et de ses affluents sur plus de 3 000 kilomètres. Une remontée dans l'espace et le temps du plus puissant fleuve de la planète, une traversée de près des deux tiers du continent sud-américain. Jusqu'à la frontière colombienne. De l'autre côté de cette frontière débutera la première expédition des « peuples de l'eau », chez les énigmatiques Indiens Yuhup du territoire de l'Apaporis.

Malgré les promesses d'aventures à venir, nous sommes nombreux à bord à regretter déjà les semaines écoulées sur l'Atlantique. Car où trouver ailleurs que sur l'océan et sur un grand voilier cette sensation de totale plénitude avec soi-même et le monde ? Ce sentiment d'être continuellement suspendu dans le temps, hors de tout autre univers que celui du navire, monde clos et codé, ritualisé comme dans une tribu, où l'existence est rythmée par l'invariable régularité des quarts et le tintement de la cloche marquant l'heure des repas, les briefings et les événements marquants.

Ligne de l'équateur par 47° 28' 597 de latitude ouest, 19 septembre 2004

Il est 15 heures quand nous manœuvrons pour mettre à la cape et stopper le navire juste sur l'équateur. Nous voilà soudain immobiles, en équilibre entre les deux hémisphères. Moment psychologique intense, chargé d'émotion : cet endroit est semblable à tous les autres lieux de la mer si on l'observe seulement avec « les yeux du corps », comme dirait Blaise Pascal ; mais il est à nul autre pareil si on le considère avec « les yeux du cœur », ces yeux qui savent voir le symbole profond de cette ligne imaginaire. J'aime cette forme de regard double, voire triple si on y ajoute « les yeux de l'intelligence »; car alors, cette ligne de l'équateur devient essentielle, ne serait-ce que pour nos calculs de navigation astronomiques.

Et puis « miracle » aussi de la stabilité de notre cape : voile d'artimon bordée dans l'axe, barre au vent, hunier fixe masqué, les 250 tonnes de *La Boudeuse* se sont immobilisées en moins d'une minute malgré la vitesse initiale du navire et le vent qui continue de souffler. Maintenant, par l'effet mécanique du léger déplacement de la cape, la partie de la coque au vent est précédée d'une mer devenue presque plate sur une bonne vingtaine de mètres. C'est pourquoi cette position de la cape est aussi utilisée pour la sauvegarde d'un navire en cas de tempête, la surface d'eau calme devant la coque assurant alors le bris des lames.

Cette capacité d'un navire à rester immobile malgré tout ce qui bouge autour de lui, mer et vent, ne cesse de m'émerveiller, comme la capacité qu'ont les avions à ne pas tomber du ciel malgré leur poids... Les explications techniques et mathématiques de ces deux phénomènes sont insuffisantes à ôter en moi l'émerveillement quasi enfantin que je ressens à leur spectacle. Que je sois marin et aviateur à la fois n'empêche rien, bien au contraire me semble-t-il; est-ce pour cela aussi que j'aime passer des heures entières dans un aéroport rien que pour regarder décoller les avions vers toutes les directions du monde – ah, alors, l'envie de partir pour toutes ces directions ! – tout en m'étonnant encore et toujours de ce que ces mastodontes puissent voler comme des oiseaux ?...

Ce qui suit notre arrêt au milieu de l'océan, sur la ligne exacte de l'équateur, restera dans les annales de *La Boudeuse*...

En effet, 14 membres de l'équipage sont des « impétrants » – en d'autres termes des hommes et des femmes n'ayant jamais passé la ligne en bateau. Il faut donc les baptiser selon les bonnes vieilles traditions de la marine à voile.

Comme il est d'usage, l'organisation du baptême a été confiée au doyen du navire, c'est-à-dire à Gérard Chaliand;

il doit en même temps tenir le rôle principal, celui de Neptune. Comme « assesseurs » il a choisi Ali le bosco et Tolosa le mécanicien : de quoi impressionner la « bleusaille » avec leur allure et leurs tatouages...

La manœuvre de mise à la cape à peine achevée, nous voyons brusquement surgir sur le pont nos trois camarades, déguisés de pied en cap, Neptune portant barbe, toge et trident. Entourés des « anciens de la ligne » qui battent gamelles et casseroles dans un bruit de fin du monde, ils convoquent en hurlant les « impétrants » dont on espère qu'ils tremblent intérieurement; ces derniers s'alignent sans discuter devant les coffres à cordage et je vois dans les yeux de beaucoup une interrogation non dénuée d'inquiétude sur ce qui les attend dans ce drôle de baptême au milieu de nulle part.

Quoique les brimades à l'ancienne n'aient pas cours à bord de *La Boudeuse*, la suite n'en est pas moins mémorable : après un discours de Neptune sur les fatigues endurées par son illustre personne pour sortir des flots et baptiser des vermisseaux encore indignes de leur fonction, c'est à mon tour de prendre la parole :

« Pour être recevables comme marins de la ligne, vous allez devoir subir deux épreuves. La première : tenir bon contre des flots déchaînés symbolisés par l'envoi d'un bon seau d'eau en pleine figure. Le bosco et le mécanicien vont se charger de ça et ne vont pas vous faire de cadeau, autant que vous le sachiez. Alors, pas question de tomber si vous voulez être définitivement des nôtres... Seconde épreuve : démontrer votre amour du métier de marin en avalant d'un trait un verre remplis à ras bord d'eau de mer. Sans rien recracher, naturellement...

– Que le baptême commence », ordonne alors Chaliand-Neptune d'une voix à faire frémir le plus hardi des matelots d'aventure...

En moins de temps qu'il n'en faut pour l'écrire, tout le monde se trouve trempé – mais sans que quiconque ait chuté sur le pont. Je trace alors au feutre sur le front des nouveaux baptisés le symbole du passage de la ligne : un cercle traversé d'un trait en son centre.

Voilà désormais sur les mers 14 nouveaux « marins de la ligne ».

En retournant dans ma cabine, je songe avec une forme de nostalgie que notre long voyage autour du monde commençant à peine, nous allons vivre encore une bonne demi-douzaine de ces passages de l'équateur au cours des années à venir...

20 heures : Depuis le pont avant, dans la nuit obscure, j'envoie un seau à la mer retenu par un « bout » à mon poignet. Je veux goûter l'eau qui passe sous notre coque. Déception : elle semble aussi salée qu'en haute mer. On raconte pourtant que la puissance du débit de l'Amazone est telle que le fleuve projette son eau douce à des centaines de kilomètres de la côte. Je me souviens même que les premiers marins qui s'étaient aventurés dans ces parages au siècle de Christophe Colomb évoquaient dans leurs récits la surprise qu'ils avaient éprouvée en découvrant de l'eau douce en pleine mer; sa présence leur avait fait comprendre qu'un fleuve géant, donc une côte, devait être proche.

Peut-être ne faut-il jamais trop croire ce que racontent les livres...

Belém, Amazonie brésilienne, 20 septembre 2004

A minuit, nous embouquons le rio Para qui forme l'un des bras du delta de l'Amazone. Sans voir grand-chose de la côte, hélas, que les habituelles lumières tremblotantes de ce type de rivage plat et sans repères. Le balisage du chenal d'entrée se révèle d'ailleurs incertain : beaucoup de feux, signalés sur les cartes d'approche, manquent ou sont éteints. Navigation délicate, donc, dans le noir obscur de la nuit, radar en action sur petite échelle, gain réglé au maximum, vigies tous azimuts jusqu'à l'aube et cœur battant : il faudrait si peu pour que tout échoue avant d'avoir réellement commencé...

6 heures : Le jour se lève dans une lumière livide coupée de lambeaux de brume qui s'effilochent sur l'horizon. l'Amazone se révèle enfin, tel qu'en lui-même. Un vrai coup au cœur... Depuis le temps que nous avions rendez-vous avec le fleuve des fleuves ! Il est enfin là, ici et maintenant. Frémissant de vie contenue, majestueux en diable.

Les îles et les bancs de sable paraissent innombrables autour de nous, comme si la main géante d'un démiurge les avait saupoudrés un peu partout dans cette nature immense : parvient-on même à deviner où se trouvent précisément les rives ?

Je me dis en même temps, comme souvent, qu'aborder un pays par la mer avec cette approche si lente des bateaux, cette progression quasi mystique vers les hommes, est tout autre chose que d'aborder un pays par avion, brusquement et sans transition, sans préparation, d'un seul coup en quelque sorte.

Mais il est vrai aussi que la brutalité du choc qui va de pair avec l'avion, a quelque chose de magique et d'implacable pour faire découvrir un pays.

Des pêcheurs dans leurs pirogues nous regardent passer, intrigués ; de longs vols d'oiseaux traversent le ciel, graciles au-dessus de nos mâts. Je bénis la providence qui a décidé de notre arrivée à l'heure exacte de mon quart.

A 9 h 30 nous sommes par le nord du port de Belém : amas d'immeubles et de béton au milieu d'une forêt soudain pelée et dénudée. Pour des raisons de sécurité – autant être vus par le moins de monde possible –, je décide de jeter l'ancre à l'écart de la ville, à l'ouest du lieu-dit Miramar.

Quinze minutes plus tard, nous mouillons par 7 mètres de fond, filant 50 mètres de notre ancre tribord.

Nous y voilà donc.

A portée de main de Belém, la grande métropole de l'embouchure de l'Amazone que je vais bientôt retrouver après des années d'absence. Une métropole en forme d'univers particulier, tendu entre une modernité agressive et le temps héroïque du Brésil ancien peuplé de récolteurs de caoutchouc, de chercheurs d'or, de bandits de grands chemins, de fermiers impavides, de marchands ambulants et de colporteurs en tout genre. Un univers où fermentent tous les rêves de l'homme, tous ses vices contenus, toutes ses grandeurs inachevées.

Mon frère Eric me ramène à des choses plus concrètes et prosaïques :

« J'ai refait l'inventaire des matériels d'expédition, me dit-il en venant me trouver sur la dunette. On a à peu près tout le nécessaire mais il faudra quand même acheter une dizaine de hamacs et de moustiquaires ici. Des machettes également et des lampes à pétrole, on en manque. Une fois qu'on aura tout ça, la cale arrière sera définitivement complète. »

La cale dont parle Eric est située dans le couronnement, juste sous la dunette et la barre ; elle a été réservée aux matériels d'expéditions terrestres. On y trouve, soigneusement rangés et répertoriés, des dizaines de paires de chaussures de marche, des sacs à dos en quantité, des tentes, des gamelles, des sacs de couchage, des rouleaux de cordes, sans oublier quelques autres dizaines de solides pantalons, chemises, chaussettes, etc. Ainsi que 1 000 rations de nourriture fournie par la Marine nationale. Il y a là de quoi mener toutes nos expéditions terrestres pour les années à venir. Cette cale est une véritable caverne d'Ali Baba.

« Question approvisionnement, poursuit Eric, rien de spécial à acheter à Belém ; quelques vivres frais et ça ira. Dans ce domaine aussi nous sommes tranquilles pour un moment. Comme tu l'as demandé, on a fait assez de place en cambuse – et un peu partout ailleurs dans le bateau – pour réorganiser l'année de vivres secs et les six mois de congelés qui sont à bord. Et on est loin d'avoir entamé sérieusement les 7 tonnes de vivres fournis par nos amis du Carrefour d'Ajaccio et les autres producteurs corses. A ce propos, il y a tellement de charcuterie encore en réserve que j'ai dû me résoudre à la transférer de la cambuse à la salle des machines pour la faire sécher et la conserver plus longtemps... »

Je comprends mieux maintenant l'agréable fumet qui monte du pont arrière depuis hier ; je m'en expliquais mal l'origine...

Belém, Amazonie brésilienne, 21 septembre 2004

Malgré l'excitation de l'aventure à venir, je ne peux m'empêcher de regretter déjà l'océan derrière nous, ce que la vie en mer me procure de paix insigne ; tous ces souvenirs aussi, ces images, ces sensations qui me reviennent au milieu de cette première nuit sur l'Amazone : vision nocturne de l'étrave traçant dans le plancton phosphorescent des traînées d'étincelles tourbillonnantes, poissons volants gisants à l'aube sur le pont enroulés dans leurs nageoires ailées comme des matelots endormis dans leurs couvertures, pureté de la ronde nocturne des constellations au milieu desquelles nous avons inscrit les débuts de notre longue route, régularités des alizés qui douze jours durant ont gonflé nos voiles comme un souffle bienfaisant, spectacle toujours renouvelé des bancs de dauphins jouant autour de la coque, vision grandiose des grains du « pot au noir » construisant tout autour de l'horizon du navire comme de gigantesques piliers noirs soutenant le ciel, fraîcheur gluante des bourrasques de pluie balayant la dunette et les hommes de quart engoncés dans leurs cirés, soleil accablant tannant jour après jour nos peaux déjà cuites et recuites... Et la mer, toujours présente, respirant puissamment de sa houle et de ses vagues.

Les anciens avaient raison. Il n'y a bien que trois sortes d'hommes : les vivants, les morts et ceux qui vont sur la mer.

Les gardes de nuit ont été augmentées à quatre hommes par mesure de sécurité.

2

Sur le fleuve géant

Belém, fleuve Amazone, 22 septembre 2004

Un vague halo brumeux enveloppe le fleuve à l'aube de ce second jour. Tout est silence et en même temps bruits du silence de la forêt équatoriale. Dira-t-on jamais assez combien le vrai silence est peuplé des bruits de la vie ?

La première fois où le hasard m'a conduit ici, dans cette Amazonie brésilienne de tous les possibles, j'avais 21 ans. C'était il y a près de trois décennies. En ce temps-là, la jungle – la forêt vierge comme on disait encore – était mon royaume amoureux ; je venais d'échapper à celle du Congo qui avait bien manqué m'engloutir au cours d'une expédition chez les Pygmées aussi extrême qu'initiatique, mais n'en voulais pas moins étreindre à bras-le-corps cette Amazonie mythique, royaume des Indiens. N'était-elle pas la « jungle des jungles » comme le Rub al-Khali d'Arabie est le « désert des déserts », l'Everest la « montagne des montagnes » et le cap Horn le « cap d'entre tous les caps » ?

Dans ces années 70, l'Amazonie comportait encore nombre de territoires mal connus et difficilement accessibles. L'un d'entre eux se situait dans le Sud colombien, à l'écart d'à peu près tout ce qui existe ailleurs sur terre. Des fleuves appelés Caqueta, Apaporis ou Miritiparana le traversaient ou le longeaient, on ne savait trop. Mais surtout, des Indiens qu'on disait volontiers « bravos » nomadisaient depuis des siècles dans ces confins de la Colombie et du Brésil, évitant soigneusement tout contact avec le monde des

Blancs et sa violence sans codes. Entre eux, ces Indiens s'appelaient Yuhup, les « hommes », et ils n'étaient plus que quelques centaines, vivant nus par groupes de cinq ou six familles en perpétuel mouvement à travers la forêt amazonienne.

Avec mes jeunes compagnons d'alors, Hughes Tissandier et Pascal Manoukian, nous avions entrepris d'explorer tant bien que mal ce monde fermé et mystérieux. Après une expédition de mille embûches, nous étions parvenus à établir un premier contact avec un clan Yuhup d'une trentaine d'hommes et de femmes vivant comme aux premiers âges de l'humanité, dans une sorte d'Eden à l'innocence farouche. Ce premier contact avait éveillé en moi un je-ne-sais-quoi de nostalgique, comme la réminiscence d'une autre vie.

Ces Indiens portaient les noms de Peïn, Donwed, Ado ou Nyamati ; malgré l'invraisemblable fossé culturel qui nous séparait, ils nous avaient acceptés parmi eux ; une nouvelle expérience de vie avait alors commencé pour nous, profonde et vraie comme peuvent l'être des expériences de cette nature à l'âge où nous les recevions.

Chasseurs-cueilleurs insaisissables mais pacifiques, les Yuhup étaient de vrais nomades. Ils ne possédaient que leurs arcs et leurs sarbacanes, le reste tenant sans peine dans les quelques paniers en rotin que portaient leurs femmes. Durs à la souffrance, endurants au-delà de l'imaginable, ils étaient surtout d'un rare courage, n'hésitant pas à combattre les pumas à la massue.

Les puissantes tribus sédentaires qui environnaient de toutes parts les Yuhup ignoraient leur vrai nom. Ils les appelaient les Macuje, les « sauvages », parce qu'ils ne savaient pas construire de cases et encore moins cultiver le manioc. Mais ces Indiens sédentaires n'en craignaient pas moins les Yuhup qui disposaient, croyaient-ils, d'infaillibles chamans dont la puissance de concentration était telle qu'ils cumulaient les pouvoirs de guérisseur et de sorcier. Plus encore, les Yuhup détenaient les secrets de la fabrication du curare, ce poison végétal dont on enduit les fléchettes de sarbacane. Et c'est par leur intermédiaire que les autres tribus indiennes devaient se le procurer.

Les Yuhup étaient à coup sûr les plus énigmatiques des nomades d'Amazonie. Les ethnologues ne savaient rien de précis sur eux, pas même leur nom exact ou leur nombre, et c'est par le plus grand des hasards que nous avions appris leur existence.

Vingt-huit ans plus tard, à bord de *La Boudeuse* ancrée sur le bord le plus oriental de cette gigantesque Amazonie, je ne peux que sentir revivre en moi cette aventure de jeunesse vers laquelle je retourne. Tout avait été si âpre et dur physiquement ! Avant de pouvoir établir notre premier contact avec les Yuhup, nous avions dû descendre des rivières à la pagaie pendant des semaines, vivant de chasse et de pêche. Une tornade nous avait même envoyés par le fond et nous nous étions retrouvés tous les trois, à demi nus et affamés, dans le village de La Pedrera à la frontière du Brésil, l'une de ces bourgades de Far West où l'on côtoyait alors chercheurs d'or et chasseurs de fauves, récolteurs de caoutchouc et trafiquants en tout genre. C'était là qu'on nous avait mis en garde contre les Macuje, ces sauvages qui ne se laissaient pas approcher et vivaient aux sources des « rivières du Nord », barrées par des rapides infranchissables.

L'épreuve de notre naufrage en pirogue ne nous avait pas dissuadés de poursuivre notre expédition dans les régions les plus reculées de l'Amazonie colombienne. Bien au contraire. Quant à l'existence d'Indiens considérés comme sauvages par les autres Indiens, elle ne pouvait qu'accroître notre intérêt. Nous avions donc décidé d'aller découvrir ce qu'il y avait au-delà de ces rapides des rivières du Nord, comme on décide de pousser un paravent chinois pour voir ce qu'il y a derrière...

Notre premier contact avec les Yuhup s'était établi aux sources d'une rivière nommée Jotavella. C'est là que peu à peu nous nous étions faits nomades parmi les nomades ; j'avais pris goût au mode de vie de ces Indiens qui ne s'encombraient guère des choses matérielles. Ces Yuhup, dans leur dépouillement quasi absolu et la simplicité de leur existence, étaient attachants comme je ne l'avais pas imaginé. Chasse à la sarbacane, pêche au poison barbasco, cueillettes de larves ou d'insectes, marches incessantes dans le ventre de la jungle, nuits de danses et de chants dans des clairières hâtivement défrichées, tout cela était devenu notre quotidien. Puis nous étions repartis sous d'autres cieux, vers d'autres aventures.

Les années avaient passé. Vingt en tout ; jusqu'à ce que j'éprouve le besoin impérieux de savoir ce qu'étaient devenus les Yuhup avec lesquels j'avais vécu si intensément. Avec le temps vient l'âge du recul sur les choses et l'on prend conscience alors, mais alors seulement, de l'intensité avec laquelle on peut être marqué par tout ce que l'on vit ardemment à l'âge où l'on émerge à la vie.

J'étais donc reparti, en 1996, à 41 ans, pour une nouvelle expédition chez les Yuhup. M'accompagnaient cette fois Jean-Paul Lepeintre et surtout Dominique Martial et Catherine Bricard avec lesquels je venais de vivre d'extraordinaires aventures chez les Papous Wola de Nouvelle-Guinée, au cœur de territoires encore inconnus de ce pays. Je tenais à ce que Catherine et Dominique découvrent l'Amazonie et les Yuhup avec moi. L'année suivante nous repartirions encore ensemble chez les mystérieux Nagas de Birmanie, puis sur la jonque pour ses aventures asiatiques.

En attendant, nous retournions en quelque sorte sur mes traces. Avec pour moi quantité d'émotions après une si longue absence ; sur la rivière Jotavella, j'avais découvert sans étonnement que le monde perdu des Yuhup n'était plus qu'un souvenir. La plupart des membres du clan étaient morts, victimes d'épidémies ou de famines, ces drames qui frappaient alors l'Amazonie entrant dans la modernité. Parmi les rares survivants, il y avait Ado, fils de Peïn, l'ancien chef du clan, âgé de 28 ans maintenant. Avec les années, il était devenu un chasseur réputé et il allait être ma principale clef d'accès au monde nouveau des Yuhup ; un monde bouleversé, car la modernité avait aussi représenté un choc culturel dévastateur pour tous ces hommes, apportant au plus profond de la jungle vêtements occidentaux et religion catholique, bonnes et mauvaises choses, souvent indissociables.

Pour éviter l'anéantissement, les derniers Yuhup s'étaient réfugiés parmi les Indiens sédentaires, eux aussi menacés par une acculturation massive. Les vieilles rivalités avaient été oubliées, les relations de domination reléguées dans les souvenirs du temps jadis et, ensemble désormais, ils tentaient de faire face aux défis du futur ; mais malgré leur alliance, tous ces Indiens auraient pu disparaître s'ils n'avaient obtenu en 1991 l'instauration d'une réserve indigène sur leurs terres ancestrales. Cette victoire arrachée au gouvernement colombien avait été le début d'une ère nouvelle à laquelle j'assistai pendant quelques mois. Munis de vrais droits sur leur avenir, les treize *capitans* des tribus vivant dans cette réserve, dont les Yuhup, s'étaient mis à réécrire leur destin, avec une clairvoyance sans concession. Ils avaient évité les écueils les plus destructeurs ; chez eux, pas de drogue, pas d'alcool, pas de violence, pas d'entreprises forestières ou minières prédatrices. Rien qu'un désir, presque obsessionnel : découvrir une troisième voie de développement, entre tradition et modernité. Après les drames des années 80, cette petite région de Colombie était devenue comme une enclave de sérénité dans une Amazonie tourmentée. L'essentiel de la vie traditionnelle était préservé, la jungle, intacte, demeurait extraordinairement giboyeuse, et les *capitans* avaient mis l'accent sur l'éducation et la santé.

J'étais reparti impressionné et rassuré.

Tout cela, c'était huit ans plus tôt.

Maintenant, me voilà une fois de plus à pied d'œuvre pour une expédition chez les Yuhup. Pourquoi m'a-t-il semblé si nécessaire de commencer ce tour du monde des « peuples de l'eau » par eux ? Je ne saurais trop le dire, au fond. Sans doute par fidélité pour ces hommes, peut-être aussi parce qu'ils m'offrent depuis bientôt trente ans quelque chose de rare : la possibilité de suivre, au fil des naissances, des mariages et des morts, l'histoire complète d'un petit groupe humain perdu au milieu de l'Amazonie.

Fleuve Amazone, 24 septembre 2004

A 10 h 45 ce matin, nous appareillons pour la remontée du fleuve Amazone. 2 000 kilomètres nous attendent d'abord pour atteindre la confluence du Japura, l'un des affluents de la rive gauche du grand fleuve. C'est ce Japura qui nous mènera ensuite à la frontière colombienne, éloignée d'un bon millier de kilomètres supplémentaires. Compte tenu des embûches à prévoir sur ce long parcours, je compte quatre bonnes semaines de navigation avant d'entrevoir le poste militaire de Vila Bittencourt qui marque la fin du Brésil et le début des rapides qui nous empêcheront d'aller plus loin avec le navire. A partir de là, il faudra continuer en pirogue jusqu'au pays des Yuhup.

En attendant, cette remontée de l'Amazone et du Japura représente une expédition en soi : aucun grand voilier traditionnel ne s'est jamais aventuré sur le Japura – surnommé le « fleuve des surprises » tant le niveau de ses eaux peut varier avec violence, sans prévenir ; et il n'en existe aucune carte fiable. A notre échelle, ce sera une expédition à la Fitzcarraldo...

Pour les premiers jours de cette navigation, nous embarquons un « pratique » du nom de Fernando Santana Do Carmo. A ce que l'on nous a dit, cet homme affable et sans âge connaît dans le moindre détail l'enchevêtrement de bras d'eau qui enserrent l'immense île de Marajo, cœur du delta de l'Amazone ; il pourra guider le navire au plus court jusqu'au bras principal du fleuve géant. Nous gagnerons ainsi un temps précieux.

Première étape d'importance : la mythique Manaus, à peu près à mi-chemin du Japura.

Tout le jour nous naviguons entre les impressionnantes murailles de la jungle. Les chenaux ne doivent pas dépasser cinquante mètres de large et j'ai le sentiment d'avancer entre deux rangées d'immeubles végétaux bordant un boulevard liquide que notre étrave d'acier laboure inlassablement. Je peux rester des heures entières à regarder, fasciné, le spectacle d'une étrave fendant la mer dans des jaillissements d'écume, comme je peux l'être par le crépitement des flammes d'un feu de bois ; mais sur cette eau plate et limoneuse, le reflet ondoyant des deux têtes de dragons peintes de part et d'autre de la proue prend une dimension presque inquiétante, ajoutant au mystère de cette forêt qui nous enveloppe de toutes parts.

Par mesure de sécurité, une vigie demeure en permanence dans le mât de hune, 30 mètres au-dessus du fleuve.

Jumelles et radio en main, elle alerte la dunette dès qu'apparaît un banc de sable ou l'une de ces innombrables billes de bois que charrie le fleuve ; il faut aussi prendre garde aux filets de pêcheurs qui menacent notre hélice, aux barges de bois qui descendent vers la mer, aux pirogues de toutes sortes qui vont et viennent, et aux *lanchas* qui nous croisent : ces bateaux de commerce à fond plat, peints comme des enluminures, sillonnent les fleuves d'Amazonie avec des règles de routes aussi aléatoires qu'imprévisibles...

Les chenaux qui contournent Marajo forment un véritable labyrinthe. Ils sont parfois d'une telle sinuosité qu'en serrant trop leurs courbes nous manquons d'emmêler nos vergues aux branches des arbres penchés sur les rives ; leurs ramures dépassent largement la hauteur de nos mâts. Il faut donc naviguer au plus juste et les timoniers ont fort à faire pour parer les dangers. Mais cette remontée du fleuve est magnifique, splendide, constellée d'innombrables petits villages. Quel bonheur d'être là, de faire ce que nous faisons en cet instant même : naviguer sur l'Amazone... Depuis quelle époque ces rives n'ont-elles pas aperçu un trois-mâts ? Cette seule question me paie de la plupart des efforts consentis pour parvenir jusqu'ici.

Debout sur le roof central, près de Nicolas Clérice qui dessine avec une jubilation non dissimulée, j'observe la jungle si proche et si distante en même temps. Proche parce qu'on pourrait presque la toucher, la palper, la pénétrer – comme nous le ferons bientôt à pied et en pirogue –, s'engouffrer en elle, s'y noyer aussi tant elle peut s'assimiler à une forme de mer ou d'océan. Mais distante également, insaisissable – et même incompréhensible si on la regarde sous un angle différent, dans une autre perspective, scientifique par exemple. Parce que alors elle ne nous dit rien de l'infinité de ses mystères biologiques ou physiques que la science n'en finit pas de scruter, d'étudier, d'approfondir, à s'en donner le tournis parfois, tant connaître, en la matière, c'est s'apercevoir qu'on ne sait rien, c'est découvrir que le puits de la connaissance est sans fond. Sous cet angle du pur savoir fondamental, chaque feuille, chaque branche, chaque insecte, chaque plante est alors ce qu'il est : une somme de connaissances vertigineuses aux interactions innombrables, dont la complexité sans nom touche aux énigmes de la vie.

Et moi, sur mon bateau, regardant tout cela, songeant à tout cela, je sais si peu de tout cela ! Mais j'aime à me rappeler que les meilleurs spécialistes en savent à peine davantage comparé au total du savoir scientifique contenu dans le moindre mètre carré de jungle – modeste et vaniteuse consolation...

Cependant, l'essentiel n'est-il pas ailleurs ? Dans une perspective de compréhension différente de la jungle, une perspective qui laisse de côté la science et se tourne vers une forme d'art ? Le plus important alors n'est-il pas de percevoir le romantisme exubérant que symbolise avant tout la jungle ? N'est-il pas dans la compréhension presque onirique de cette forme de vie non maîtrisable qui part dans tous les sens et serait devenue comme folle ? Si oui, alors tout est autre : tout n'est que bruits de feuillages, vibrations imperceptibles et reptations inquiétantes, cris d'oiseaux multicolores, chamailleries de singes, craquements de toutes sortes... Tout n'est aussi que violence débridée et âpre liberté : on devine dans ce fouillis toute la cruauté du monde, on imagine ces meurtres innombrables entre insectes, ces guerres sans merci livrées à longueur de temps par des colonies de termites, abeilles ou fourmis impitoyables, ces combats terribles entre mille prédateurs, ces incessantes luttes pour la survie livrées désespérément par les faibles contre les forts, et toutes ces batailles encore entre jaguars et tapirs, entre carnivores implacables et malheureux herbivores aux destins tout tracés.

Cet univers dont la description pousse aux superlatifs parce qu'il est superlatif lui-même, ce monde brutal qui est une explosion de vie inouïe, comme une sorte de puissance dionysiaque que rien n'enchaîne et qui semble sans but, ce monde incomparable exhale une odeur d'humus entêtante au charme vénéneux qui le baigne de toutes parts et parvient même jusqu'au navire, mêlée de senteurs de fleurs sauvages et de bois mouillés ; un mélange presque enivrant et caressant, doux comme on peine à l'imaginer. On sent, on écoute ; et on découvre soudain l'essentiel : la grande jungle d'Amazonie est une métaphore permanente et inlassable de la puissance possible de la vie humaine.

Alors, on ne se lasse plus d'admirer le camaïeu des verts de cette jungle qui plonge dans l'ocre des eaux de l'Amazone et touche au bleu argenté du ciel.

20 heures : Dans la nuit obscure, nous laissons sur bâbord l'entrée du rio Tocantin. Quand j'étais enfant et rêvais à tous les livres à écrire, à toutes les aventures à vivre, à toutes les existences à mener, le seul nom du Tocantin, lu sur les cartes de l'Amazone, me mettait en émoi. Je ressentais presque un vertige acoustique mêlé de rêve d'effluves à nuls autres pareils en entendant ce nom. Il y avait en lui tant de promesses d'aventures ! Tocantin... Prononcer à voix haute ce seul mot, c'était déjà partir... Maintenant que le hasard me confronte pour la première fois à ce fleuve du Tocantin, je n'en vois rien qu'un vaste trou noir et insondable, saupoudré d'étoiles glacées.

Mais peut-être est-ce mieux ainsi, me dis-je : il faut tant se méfier de la confrontation des rêves et de la réalité...

Au repas du soir, Maxime Ducoutumany, l'un de nos deux solides administrateurs du bord, fête ses 28 ans. A la place de « bon anniversaire, camarade ! », j'ai envie de lui dire : « Tu as la vie devant toi... Quelle chance ! Profites-en... Moi, je reprendrais bien un tour de cadran. Tant de choses encore à faire. Alors, 28 ans... T'occupe de rien d'autre que de lâcher les freins. Vas-y, fonce, fais de chaque seconde une vie entière et paye le prix qu'il faut sans crainte ni remords... »

En attendant, Gérard Chaliand – cuisinier de talent pour ses amis – améliore l'ordinaire avec du poulet au curry et coco. Quant aux filles du bord, elles ont déployé des trésors d'imagination pour servir un gâteau au chocolat qui fera date...

Difficile de faire abstraction du désir de nourriture, de l'envie de variété, de la lassitude alimentaire...

Nous ne sommes que des hommes, après tout...

A minuit, nous préférons arrêter notre course aveugle ; prudemment, nous jetons l'ancre près d'un petit village du nom de Curalinho ; nous n'en verrons que le nom sur notre carte. Pour cette raison sans doute, et le mystère qu'induit ce nom sans image, mon esprit s'introduit très vite dans ce village inconnu comme à l'intérieur de tous ceux croisés dans notre course fluviale ; j'imagine alors, avec une étrange forme d'envie, qu'on y vit au rythme de la grande forêt qui égrène un temps ne ressemblant à aucun autre : un temps qui finit par paraître ne plus exister.

Dernière ronde à la timonerie : le sondeur indique 12 mètres. Beaucoup d'eau sous nos pieds. Rien à craindre de ce côté-là. Rassuré, je rejoins ma cabine.

Toute la nuit, j'entends par intermittence le souffle soyeux des dauphins d'eau douce qui viennent respirer à l'avant du navire.

Fleuve Amazone, 25 septembre 2004

Drôle d'impression ce matin en contemplant les eaux infatigables de l'Amazone glisser le long de la coque : remonter un fleuve, ne serait-ce pas comme remonter à la source de soi-même, vers les vrais rivages énigmatiques ?

Et si c'était à cela que songeait Conrad en écrivant *Au cœur des ténèbres* ?

Plus nous avançons à l'intérieur du continent sud-américain plus la combinaison chaleur/humidité devient implacable, pernicieuse, sans adjectif précis tant tout est moite et visqueux, gluant... Le jour, nos corps au moindre effort suintent d'une transpiration qui semble inépuisable ; la nuit, quelques minutes suffisent à tremper les draps des couchettes : on dort mouillé jusqu'à l'aube. Chacun souffre sans trop se plaindre de l'absence volontaire de climatisation à bord, attendant le moment où l'adaptation au climat se fera naturellement, par la force des choses ; alors, chacun sera mieux armé pour affronter le milieu naturel dans lequel nous pénétrons peu à peu.

J'ai toujours aimé le dépouillement matériel et, par voie de conséquence, toujours pensé qu'en voyage comme dans la vie, il était bon de ne pas trop posséder ni de trimballer son monde avec soi – n'emporter que le strict nécessaire : de quoi écrire, quelques vrais livres, pourquoi s'encombrer d'autre chose ? L'essentiel n'est-il pas de rester libre de ses mouvements, de dépendre le moins possible des besoins matériels, de se débarrasser de tout le superflu imposé par nos modes de fonctionnement occidentaux ? A mes yeux, s'adapter au climat, quoi qu'il en coûte, participe de cet esprit de liberté et des moyens nécessaires pour aller loin en aventure. Et puis, comment comprendre le poids et l'influence du froid, de la chaleur ou de l'humidité, en somme des conditions d'une géographie et d'un climat sur des populations que l'on souhaite connaître, si l'on s'isole soi-même dans un confort artificiel ? Comprendre, apprendre, exige un prix physique aussi bien qu'intellectuel.

Et puis, l'esprit d'aventure, n'est-ce pas le choix volontaire, conscient et déterminé, de « s'exposer » plutôt que de se « protéger » ?

De toute façon, autant l'avouer aussi : j'aime vivre au cœur d'un milieu naturel tel qu'il est, quel qu'il soit, et sans artifices ; de la même manière que fouler une terre de mes pieds nus c'est pour moi vivre pleinement cette terre, en sentir la réalité, en percevoir l'identité. Même le pont de mon navire je l'arpente sans chaussures en dépit de tous les usages et des reproches de mon équipage...

Nous croisons sans cesse des *lanchas* et des *tapouilles* peinturlurées, souvent aussi grandes que *La Boudeuse*. Certains de ces braves bateaux de bois prennent plaisir à engager des courses-poursuites avec nous, leurs équipages multicolores agitant les bras, hurlant et criant de joie – nous gagnons souvent, mais sans mérite. D'autres *lanchas* nous croisent ou nous laissent passer avec étonnement : un trois-mâts sur l'Amazone, comme au bon vieux temps de l'épopée du caoutchouc ! Quel spectacle, sans doute... Pour nous, naturellement, ce spectacle est inversé ; il est dans ces *lanchas* de commerce que nous croisons, surchargées de ballots de toutes natures, de toutes sortes, de toutes tailles, sans formes définies, caisses et cartons entassés, enchevêtrés, emmêlés, empilés sans équilibre apparent, le tout tenant ensemble comme par magie. Mais le spectacle est surtout dans la vision des *tapouilles* à passagers – barcasses de bois surélevées de plusieurs étages de cabines brinquebalantes, comme posées de guingois les unes sur les autres par des architectes fous –, *tapouilles* semblables à de véritables fourmilières humaines emportées par le courant vers on ne sait quelle destination, quel destin.

Voilà mille têtes entrevues sur ces bateaux, mille têtes que l'on croise une fois, quelques secondes à peine, têtes toutes différentes dans leur identité, toutes semblables dans leur humanité, et que l'on ne reverra jamais.

Au fond, comme sur les trottoirs des Champs-Elysées.

Fleuve Amazone, 26 septembre 2007

Des orages impressionnants, aussi brefs que violents, s'abattent désormais sur nous avec une régularité de métronome. Ces masses d'eau crépitent comme des mitrailleuses sur le pont, flagellant timoniers et vigies, finissant par les glacer dans leurs cirés de caoutchouc. L'eau est donc partout maintenant : sous nos pieds, au-dessus de nos têtes, dans l'air ambiant et en cataractes bruyantes sur les montagnes végétales qui encadrent notre navire.

Après chaque pluie, la grande forêt suinte encore pendant des heures du goutte-à-goutte de ses milliards de feuilles qui tintinnabulent de branche en branche depuis le sommet des arbres jusqu'à l'humus du sol.

S'installe alors dans cet univers violent une mélancolie à nulle autre pareille.

Fleuve Amazone, 27 septembre 2004

Dure journée : nous manquons d'abord perdre le navire, puis un membre de l'équipage. C'est dire...

Tout commence par notre premier échouage sur un banc de sable.

Le jour vient à peine de se lever et nous sommes encore entre veille et sommeil lorsqu'une onde de choc se met soudain à courir le long de la coque de l'avant vers l'arrière. Aussitôt, le régime du moteur grimpe en flèche, redescend, hoquette et stoppe, ne laissant plus que le seul bruit de l'eau chuintant sur les flancs du navire.

Les bancs de sable sont nos pires ennemis depuis que nous sommes engagés dans la remontée du fleuve. Ils sont généralement invisibles du fait de leur couleur, pareille au limon, et souvent à fleur d'eau pour ne rien arranger. Naturellement, ces bancs de sable bougent sans cesse, en fonction des courants et de leurs caprices ; par conséquent, les repérer sur une carte n'a guère de sens. Bien sûr, depuis deux jours nous naviguons de jour comme de nuit et les risques sont donc plus grands. Mais j'ai estimé que les cartes fluviales fournies par la marine brésilienne étaient suffisamment précises pour prendre ce risque, comme le font beaucoup de navires de notre taille. Simplement, il ne fallait pas longer la rive d'aussi près en écoutant les conseils du « pratique »... Le malheureux s'est laissé prendre au piège et notre vigie n'a rien vu venir dans la pénombre de l'aube. Maintenant, il est trop tard.

La quille de *La Boudeuse* s'est fichée dans le sable sur sa partie avant tribord ; fort heureusement, elle n'a pas encore creusé une « souille » qui rendrait impossible toute sortie par nos propres moyens. Cependant, les manœuvres avant arrière à la machine ne donnent rien, pas plus que l'aide de « Commerson [1] » – notre Zodiac principal au moteur de 50 chevaux – qui pousse à l'étrave, d'un côté comme de l'autre. Car évidemment, en quelques minutes tout l'équipage s'est retrouvé sur le pont, réveillé en sursaut, et la mobilisation a été générale.

Mais sans aucun moyen de remorquage, il ne va pas être simple de dégager un navire de 250 tonnes et de plus de 40 mètres de long...

Après une heure de vains efforts, nous commençons à désespérer quand Vincent Trousseau annonce soudain :

« Eh, je crois que le bateau bouge tout seul ! Vous n'avez pas senti ?

– C'est vrai, dit Maxime, on dirait que l'eau monte.

– C'est la marée, remarque avec justesse Giao. On l'avait oubliée celle-là depuis que nous ne sommes plus en mer... Je n'aurais jamais pensé qu'elle se fasse sentir aussi loin à l'intérieur des terres.

---

1. Commerson était le nom du naturaliste qui accompagnait Bougainville lors de son tour du monde. C'est Commerson qui découvrira la fleur de « Bougainvillée ».

– C'est assez incroyable, en effet, dis-je. En tout cas, avec un peu de chance on va s'en sortir comme ça. Il suffit d'attendre ; on va vite savoir si l'eau peut monter assez haut malgré la distance de la côte... »

Nous avons la réponse une heure plus tard quand une infime secousse nous apprend que *La Boudeuse* est enfin libérée par le seul miracle de la loi d'Archimède.

Nous soufflons de soulagement. Sans la marée, nous aurions pu rester ici une éternité. Je me dis que lorsque nous serons sur le Japura, il ne faudra pas jouer avec ces bancs de sable. Si l'un d'eux nous bloque tout là-haut, il n'y aura pas de marée providentielle pour nous sauver et personne ne viendra nous dégager...

Je fais donc adopter un nouveau *modus operandi* pour notre navigation ; car quoi que nous fassions, la probabilité de heurter un autre banc de sable ou un haut fond est de 100 %. L'essentiel sera donc de « toucher » le plus lentement possible et que le dégagement du navire intervienne immédiatement à l'aide d'un de nos canots. Pour ce faire, je fais affecter un homme supplémentaire à chaque quart, préposé à la surveillance permanente du sondeur. Dès que celui-ci indiquera 3 mètres, le chef de quart mettra le moteur à zéro sans chercher à comprendre ; si le sondeur passe ensuite sous les 3 mètres, il battra aussitôt en arrière, ne reprenant les évolutions que si le sondeur remonte. Avec une telle procédure, si un nouveau banc de sable surgit, nous aurons toutes les chances de le « toucher » doucement et de nous en sortir par nos propres moyens.

En début d'après-midi, les conditions me semblent réunies pour envoyer nos voiles carrées : le fleuve est assez large et le vent maîtrisable par rapport aux méandres à venir. En dix minutes, à coups de sifflets et de porte-voix, tout le monde est dans les vergues à desserrer misaines et huniers. Bientôt, les trois voiles du phare carré se déploient dans un ciel bourgeonnant de cumulus.

Nous voici à la voile sur l'Amazone...

Pur moment de bonheur malgré l'obligation de redoubler de vigilance.

Commerson est redescendu du bossoir arrière et Dominique Martial s'éloigne pour filmer le navire, accompagné d'Hedwig Marzolf.

Le drame du jour se noue ici...

Entre-temps, à 15 h 25 précisément, nous talonnons à nouveau ; cette fois, un haut fond qu'ignorait superbement la carte... Nous ne parvenons à nous dégager que par un miracle indicible et grâce au respect de la procédure de prudence mise en place le matin même... Cette nouvelle alerte m'engage toutefois à tout carguer au mât de misaine plutôt que de dilapider notre capital chance...

Il est alors 17 heures et la nuit approche. Une heure encore et l'obscurité sera sur nous, presque d'un coup comme toujours sous l'équateur, sans guère de crépuscule. C'est à ce moment-là que j'entends un appel pressant de Dominique Martial à la radio :

« Patrice ? Hedwig a été mordue ou piquée par quelque chose en mettant le pied dans l'eau. Ralentissez, je la ramène tout de suite.

– On stoppe tout, dis-je, en réduisant aussitôt la machine. Tu as une idée de ce qui a pu arriver exactement ?

– Pas la moindre pour l'instant... »

J'appelle notre médecin, Pierre Chesneau :

« Prépare-toi, je crois qu'on va avoir besoin de toi... Il se pourrait bien qu'un serpent d'eau ait mordu Hedwig.

– Ce sont les pires des serpents, tu sais ?

– Je sais. »

Le Zodiac nous aborde bientôt par la coupée ; nous hissons Hedwig à bord. Elle est pâle mais calme et sereine. Une fois allongée sur l'une des banquettes du carré salle à manger, nous examinons son pied droit. Deux petites plaies rougeâtres et biseautées sont nettement visibles, juste sous la malléole. Pierre et moi avons assez vu de morsures de serpent dans notre vie pour ne pas avoir de doute. L'écartement des plaies est même suffisamment large pour laisser supposer un serpent de bonne taille.

« C'est grave ? demande Hedwig.

– On ne sait pas trop, répond Pierre, faussement rassurant. C'est peut-être un serpent qui t'a mordue ; peut-être autre chose. Tu as mal ?

– Ça commence, oui... J'ai l'impression que ma jambe s'engourdit peu à peu... »

Hedwig sourit malgré tout et fait bonne figure, courageuse.

« On l'évacue tout de suite, dis-je. Voici la répartition des rôles : Patrick, tu trouves sur la carte l'hôpital le plus proche ; Pierre, tu t'occupes de la partie médicale. Prépare Hedwig pour un long parcours en Zodiac. Denis, tu mets dans « Commerson » tout le nécessaire pour une navigation de nuit, lampes, boussoles, rations de survie, radios portables, tout ce qu'il faut, que tu ajoutes au matériel de dotation du canot. Tu te relaieras avec moi pour piloter. Allez, au travail maintenant, on doit être partis dans les cinq minutes.

– J'aimerais venir aussi, demande Dominique.

– Naturellement. Profites-en pour préparer les affaires dont Hedwig pourrait avoir besoin. »

Patrick Féron nous rejoint, une carte à la main :

« D'après les "Instructions nautiques" brésiliennes, l'hôpital le plus proche se trouve dans un petit bourg du nom de Monte Alegre. Ce n'est pas trop loin, heureusement. »

Je regarde l'endroit qu'il indique du doigt :

« En trois heures de Zodiac plein moteur on devrait y être, dis-je. Alors, ne tardons plus. Patrick, tu prends la responsabilité du navire et tu rejoins Monte Alegre derrière nous. On t'y attendra. Nous, on va faire au plus vite... On garde le canal 68 pour la radio. »

L'évacuation d'Hedwig commence à 17 h 45 exactement. Juste comme le jour faiblit.

Denis Fabre prend la première heure aux commandes du Zodiac et nous décollons des flancs de *La Boudeuse* dans une gerbe d'écume, traçant aussitôt un sillon argenté dans l'ocre du fleuve.

Hedwig est allongée au milieu du canot, le médecin du bord penché vers elle. Il a préparé la plaie, administré les médicaments nécessaires, retardant la montée du venin vers le cœur ; il n'y a plus qu'à faire vite pour faire injecter à Hedwig le sérum antivenimeux adéquat.

Trois heures durant, dans une obscurité totale, nous traçons notre route au plus court vers Monte Alegre. Il y a beaucoup d'îles et de bras d'eau un peu partout ; largement de quoi se perdre sur l'Amazone immense ou faire un mauvais choix d'itinéraire. Penché sur la carte, lampe à la main, je cherche les meilleurs raccourcis, relayant Denis Fabre à la barre du moteur.

Il est près de 21 heures quand derrière un dédale de chenaux végétaux apparaissent les premières lumières de Monte Alegre. Encore quelques efforts et nous atterrissons sur un semblant de quai en dur où sont amarrées de petites *tapouilles*. Un quart d'heure encore et des habitants compatissants nous guident vers l'hôpital, en fait un gros dispensaire, où le médecin de garde – un Nigérian en service de coopération au Brésil – confirme la morsure de serpent.

« Un surucucu, sûrement, ajoute-t-il même avec une moue de dégoût. Ce sont les pires. Mais on a l'habitude ici ; on va faire le nécessaire et ça devrait aller, il est juste temps. »

L'instant d'après, Hedwig est installée dans une petite chambre, des infirmières se pressent autour d'elle : sérums, antalgiques et autres flacons de glucose lui sont administrés au plus vite.

Tout ce qui devait être fait l'a été. Il n'y a plus qu'à attendre et espérer.

A 22 h 30, *La Boudeuse* jette l'ancre devant Monte Alegre.

Fleuve Amazone, 29 septembre 2004

Quarante-huit heures se sont écoulées...

Soulagement intense ce matin.

Hedwig est définitivement tirée d'affaire.

Selon les médecins, il s'en est quand même fallu de peu. A une ou deux heures près, elle aurait pu ne pas en réchapper... Sans doute aussi a-t-elle eu de la chance : le serpent qui l'a mordue n'avait peut-être plus beaucoup de venin dans ses glandes, l'ayant utilisé pour une proie précédente ; peut-être aussi a-t-elle retiré son pied avant que le surucucu n'ait eu le temps de lui injecter tout ce qu'il pouvait ; les deux possibilités ont pu jouer en même temps, pourquoi pas ? Il n'empêche que la plaie demeure impressionnante ; et elle continuera de se nécroser un bon mois durant.

A 11 h 20, la dernière navette du Zodiac ramène Hedwig sur *La Boudeuse*. Elle est accueillie avec la joie qu'on imagine et Pierre Chesneau, notre médecin, félicité par tous ; le courage d'Hedwig fait l'unanimité dans l'équipage. Pas une fois elle ne s'est plainte et le sourire qu'elle arbore n'est pas feint. Elle demande même à reprendre aussitôt sa place et son poste, refusant tout privilège dû à son état ; et elle parle déjà de ne pas renoncer à l'expédition terrestre chez les Yuhup à laquelle il est prévu qu'elle participe.

Quoi qu'il en soit, nous levons l'ancre pour Manaus sans plus attendre.

Je retrouve les méandres du fleuve avec une sorte de joie farouche : sans doute pour le bonheur qu'il nous donne mêlé des périls auxquels il nous confronte.

Le jour tombe rapidement. C'est l'heure où nos yeux peinent le plus à déterminer la position exacte des berges de l'Amazone tant il y a d'îles un peu partout sur le fleuve, de toutes tailles et de toutes formes.

La cloche du bord tinte et annonce que « le bar est ouvert ». Les verres sont disposés sur les coffres, les caisses d'alcool montées sur le pont central – là où ont lieu la plupart de nos fêtes, réunions et briefings –, tout est bientôt prêt : nous avons de multiples choses à fêter ce soir. Le journal de bord l'indique en détail dans la case « observations » : « *Fête sur le pont : – pour le retour parmi nous d'Hedwig – pour la Saint-Michel – pour les trois mois de mer de* La Boudeuse – *pour les 20 ans du départ du tour du monde en ULM du capitaine.* »

La lune se lève à 18 h 40, au milieu de nos libations. D'une étrange couleur rousse, elle irradie la surface du fleuve en un spectacle rare et poignant.

Fleuve Amazone, 30 septembre 2004

A 5 heures du matin, nous embouquons le très étroit passage de Mocambo, naviguant au seul radar, solitaire dans la nuit. Nous ne croisons pas la plus petite barcasse.

A l'aube, la chaleur redevient suffocante et le vent s'obstine à rester nul, n'apportant pas le moindre réconfort. Un peu plus tard, les passages entre les îles se révèlent très étroits et nous devons louvoyer entre des filets de pêcheurs éparpillés sous la surface de l'eau sans que grand-chose ne les signale : il serait mortel pour notre hélice de se prendre dans l'un d'eux... Nous craignons moins les innombrables troncs d'arbres à la dérive. Arrachés des berges au cours des tornades ou abattus par la vieillesse, ils sont charriés par le fleuve jusqu'à la mer comme des âmes en peine descendant l'Hadès, souvent abandonnés dans les courbes trop encaissées où ils finissent leur vie en pourrissant au gré du temps, parfois réunis par les hasards de leur course en amas de béliers menaçants. Malgré tout, ces troncs présentent moins de dangers que les filets de pêche. Au mieux provoqueraient-ils quelques cabosses sur notre coque d'acier riveté.

Souvent nous pouvons approcher les rives de très près tant elles sont accores, moins dangereuses alors que le centre du fleuve. Dans les petits villages accrochés à ces rives parfois hautes de plusieurs mètres, on nous regarde passer, presque à portée de main, avec la plus grande des stupéfactions ou la plus parfaite indifférence, c'est selon... Dans le premier cas on s'agite avec des bourdonnements de ruche surprise par un frelon, hurlant et courant le long de la berge pour nous suivre aussi longtemps que possible, dans le second, c'est tout juste si les conversations s'interrompent un instant avant de reprendre comme si de rien n'était...

Malgré toutes nos précautions, nous nous échouons à nouveau en milieu d'après-midi, dans l'ouest d'une île nommée Jurupi. Après de nouveaux efforts et quelques moments d'angoisse, nous nous en sortons quand même, à coup sûr grâce à la prudence de notre procédure de navigation.

« Bientôt ce sera une habitude, grommelle mon frère Eric qui s'est donné corps et âme dans le Zodiac pour pousser l'étrave de *La Boudeuse*.

– C'est pour ça qu'on s'en tirera toujours, plaisante Maxime. On va finir par être bien entraînés... »

Pour le reste de ce jour intense, mon journal personnel évoque notre vie avec une précision presque chirurgicale. Ce qui se traduit par une liste à la Prévert : « *1. Les soins au pied d'Hedwig se poursuivent méthodiquement, il faudra cependant les continuer près de deux mois avant que la morsure du surucucu ne soit plus qu'un mauvais souvenir. 2. Ali le bosco, secondé par le gabier Christine Chevrier, supervise l'entretien du jour pour les bâbordais de l'équipage : il faut piquer la rouille, peindre ce qui doit l'être, sans oublier de fourrer les étais, de fourbir les cuivres, de tresser des badernes et de confectionner des choucanes. Travail toujours aussi fastidieux, éreintant, mais absolument nécessaire. En piquant la rouille on comprend pourquoi dans ce type d'aventure il vaut mieux venir chercher le difficile accomplissement de soi-même à travers un but collectif que la jouissance des petits plaisirs quotidiens... 3. Grâce à nos GPS, nous corrigeons aussi sur la carte de l'Amazone les nombreuses erreurs de positionnement des îles. 4. Le gabier Cadichon, malade, est mis au repos jusqu'à nouvel ordre par le médecin. 5. Le soir, enfin, nous buvons à nouveau force rhum pour l'anniversaire de notre belle Sophie Mousset. C'est presque la routine, dirait Maxime. Mais une routine que nous regretterons avec nostalgie lorsque nous serons rentrés et que toute cette aventure sera derrière nous ; je le sais pour l'avoir vécu cent fois. Une routine aussi que beaucoup, restés à terre, nous envient chaque jour dans un métro ou un bureau.* »

Depuis Belém, j'ai pris les quarts de 4 heures du matin et de 16 heures. A chaque aube – moment d'infini bonheur – je vois donc le soleil se lever sur l'Amazone, surgissant souvent dans une brume de chaleur d'une infinie légèreté.

Pour cette raison ou une autre, j'ai maintenant la sensation étrange que cette remontée du fleuve est aussi une remontée dans le temps.

Pour rien au monde je ne voudrais être ailleurs...

Fleuve Amazone, 1er octobre 2004

Ce matin, je descends en salle des machines retrouver Fabrice Vernisse, notre premier lieutenant et Frédéric Tolosa, le lieutenant mécanicien. C'est le jour de l'inspection générale des principaux appareils du bord.

La salle des machines se trouve juste sous la timonerie ; on y accède par une échelle de fer presque verticale. Par mer agitée, mieux vaut tenir la rampe de sécurité à pleine main si l'on ne veut pas se retrouver cul par-dessus tête dans les bas-fonds du navire... En navigation fluviale au moins, le risque est inexistant.

Fabrice et Frédéric, leurs casques antibruit sur la tête, m'attendent déjà devant le moteur principal qui tourne à son régime de croisière. Fabrice a une cinquantaine d'années, des gestes nonchalants, une bonne connaissance de son métier ; je l'avais chargé de la supervision technique du chantier à Camaret et il connaît bien cette salle des machines. C'est lui qui a formé ensuite Frédéric lorsqu'il a rejoint l'équipage. Frédéric est un garçon discret et peu bavard, mais consciencieux.

A tous les trois, nous faisons le tour des appareils de cette salle qui est, à mes yeux, une petite merveille ; moins par elle-même d'ailleurs que par ce qu'elle représente : la machinerie essentielle au bon fonctionnement du petit village flottant et autonome qu'est *La Boudeuse*.

Rien qu'à l'écoute du moteur nous savons que tout va pour le mieux. Les six cylindres du Scania tournent avec une régularité imperturbable à 1300 tours/minute. Rien à craindre de ce côté-là. A droite du moteur, la centrifugeuse du séparateur à gasoil siffle doucement dans l'aigu, nous garantissant un combustible parfait. Grâce à ce séparateur, nous pouvons utiliser les pires types de gasoil ; et à mon avis, ils ne vont pas manquer là où nous allons aller ces prochaines années... Derrière le séparateur se dresse la masse imposante du compresseur qui fournit à volonté tout l'air comprimé dont nous avons besoin, notamment pour les travaux d'entretien. A gauche, le dessalinisateur avec ses trois membranes fixées aux barreaux de pont nous assure en mer 150 litres d'eau douce à l'heure, tirés des océans aux ressources inépuisables. Sauf panne mécanique, nous ne pouvons pas mourir de soif. Depuis Belém, ce dessalinisateur est neutralisé au niveau des membranes et se contente de pomper l'eau douce de l'Amazone.

De part et d'autre de ces appareils se trouvent les deux grosses génératrices ; elles assurent en alternance l'énergie nécessaire à la vie du bord : du 220 volts pour l'éclairage courant et du 380 volts, pour les congélateurs de la chambre froide, le guindeau servant à remonter les ancres et le sauna – ce dernier, vestige de l'époque suédoise, a été conservé pour servir de sèche-linge... Ces génératrices sont si silencieuses dans leurs cocons qu'on ne les entend même pas du pont.

Disposés aux endroits les plus judicieux se trouvent encore les pompes hydrophores assurant l'eau courante à travers le navire, les pompes d'assèchement et d'incendie, la chaudière – pour les pays froids cela va sans dire –, les deux chargeurs reliés au parc à batteries sur le pont – pour les éclairages de sécurité en 24 volts –, enfin les six caisses de récupération des eaux usées installées de part et d'autre de la quille, dans les tréfonds du bateau.

Quatre grosses cuves à gasoil complètent le dispositif. Disposées le long des parois de la salle des machines – la plus petite devant l'atelier destiné aux réparations de routine –, elles totalisent près de 7 000 litres.

Compte tenu de la consommation des génératrices, dont tout le reste dépend, nous pouvons tabler sur une autonomie à la mer de près de six mois si nous restons uniquement sous voile. C'est tout à fait exceptionnel.

Je remonte sur le pont, rassuré. Tout tourne rond dans les entrailles de mon navire.

Manaus, fleuve Amazone, 3 octobre 2004

Les lumières de Manaus apparaissent à l'aube, juste après qu'un grain apocalyptique nous a écrasés de cataractes d'eau chaude et gluante dans des éclairs éblouissants et un fracas de tonnerre à en perdre l'ouïe – prodigieuse image des forces de la nature...

Le loch indique que nous avons déjà remonté l'Amazone sur 883 milles. Le courant reste modéré ainsi qu'il l'a été depuis Belém ; nous filons nos 5/6 nœuds sans trop exiger du moteur.

Enfin nous passons avec précaution la confluence du célèbre Rio Negro sous une lune noyée dans les nuages, et venons mouiller loin à l'écart de la ville.

Manaus, fleuve Amazone, 9 octobre 2004

Une semaine vient de s'écouler dans la grande capitale amazonienne. A l'image de la nature qui l'enveloppe, la ville et ses habitants sont au choix : foisonnement, luxuriance, énergie, puissance ou force. A moins que ce ne soit tout cela à la fois. La dynamique des « pays émergents » – comme on appelle sans poésie ces pays – est une évidence ici. Un défi pour l'Europe de demain.

J'espérais trouver quelque repos à Manaus, c'était une illusion. J'ai surtout dû m'atteler à la résolution de mille problèmes imprévus, à commencer par celui que nous ont très vite posé les autorités brésiliennes. Notre arrivée n'étant évidemment pas passée inaperçue, le général commandant la flotte navale de l'Amazonie occidentale – tel est son titre – a pris la décision d'interdire à un navire comme le nôtre de s'engager sur les affluents menant à la Colombie : « Impossible que vous parveniez jusque-là, a-t-il affirmé, trop de hauts-fonds et de bancs de sable partout ; et aucune carte fiable du Japura. Vous allez vous échouer irrémédiablement et personne n'ira vous chercher dans de pareils endroits. En outre, du côté de cette frontière opèrent les rebelles des FARC et les paramilitaires colombiens que personne ne contrôle, sans parler des narcotrafiquants. Cela fait beaucoup trop de risques, messieurs. »

Alors, bien sûr, plusieurs jours ont été nécessaires pour convaincre ce général – au demeurant compréhensif – de nous laisser poursuivre notre route ; cela s'est fait en échange d'une lettre en bonne et due forme exonérant l'Etat brésilien de toute responsabilité dans ce qui pourrait advenir à *La Boudeuse* et à son équipage.

Moyennant quoi, nous avons même pu organiser deux séances de navigation sous voiles entre le Rio Negro et l'Amazone, filmées et photographiées par hélicoptère.

Toute la matinée de ce 9 octobre, nous effectuons les derniers préparatifs d'appareillage, venant nous amarrer à un ponton flottant pour notre soutage gasoil ; nous complétons nos cuves avec 5 616 litres exactement. Largement de quoi atteindre le poste militaire de Vila Bittencourt qui marque la frontière avec la Colombie.

Puis, le nouveau « pratique » que nous avons déniché dans le port embarque et nous levons l'ancre pour la deuxième moitié de notre remontée de l'Amazone.

Nous sommes 18 à bord avec la rotation d'équipage effectuée à Manaus. Parmi ceux qui nous ont rejoints, Eric Féferberg, photographe à l'Agence France Presse et ami de longue date.

Fleuve Amazone, 12 octobre 2004

Rien à signaler pour ces trois derniers jours ; sauf que le monumental univers d'eau, de jungle et de ciel que forme l'Amazone a repris ses droits sur nous ; que nous le voulions ou non, il nous marque par sa puissance et sa beauté : le soleil se lève parfois comme un disque d'acier chauffé au rouge, et le soir on le voit souvent diffracter en halo de fin du monde à l'intérieur d'immenses cumulonimbus verticaux. La nuit, ce sont des flambées d'éclairs qui viennent régulièrement couvrir l'horizon, nous renvoyant à notre infinie petitesse devant les forces déchaînées de la nature. A d'autres moments encore, cette même nature se fait moins roide, comme hier lorsque des dauphins d'eau douce, si rares d'habitude, se sont mis à danser un ballet étourdissant autour de nous.

Fleuve Japura, 13 octobre 2004

Une heure après la tombée du jour, nous quittons l'Amazone pour embouquer enfin le Japura, ce « fleuve des surprises » qui doit nous conduire vers la Colombie ; il fait bientôt nuit et nous avançons comme dans un long tunnel sans fin et sans issue, notre radar principal réglé sur petite échelle, nous attendant à tout.

Mais ce qui nous arrive alors relève d'un surréalisme absolu : je suis debout sur la dunette, tentant de percer la nuit à la jumelle pour confirmer les échos du radar, lorsqu'un nombre inconcevable d'insectes de toutes sortes, de toutes espèces et de toutes natures, s'abat brutalement sur *La Boudeuse* en essaims compacts. En moins d'une minute, des millions – ou milliards ? – de mouches, pucerons, moustiques, éphémères, termites ailés et autres moucherons s'insinuent partout dans le navire et jusqu'à l'intérieur de nos vêtements, piquant et mordant à l'occasion.

Impossible de comprendre l'origine d'une telle vilenie... D'autant que ces innombrables insectes vont disparaître tous en même temps le lendemain avec une désinvolture égale à celle qui les avait amenés chez nous...

Incroyable !

L'Amazone, à l'image de la vie, est bien une suite ininterrompue de points d'interrogation.

Peu avant de nous aventurer sur le Japura, nous avons effectué une « escale » de quelques heures dans la grosse ville de Tefé située à l'embranchement de l'Amazone : le temps de changer de « pratique », en fait. Chaque fois nous cherchons le meilleur connaisseur des portions de fleuve que nous devons parcourir – sage précaution. Mais ce n'est jamais chose facile. A Tefé – ville constituée d'un amas de bicoques branlantes et de baraques incertaines, toutes jetées dans un désordre fantasque fait de méandres, de dédales et de labyrinthes qu'une ville chinoise traditionnelle ne renierait pas –, nous pensons avoir trouvé ce qu'il nous faut pour le Japura avec deux métis d'Indiens pilotant souvent de petites *tapouilles* dans ces parages hostiles.

Ils ont embarqué avec une sorte de joie sauvage, enchantés à l'idée de naviguer en compagnie d'étrangers.

Voilà au moins des hommes qui partagent notre intérêt pour les échanges culturels... Le premier de ces « pratiques » s'appelle Osane Marinho Vasconcelos, le second Zorimo Correa da Silva.

Au journal de bord du soir, nous notons les éléments suivants – qui pourront servir à ceux qui viendraient éventuellement après nous : « *Constatation : le courant est plus fort entre Manaus et Tefé qu'entre Manaus et Belém. Sommes très ralentis depuis trois jours. Les pages de ce journal et les cartes marines sont poisseuses d'humidité.* »

Fleuve Japura, 15 octobre 2004

L'équipage appelle la pluie de tous ses vœux... Le pont brûle sous les pieds, la chaleur est étourdissante, et pas un souffle de vent ne vient rompre cet enfer. Chacun à bord cherche la moindre parcelle d'ombre où il peut. Pour ne rien arranger, les insectes sont revenus en masse et s'en donnent à cœur joie dans leurs assauts, contre nous.

Dans les coursives, j'entends dire : « C'est l'Amazonie, pourquoi s'étonner de tout ça ? Que personne ne se plaigne... » Et certains d'ajouter cruellement à l'intention des moins résistants : « Ça ne fait que commencer, attendez la suite, les gars, vous n'avez rien vu !... »

Seule consolation pour tout le monde : l'accoutumance au climat progresse, même si c'est aux forceps...

Ces deux derniers jours, nous avons avancé sans croiser la moindre pirogue : pas âme qui vive sur le Japura. Du moins pour le moment car les cartes dont nous disposons – simple suite de croquis du fleuve effectués quinze ans plus tôt par une mission militaire brésilienne – indiquent tout de même quelques villages avant le poste-frontière de Vila Bittencourt.

Depuis que nous avons quitté l'Amazone pour le Japura, j'ai le sentiment étrange et presque insondable que tout devient plus dur et périlleux ; comme si tout prenait plus de consistance, de densité, d'épaisseur : le climat, le fleuve, la jungle elle-même, toujours plus proche avec les rives qui se resserrent. Au fur et à mesure de l'écoulement inexorable des jours – cet écoulement qui nous entraîne toujours plus avant dans les profondeurs de l'Amazonie –, il me semble toucher à une réalité sans cesse plus forte et vraie. Pour cette raison sans doute, je sens renaître en moi l'émotion indéfinissable qui m'avait envahi le mois précédent, lorsque je m'étais mis à songer à tous les symboles que la remontée d'un fleuve peut engendrer dans des esprits avides d'expériences et de vécu. Sophie Mousset et Gérard Chaliand partagent un sentiment semblable – leur dimension littéraire, peut-être – et nous parlons souvent de cette sensation étrange aux interprétations multiples : remontons-nous aux sources de nous-mêmes ? aux sources de tout autre chose ? d'une énigme qui reste à déchiffrer ? d'un mystère qui nous sera donné si nous persévérons jusqu'au bout ?

Et si remonter vers les sources d'un fleuve sans fin s'apparentait à une forme inédite d'élévation mystique ?

Au cours de la nuit d'hier, la navigation a été rendue très délicate et dangereuse à cause d'un étroit passage dénommé « Parana do Jaraqui » ; nous avons dû nous glisser littéralement dedans, comme un fil dans le chas d'une aiguille. La jungle défilait si près sur nos flancs que nous pouvions presque la toucher de nos bras tendus. En cet instant, j'ai mesuré une nouvelle fois combien notre entreprise était précaire : une simple erreur de barre, un ordre mal interprété, une faute de jugement, quelque chose d'insignifiant même, et tout pouvait s'arrêter contre la muraille hostile de la jungle. Entre le succès et l'échec, me dis-je, il n'y a parfois pas plus de distance qu'entre les deux bords d'une feuille de cigarette...

La lumière est maintenant revenue mais nous ne sommes pas pour autant tirés d'affaire ; une nouvelle épreuve nous attend : la traversée d'un petit chenal non hydrographié appelé « Do boia dor ». Prudent, j'envoie le Zodiac Commerson sur notre avant avec trois hommes pour sonder à la main. En même temps, je reste paré à faire demi-tour au moindre signal de haut-fond de leur part.

Un premier appel radio me parvient bientôt. La voix est pressante :

« Capitaine, il y a tellement de courant dans ce p... de chenal que le plomb de la sonde n'arrive pas à filer droit dans le fleuve...

– La poisse ! Bon, faites au mieux et tenez-en compte dans vos mesures. De toute façon, on n'a pas le choix.

– C'est sûr. Mais nos indications ne vont pas être très fiables...

– J'en tiendrai compte de mon côté. Allez et soyez prudents ! »

Nous continuons ainsi, égrenant les minutes avec inquiétude : « quatre mètres, cinq mètres, trois mètres... », la voix dans la radio poursuit sa litanie sans joie. Enfin les fonds remontent, la rivière s'élargit et nous parvenons intacts de l'autre côté de ce périlleux chenal... L'esprit apaisé, nous stoppons notre course et remontons le canot au bossoir arrière, nous défoulant de la tension accumulée en le hâlant à toutes forces, pendus aux cordages... Si nous sommes passés, je crois que c'est pour une bonne part grâce à la chance sans laquelle on ne fait rien.

Quoi qu'il en soit, tracer notre route vers l'autre extrémité du continent sud-américain se révèle de plus en plus dangereux malgré l'aide efficace d'Osane et Zorimo, nos deux « pratiques ». Aussi, d'accord avec eux, je décide de mouiller désormais dès la nuit tombée, là où le hasard nous aura menés. Continuer à naviguer de nuit serait une folie.

Pas question que les pièges du Japura se referment sur nous.

Même si « tout ce qui nous arrive est bon »...

Fleuve Japura, 17 octobre 2004

Il est 6 h 30 et nous venons de reprendre notre route prudente ; le jour se lève et j'ouvre mon journal personnel pour écrire, aussitôt envahi par la sensation de vivre un de ces petits bonheurs que sait procurer le quotidien, comme de boire un café chaud quand il fait froid, d'enfiler des vêtements secs quand on est mouillé, de manger un morceau de pain quand on a faim. Pur bonheur en même temps pour l'écriture en elle-même : plaisir de l'agencement des mots, de leur choix, de leur liberté.

C'est ce moment que choisit un tronc d'arbre pour heurter violemment notre hélice...

Il fallait bien que cela arrive...

Un choc sourd, de brusques vibrations, une variation immédiate dans le régime moteur et mon cœur se met à battre plus vite. Je lâche tout, bondis à l'arrière de la dunette, me penche par-dessus le couronnement : l'arbre qui nous a touchés part déjà à la dérive dans le bouillonnement de notre sillage. Le moteur reprend ses 1300 tours/minute sans anomalies apparentes. Je descends en salle des machines avec Tolosa, scrute attentivement l'arbre d'hélice depuis le tourteau d'accouplement à l'inverseur-réducteur jusqu'à l'étambot : tout semble normal. Plus de vibrations perceptibles. Nous l'avons échappé belle.

Je remonte sur le pont :

« Ho, des vigies ! Redoublez d'attention avec ces troncs d'arbres. J'ai l'impression qu'ils vont être nombreux maintenant... N'en ratez plus un seul et signalez-les aussitôt au timonier, même s'ils ne sont pas droit devant nous !

– Bien reçu, capitaine, on ouvre l'œil. »

C'est alors que mon frère Eric s'exclame :

« Hé, regardez ça ! On dirait qu'il y a un bateau échoué près de la petite île là-bas ! »

Je braque mes jumelles dans la direction qu'indique son bras. Pas de doute : il s'agit bien d'une *tapouille* marchande, enfoncée droit dans un haut-fond bordant l'île en question. D'après l'état de sa coque, elle doit être là depuis longtemps.

Sinistre présage...

Fleuve Japura, 18 octobre 2004

Avant de lever l'ancre de la berge où le hasard nous a fait mouiller la veille, nous tenons une brève réunion sur la dunette. Osane et Zorimo sont très inquiets. Ils veulent nous mettre en garde pour la suite :

« A partir d'ici, dit Osane en grimaçant, il y a beaucoup de bancs de roches très dures qui bordent les rives à certains endroits.

– Et on ne se rappelle plus bien où sont ces rochers, ajoute Zorimo, vaguement gêné ; si on les touche, on va dans le fond... Alors, il faut qu'on fasse encore plus attention que d'habitude, n'est-ce pas ?... »

Après un moment de silence, Féron propose :

« Si tu en es d'accord, Patrice, je vais donner consigne à tous les chefs de quart de maintenir autant que possible la trajectoire du navire au centre du fleuve, sans plus raccourcir les courbes. Au moins il n'y aura pas de cailloux...

– C'est ce qu'il y a de mieux à faire, en effet, dis-je. D'autant que nous naviguons sur des fonds de quatre ou cinq mètres depuis hier. Avec nos trois mètres de tirant d'eau, le calcul est vite fait : nous n'avons pratiquement aucune marge de manœuvre pour réagir en cas de danger... C'est encore au milieu du fleuve qu'on aura le plus d'eau sous les pieds. Et pas de rochers...

– En tout cas, j'ai l'impression que le niveau du fleuve baisse, intervient Nicolas Clérice. Vous ne trouvez pas ?

– C'est bien possible, dis-je ; ça correspondrait à ce que dit l'hygromètre. On a souvent moins de 70 % d'humidité en ce moment. Pour l'Amazonie, c'est exceptionnellement peu. Il ne doit pas beaucoup pleuvoir en amont. De toute manière, on poursuit...

– En prenant tous les risques nécessaires et aucun risque inutile », complète mon frère Eric qui connaît la formule par cœur...

Toute la journée, nous louvoyons dans un entrelacs impressionnant de bancs de sable. Il y en a partout, de toutes les formes et de toutes les tailles. Fort heureusement, ils sont, pour une fois, repérables de loin grâce à la couleur très claire de leur sable.

On ne peut quand même pas avoir toujours tout contre nous...

Pour ce qui est des rochers, nous en distinguons nettement quelques amas à deux reprises ; mais ils forment la base de hautes falaises ocre situées dans les courbes les plus accentuées du fleuve.

Nous passons au large sans problème particulier.

La chaleur confine à l'abjection maintenant ; dans le même temps, l'humidité s'est considérablement réduite. Conséquence : tous les papiers ont la consistance du plastique.

Nous ne sommes heureusement plus très loin de Vila Bittencourt.

Avec un peu de chance, nous y serons demain.

Fleuve Japura, 19 octobre 2004

A 7 h 35, nous manquons nous échouer sur un haut-fond diabolique : il se présente brusquement devant nous, droit comme une muraille, juste à fleur d'eau, sans la moindre pente pour prévenir, quasiment invisible...

Il n'est plus distant de l'étrave que de quelques mètres quand la vigie l'aperçoit. Elle hurle aussitôt : « Haut-fond droit devant !... », jetant l'émoi qu'on imagine d'un bout à l'autre du navire. A la dunette, nous battons « arrière toutes » en catastrophe, dans le hurlement du moteur et un formidable bouillonnement d'écume sous la poupe.

La chance est avec nous : il y a de l'eau à courir juste à droite du haut-fond et l'avant de *La Boudeuse*, entraîné par le pas d'hélice sollicité à plein régime, pivote de ce côté-là. Nous frôlons le haut-fond dans des éboulis de sable et retrouvons d'un seul coup cinq mètres d'eau sous nos pieds.

Il s'en est quand même fallu de peu...

« Heureusement que nous étions du bon côté du pas d'hélice, dis-je à Féron. Sinon ! »

Mais nous n'avons guère le temps de nous réjouir, ni de souffler... A peine avons-nous découvert un passage libre que quinze minutes plus tard, à 7 h 50 selon le journal de bord, nous heurtons par l'avant bâbord un nouveau banc de sable malencontreux, absolument invisible cette fois : fort heureusement nous le touchons avec lenteur grâce à notre procédure de sécurité. Mais malgré tout, nous sommes dedans :

« C'est pas Dieu possible, grommelle Ali le bosco. On va finir par y rester... »

Je regarde autour de nous : de la jungle et encore de la jungle au milieu des méandres du fleuve. Des oiseaux dans le ciel, des cris d'animaux partout mais pas âme qui vive à l'horizon. L'impression d'être vraiment seuls au monde.

« Allez, courage, dis-je. On essaie d'abord de se dégager avec le seul moteur.

– Ça marchera peut-être tout seul, dit Maxime. Je reviens de l'avant. On n'est pas trop engagés dans le banc de sable.

– Alors allons-y, ne traînons plus. »

Quelques avant/arrière d'anthologie suivent aussitôt de toute la puissance du moteur : le malheureux se met à hurler dans les aigus, dégageant des panaches de fumée dans le ciel. Chacun retient son souffle selon l'expression consacrée. Et il y a de quoi ! Il faut vraiment que nous sortions de là avant qu'il ne soit trop tard. Plus nous attendons, plus la coque creuse une souille sous elle. Quand celle-ci fera ventouse il n'y aura plus rien à faire.

Un dieu pour les marins d'eau douce que nous sommes devenus doit exister quelque part ; car soudain toute la coque vibre, s'ébranle, penche sur tribord, se redresse, et d'un seul coup nous voilà dégagés de ce piège...

Miracle !

Osane et Zorimo, tout pâles, se sentent visiblement responsables de nos malheurs. Je les rassure de mon mieux : pour ce banc de sable que nous venons de toucher, ils nous en ont signalé au moins vingt que nous avons évités. Ils font de leur mieux, c'est le principal ; la chance ne peut pas toujours être de notre côté et voilà tout.

Les deux hommes me sont visiblement reconnaissants de cette forme d'indulgence. Mais je la leur dois bien. Ils sont intelligents, amicaux et curieux de tout ce qui nous concerne. De surcroît, fort consciencieux : pour assurer au mieux le retour du navire, ils ne cessent de mettre à jour les croquis de la mission militaire brésilienne qui nous tiennent lieu de carte.

A 13 h 30, nous atteignons enfin le poste-frontière de Vila Bittencourt, dernière bourgade avant la Colombie : nous voilà donc au point extrême du voyage de *La Boudeuse* sur l'Amazone. Il nous aura fallu quatre semaines de navigation pour y parvenir.

Une forme de victoire...

Nous filons notre ancre tribord à moins d'une encablure des quelques troncs d'arbres servant de débarcadère. Avec une satisfaction non dénuée de mérite.

Bientôt nous sommes à terre : Vila Bittencourt est digne d'un Far West d'antan avec des baraques de planches dressées à la va-vite sur les hauteurs de la rive, trois boutiques biscornues où s'entassent barriques, caisses et cartons de toutes sortes, deux saloons aux clients patibulaires, sans oublier une sorte d'auberge servant de vagues repas de riz et de poisson.

Chaleur et humidité étouffent l'ensemble sous une chape de silence crépusculaire.

Une escouade militaire garde cet improbable bout du monde où le temps semble avoir cessé de compter. Les sentinelles en poste sur la berge, serrées dans des gilets pare-balles malgré la chaleur, nous regardent arriver, imperturbables, fusils en bandoulière, cartouchières pleines. Rien d'étonnant à ce harnachement guerrier : par ici transite une bonne partie de la drogue colombienne – ce qui nous vaudra une fouille complète mais bonhomme du navire – et il n'est pas rare que les rebelles des FARC traversent la région pour leurs opérations. Alors naturellement, il y a un couvre-feu dès 18 heures et il arrive, nous dit-on, que cela tiraille un peu partout dans la jungle autour du village.

On s'en étonnera sans doute, mais je me mets instantanément à aimer Vila Bittencourt. J'ai toujours été animé d'une réelle passion pour ces bouts du monde où il semble que rien, jamais, ne puisse se passer et où pourtant tout peut arriver. Surtout l'essentiel.

Comme dans *Le Désert des Tartares*.

Vila Bittencourt, Brésil, 21 octobre 2004

Cet après-midi, 11 de nos hommes disputent une partie de football avec l'équipe du détachement militaire brésilien... La scène est quelque peu surréaliste ; mais pour nous convaincre d'accepter ce match, les militaires ont affirmé : « Rien de tel qu'un peu de sport pour rompre l'ennui. » Evidemment, certains des miens ont dit : « Un France/Brésil à l'autre bout du monde, capitaine, ça ne peut tout de même pas se refuser. »

Dans ces conditions, évidemment...

Je me suis bien gardé, toutefois, de participer personnellement à ce que je pressentais devoir être un désastre...

De fait, le match est rude. Incontestablement. Ali le Bosco écope même d'une entorse. Grâce à Dieu, Vincent Trousseau marque un but.

Le score final est néanmoins sans appel : 30 à 1...

Vila Bittencourt, Brésil, 22 octobre 2004

Les rapides qui barrent tout passage à un navire de la taille de *La Boudeuse* se trouvent à quelques milles de Vila Bittencourt, en amont du fleuve, au niveau du village colombien de La Pedrera. Pour cette raison au moins, seuls cinq d'entre nous vont participer à l'expédition proprement dite chez les Indiens Yuhup, en pirogue et à pied : Gérard Chaliand, qui a la charge d'en écrire le récit, Eric Féferberg pour la photo, Dominique Martial pour les images du film, Hedwig Marzolf qui ne tient pas à renoncer à son rôle de philosophe malgré la blessure de son pied, loin d'être encore cicatrisée, et moi-même.

Nos sacs sont déjà prêts depuis longtemps.

Ce matin, nous les mettons à terre tandis que les 13 hommes et femmes restant à bord du navire préparent l'appareillage. J'ai confié le commandement de *La Boudeuse* à Patrick Féron, mon second, avec une mission aussi simple à rédiger sur le papier que difficile à accomplir dans la réalité : redescendre vers l'océan Atlantique avec cet équipage réduit et gagner Cayenne en Guyane. Puis nous attendre là-bas aussi longtemps que nécessaire. Nous ferons la jonction avec lui dès l'expédition chez les Yuhup achevée. Vers la fin de l'année probablement.

En attendant, nous nous souhaitons mutuellement bonne chance.

La séparation des deux équipes a lieu à 13 heures, sous un ciel chargé de nuages. La sirène de *La Boudeuse* retentit cinq fois entre les murailles végétales de la grande forêt, nous saluant de loin selon l'usage. Puis, le navire évite lentement sur son ancre, vient dos au courant, majestueux dans le spectacle sauvage qui l'entoure, et je le vois disparaître avec beaucoup d'émotion derrière la première courbe du fleuve.

Nous voilà seuls tous les cinq...

3

On les appelle Yuhup

Fleuve Caqueta, Colombie, 22 octobre 2004

En une heure de pirogue, nous gagnons La Pedrera, de l'autre côté de la frontière colombienne.

La première fois que j'ai débarqué dans ce gros bourg, frère jumeau de Vila Bittencourt, c'était il y a vingt-huit ans... Je m'en souviens comme si c'était hier. J'y étais arrivé à moitié nu – ou à moitié en haillons, c'est comme on veut. Mes compagnons Manoukian et Tissandier ne valaient guère mieux. Nous avions fait naufrage avec notre pirogue *Veronica* sur la rivière Cahuinari, très loin de là, et il nous avait fallu une éternité pour retrouver un semblant de civilisation. Une éternité et une suite infernale d'efforts...

Plus tard, remis sur pied, nous étions partis vers le nord, toujours plus loin, jusque chez les Yuhup que l'on appelait encore les Macuje.

J'étais revenu à La Pedrera vingt ans après, avec Catherine Bricard et Dominique Martial pour ma deuxième expédition.

Et j'étais à nouveau de retour huit ans plus tard...

Avec une émotion inchangée, je retrouve les ruelles de terre du village, glissantes de boue à la saison des pluies, les bicoques jetées pêle-mêle le long des ruelles, les lieux de plaisirs avec bars, billards et eau-de-vie pour récolteurs de caoutchouc, chasseurs de fauves, marchands ambulants, chercheurs d'or et autres galériens de la forêt.

La Pedrera... Ce village reste pour moi emblématique de la psychologie de l'aventure : lorsqu'on y arrive depuis une grande ville, il paraît démuni de tout – bourgade cafardeuse et rebutante s'il en est, inondée d'ennui et d'un vague sentiment d'absurdité. Mais lorsqu'on retrouve La Pedrera après des mois de jungle et de privations, elle semble un palais regorgeant de richesses et de vie foisonnante, un paradis où coulent le miel et le lait...

Réfléchir un tant soit peu à cet étonnant paradoxe me ramène toujours à la relativité de certaines vérités selon la perspective que l'on se donne pour les examiner. Une route qui monte n'est-elle pas aussi une route qui descend – difficile à grimper, facile à dévaler – tout en étant, en vérité, exactement et toujours la même route ?

Fleuve Caqueta, Colombie, 25 octobre 2004

La pirogue laisse derrière nous un long sillon argenté et La Pedrera disparaît dans le premier méandre du fleuve. Pour la troisième fois de ma vie je prends le chemin du pays des Yuhup.

A La Pedrera, nous sommes parvenus à rassembler en un temps record les vivres nécessaires à notre expédition grâce aux amis et connaissances que Martial et moi avons retrouvés et sollicités. Nous nous sommes également procuré une solide pirogue taillée à même un tronc d'arbre comme il est d'usage ici, et un bon moteur pour la propulser. J'ai aussi acheté des réserves d'essence suffisantes pour atteindre le Jotavella – la petite rivière où vit le clan Yuhup contacté autrefois – et surtout en revenir...

Devant nous maintenant, il y a plusieurs centaines de kilomètres à parcourir ; et pas plus qu'il y a vingt ans, il n'existe de route ou de piste pour parvenir chez les Yuhup. Comme jadis, il va nous falloir remonter des rivières interminables qui ont pour noms Miritiparana ou Apaporis et passer à pied de l'une à l'autre par des sentiers taillés dans la jungle.

Un chemin que je connais bien, exigeant physiquement et mentalement ; mais rude et joyeux pour qui aime la grande forêt amazonienne.

Au milieu de la jungle, 29 octobre 2004

Des jours d'efforts viennent de s'écouler.

Pas à pas nous avons progressé vers le nord, souvent dans la boue et sous la pluie. Nous avons dormi au hasard des villages indiens et des cases de passage, marché les épaules ployées sous nos lourdes charges, trébuché sur l'entrelacs des racines courant sous les couches d'humus spongieux du sol, mangé hâtivement quelques poignées de riz quand cela était possible. Nous avons aussi remonté les rivières une à une et vécu plus qu'à notre tour cette expérience sans pareille qui consiste à recevoir sur la tête des trombes d'eau venues d'un ciel démoniaque sans pouvoir faire autre chose que de subir passivement ce déluge, tant bien que mal abrités au fond d'une pirogue battue par les flots, blottis entre des sacs et des ballots trempés, vaguement protégés d'un poncho de plastique qui crépite sous cette pluie torrentielle tandis qu'on claque des dents de froid sans le moindre espoir d'être sec et au chaud avant longtemps ; mais chantant à tue-tête du plaisir d'être immergés dans un univers naturel d'une puissance absolue, sans écran avec lui, sans intermédiaire, mettant ainsi en œuvre avec un bonheur simple ce principe de vie qui consiste à « s'exposer » au monde que l'on veut comprendre et non à s'en « protéger ».

Dans cette ambiance gaillarde, faite d'ascèse et d'enthousiasme partagés, nous ne pouvions évidemment qu'avancer sans entraves vers notre but...

Ce soir, comme chaque soir, Dominique Martial refait le pansement d'Hedwig. Patiemment, consciencieusement.

Pas question que la plaie s'infecte dans ce milieu pourri de miasmes.

Jotavella, 1er novembre 2004

Les rapides du Jotavella, terme du voyage, surgissent sous nos yeux en début d'après-midi.

Emotion intense, très profonde, personnelle... Des choses qui n'appartiennent qu'à moi... Une part de ma vie, en fait.

C'est au pied de ce rapide – le premier d'une série de sept, barrant l'accès à l'ancien territoire Yuhup – que se trouvait autrefois le village des Macuna, seuls Indiens sédentaires à entretenir des rapports d'échanges avec ces nomades.

Huit années se sont écoulées depuis mon dernier passage. Les questions que je retenais en moi depuis notre arrivée en Amérique me reviennent maintenant, très dispersées, mais avec force et précision : comment vais-je retrouver le village ? Et ses habitants ? Et les Yuhup qui s'étaient sédentarisés là ?

J'observe les rapides un instant : ils sont identiques à mon souvenir. L'eau bondit toujours entre les amoncellements de pierres avec le même entrain, le même bouillonnement d'écume, sautant de rocher en rocher dans ce rétrécissement de la rivière.

L'avant de la pirogue se fiche mollement dans la boue de la berge et nous sautons à terre, déchargeant sacs à dos, caisses et bidons d'essence. Devant nous se dessine le sentier qui grimpe en zigzag le long de la falaise menant au village ; un sentier bordé de broussailles et de grands arbres. Je m'y engage le premier, le cœur en désordre. Parvenu sur les hauteurs, je retrouve le vaste plateau où se dresse le village : une demi-douzaine de cases aux parois d'écorces et aux toits de feuilles de palme, certaines sur pilotis. Un peu à l'écart, j'aperçois une *maloca* inconnue – la grande case communautaire ronde et conique, caractéristique des tribus de cette région de l'Amazone. Elle semble vaste, haute d'une quinzaine de mètres ; sans doute a-t-elle été bâtie depuis peu, en remplacement de la *maloca* à la construction de laquelle j'avais participé autrefois.

Tout a beaucoup changé en huit ans ; je ne reconnais presque rien.

Sauf les hommes qui viennent à ma rencontre.

Jotavella, 2 novembre 2004

Tous les Indiens du Jotavella se sont réunis ce matin dans la grande *maloca* au sol propre et bien damé : nonchalamment assis sur des billots de bois, étendus en travers de leurs hamacs de fibre, appuyés contre les grands piliers de bois de la case ou accroupis à la manière indienne, les pieds bien à plat sur le sol, ils entourent notre équipe, attentifs et curieux, amicaux.

La plupart m'ont accueilli hier comme si je les avais quittés la veille. Certains parmi les « anciens » ont même repris des conversations là où nous les avions laissées en suspens huit ans plus tôt, comme si le fil du discours ne s'était jamais interrompu. J'ai alors eu l'étrange impression de n'avoir jamais quitté ces lieux, comme s'ils appartenaient à une sorte de continuum d'espace-temps dont la maîtrise m'échappait. Mais ainsi semblent aller les choses dans ce drôle d'endroit que j'appellerai volontiers le « pays du temps qui passe sans jamais s'écouler »...

Je présente à mes camarades les principaux Indiens rassemblés autour de nous, ceux avec lesquels je peux croire avoir noué quelque lien d'amitié au cours de mes séjours précédents.

Le plus proche de moi est Ado, un garçon dans la force de l'âge, petit et trapu, au visage rond et expressif. Il avait huit ans lorsque je l'ai connu en 1976. Il était le fils de Peïn, chef du clan Yuhup ; à cette époque, bien sûr, je ne lui avais pas porté une attention particulière étant donné son âge. Aujourd'hui, Ado est un chasseur réputé, d'une redoutable efficacité à la sarbacane. Solitaire et sensible, il a toujours porté en lui le rêve inassouvi de devenir chaman pour « guérir le monde » – comme il le dit avec une candeur qui n'appartient qu'à lui... Il est un des rares rescapés des malheurs survenus à son peuple – famines et épidémies surtout. Quant à son père que j'aimais beaucoup, il est mort tragiquement en mangeant par erreur du manioc sauvage, cette variété toxique qui demande une longue préparation avant d'être comestible.

A côté d'Ado, il y a le vieux Gabriel, si petit et ridé que sa frêle silhouette, presque transparente, disparaît derrière celle des jeunes chasseurs. Mais Gabriel est l'un des grands chamans de la tribu des Macuna, cette communauté indienne, sédentaire et puissante, dont le territoire voisine celui des Yuhup. Il porte le nom chrétien dont l'ont affublé autrefois des missionnaires et s'est toujours refusé à communiquer à quiconque celui que sa tribu lui avait octroyé à la naissance : un moyen comme un autre de donner moins de pouvoir aux hommes blancs, de s'en préserver. Car ici, connaître le nom de quelqu'un, c'est déjà posséder une ascendance sur lui, c'est même avoir la possibilité de lui jeter un sort.

Gabriel est depuis quelques années le *capitan* du Jotavella, autrement dit, le chef reconnu de tous les Indiens vivant sur cette rivière. J'ai beaucoup d'affection pour ce vieux sage. C'est grâce à lui que vingt-huit ans plus tôt j'ai pu entrer en contact avec le clan Yuhup d'Ado. Gabriel avait aidé sans compter notre jeune expédition et c'est de sa *maloca* que nous étions partis pour la dernière étape de notre aventure.

L'autre chaman d'importance ici est le vieux Koïn, un Yuhup des temps anciens, oncle d'Ado. Son dos est voûté, son visage lacéré de rides, mais sa force de concentration est telle, dit-on, qu'elle lui permet de voir l'avenir mieux que personne. L'une de ses filles, Virginia, élégante et discrète, est mariée à Santiago, un Tanimuka de la rivière Apaporis toute proche ; Santiago est venu un jour ici, à la recherche d'une femme pour se marier. Il a trouvé Virginia et s'est épris d'elle. Pour cette raison sans doute, il ne l'a pas ramenée chez lui, comme il est d'usage, mais pour lui plaire, s'est au contraire installé dans la communauté de son beau-père, ici sur le Jotavella. La force physique de Santiago est impressionnante et il parle un espagnol honorable appris à La Pedrera où il a séjourné dans sa jeunesse. Comme huit ans plus tôt, il devient l'un de nos informateurs principaux.

Reste enfin Jérémias, le « promoteur de santé » formé par le médecin français Jean-Marc Fischer. Ce dernier, je l'ai connu en Afghanistan, bien avant qu'il ne consacre le meilleur de sa vie à aider les tribus indiennes de cette région. En une quinzaine d'années, Fischer a formé des dizaines de « médecins aux pieds nus » pour faire naître un embryon d'ossature médicale dans ces territoires perdus ou aucun médecin colombien ne veut venir vivre. Appelés modestement « promoteurs de santé », ces Indiens sont répartis dans les principaux villages et disposent chacun d'un « poste de santé » où ils peuvent donner les premiers soins. Munis de radios HF, ils sont reliés les uns aux autres et à un centre de référence situé dans la grosse bourgade de Mitu, au nord de l'Amazonie colombienne. En cas d'urgence, un médecin peut les conseiller et éventuellement guider une évacuation. Il a fallu quinze ans à Fischer pour monter ce réseau et organiser régulièrement des campagnes de vaccination. Jérémias, qui a maintenant une quarantaine d'années, est l'un de ses plus fidèles collaborateurs, l'un de mes meilleurs amis aussi sur le Jotavella. Solide et bien bâti, sans complexe avec les Blancs, curieux de tout, il est devenu un personnage d'importance. « Autorité » moderne dans la tribu du fait de ses connaissances, il s'entend toutefois parfaitement avec Gabriel, *capitan* officiel de la communauté et autorité traditionnelle. Chacun admet le savoir médical de l'autre, le respecte, et l'utilise en fonction de la gravité des cas. Médecines traditionnelles et modernes se côtoient ici sans heurts véritables.

Le temps a nettement marqué le visage de tous ces hommes – on ne dira jamais assez combien la vie peut être dure et usante dans les édens tropicaux enviés par l'imaginaire occidental. Mais en même temps, il me semble avoir quitté ces hommes la veille seulement, tant leur vie quotidienne paraît inchangée, identique à ce qu'elle a toujours été. A regarder autour de moi, je retrouve la métaphore du fleuve pour définir la vie indienne : insensible à toute influence qui viendrait modifier son cours, elle coule imperturbable depuis toujours et pour toujours.

Les premières conversations avec mes vieux amis dispersent cependant très vite cette sensation : bien des évolutions sont intervenues dans la communauté depuis huit ans. Les quelque cinquante personnes vivant au village appartiennent désormais à quatre tribus distinctes : Macuna, Letuama, Tanimuka et, bien sûr, Yuhup. Chacune possède sa langue et ses coutumes. Dans cette minitour de Babel, témoignage du renforcement des alliances entre tribus indiennes, ce sont les nombreux mariages croisés qui assurent la cohésion d'ensemble. Et c'est par eux qu'une nouvelle identité commune a fini par émerger face au monde extérieur : celle d'indigène. Aussi, le problème qui hante ces hommes aujourd'hui n'est-il plus celui de l'acculturation mais celui de l'existence d'un chemin de vie qui pourrait concilier tradition et modernité, à l'image des relations entre Jérémias et Gabriel. Une sorte de « troisième voie ».

Jotavella, 3 novembre 2004

Le jour de notre arrivée, Jérémias nous a désigné une case sur pilotis laissée vacante, et nous y avons suspendu nos hamacs et nos moustiquaires, installant notre barda dans un ordonnancement aguerri par l'expérience de mille autres campements du même genre sous diverses latitudes : ou comment reconstituer un semblant de chez soi avec trois fois rien au milieu de nulle part... De la réussite de cette entreprise toute en nuances, ordre et finesse, dépendent beaucoup de choses : la refondation de ses repères propres, la sensation d'harmonie avec soi-même qui en découle, en fin de compte la possibilité de s'intégrer avec équilibre au sein de la société dans laquelle on vient de se projeter. Cette construction d'un minimum de « chez soi », cet effort avoué de conservation identitaire, n'est pas contradictoire avec le dépouillement matériel nécessaire à l'intégration d'une société autre; il est en réalité complémentaire par la confiance en soi qu'il permet de maintenir.

Ce matin, à l'heure où les coqs du village réveilleraient le plus endurci des paresseux, le vieux chaman Gabriel se glisse dans cette case qui nous sert de demeure. Il veut me conter ses rêves de la nuit et l'interprétation qu'il en fait; une habitude qu'il avait autrefois avec moi et qu'il prend visiblement plaisir à raviver. Accroupi sur ses talons, il me dit :

« J'ai rêvé qu'il pleuvait, Patricio. Ça signifie quelque chose de triste : un Macuna est mort quelque part. Je ne sais pas encore qui, mais c'est ainsi... Bon, est-ce que toi au moins, tu vas bien ?

– Je n'ai pas assez dormi Gabriel, j'ai souvent des insomnies ; en tout cas, je n'ai fait aucun rêve ; enfin, je crois... Toi, comment te portes-tu ?

– Depuis la mort de ma femme, plus rien n'est pareil, tu sais. Tu te souviens de Joselina, n'est-ce pas ?

– Bien sûr : c'était une sacrée femme, Gabriel. Et gentille avec ça...

– C'est vrai, Patricio, elle était très gentille. Elle n'avait tué personne, elle avait fait honneur aux Macuna. Et puis un jour, une douleur l'a prise au pied. Cette douleur est remontée le long de sa jambe, brûlant tout, tout, absolument tout... Elle est morte en une semaine. C'était pourtant quelqu'un, la señora Pino Joselina Macuna. »

Il hoche la tête de tristesse et ajoute :

« Depuis qu'elle est morte, pauvre de moi, je reste seul en terre Yuhup. »

La case de José-Juan est l'une des plus simples qui soit dans le village. Comme toutes ses semblables, elle est construite en écorce d'arbre, et des feuilles de palme élégamment tressées en long panneaux couvrent son toit. Rectangulaire et spartiate, elle est vide de tout objet encombrant – dans les cases indiennes, il n'y a de toute façon ni table, ni chaises, ni quoi que ce soit de ce genre.

Après que Gabriel m'a quitté, je suis allé « flâner » dans cette case en compagnie d'Hedwig et de Dominique, histoire de commencer à entrer dans le tempo du « temps indien ». José-Juan est là, qui se balance nonchalamment dans son hamac tendu entre deux des piliers latéraux de la case. Fils de Gabriel, il s'est marié il y a quelques années à Juana, une jeune Yuhup, timide et jolie, que l'extrême blondeur des cheveux d'Hedwig fascine littéralement. Discrète comme bien des Indiennes, Juana n'en mène pas moins son foyer d'une main de fer ; quand il le faut elle n'hésite guère à houspiller son indolent de mari, surtout si la chasse ou la pêche n'ont pas donné les résultats escomptés... On croit souvent que le rôle des femmes est négligeable dans les sociétés traditionnelles, de la Nouvelle-Guinée à l'Afghanistan, des « peuples premiers » aux civilisations plus complexes du croissant méditerranéen. En réalité, leur absence du devant de la scène ne dit rien de leur poids réel et de leur influence. En la matière, mieux vaut se méfier des apparences...

Juana apprend déjà à Hedwig l'art et la manière de râper le manioc pour préparer le repas du jour. Notre volonté d'être le plus possible « acteurs » au sein de la communauté – en lieu et place d'un statut de simples « observateurs » – ne pose pas de problème ici. Les deux femmes travaillent donc ensemble dans la bonne humeur, les éclats de rire, les plaisanteries ; et par ces premiers gestes, ces premiers mots échangés, nous reprenons notre vie commune avec les Indiens, commençant à partager avec eux tout ce qui peut l'être.

En regardant faire Hedwig et Juana, j'ai pour la troisième fois le sentiment – presque un vertige – de basculer dans le passé comme dans un gouffre linéaire et insondable. Avec une acuité invraisemblable je me revois soudain au même endroit, près de trente années plus tôt : rien n'a changé autour de moi, absolument rien, mais j'ai trente ans de plus ; comme au lendemain de notre arrivée, je ne peux m'empêcher de songer à l'écoulement du temps : comment a-t-il pu ne rien modifier aux choses de la vie quotidienne tout en transformant en profondeur les corps et les visages ? J'y vois presque comme un symbole de la précarité des entreprises humaines. Tout me semble soudain irréel ; je dois faire un effort considérable sur moi-même pour revenir à des choses concrètes, réfléchir à la matérialité de ce qui m'entoure.

Pour m'y aider, je prends mon journal personnel et note ces premières observations :

A cause de l'isolement, l'autarcie du village est demeurée complète, comme autrefois. Posséder de l'argent ici servirait de toute manière à peu de chose. On continue donc à vivre de chasse, de pêche, de cueillette – larves, insectes, fruits sauvages – et de la culture du manioc qui reste la base de toute nourriture. On ne produit rien qui puisse se vendre mais tout ce qui est nécessaire à une existence traditionnelle. Pour le reste, ustensiles de cuisine, machettes ou autres objets modernes, José-Juan et Juana confirment qu'ils se contentent des aides dont bénéficient les réserves indigènes. On manque donc de tout ce qui fait ailleurs une vie confortable et agréable ; mais rien n'a été perdu de l'art de fabriquer les paniers en rotin – si utiles jadis pour transporter les maigres effets du clan au cours des nomadisations –, les flûtes de pan servant à accompagner les chants rituels, les vêtements cérémoniels en écorce d'arbre nécessaires à l'accomplissement des danses, ou les sarbacanes de chasse, à la fabrication si complexe.

J'observe la case. Les sarbacanes sont passées horizontalement dans le treillis végétal du toit, les carquois de fléchettes suspendus non loin. Mille autres objets pendent du plafond : paniers aux contenus aussi variés qu'énigmatiques, galettes de tabac sauvage, quartiers de viande fumée, pots à curare, couleuvres à manioc – longs tuyaux d'osier servant à extraire par torsion le suc toxique des tubercules.

De jeunes enfants jouent dans le bric-à-brac de la case ; l'un d'eux s'amuse à coincer un malheureux poulet sous un panier de rotin, un autre pèle des fruits sauvages avec une machette presque aussi grande que lui, un troisième joue de la flûte de pan en se balançant dans son hamac de fibre. Un peu plus loin, un singe fait l'acrobate, tenu en laisse par un adolescent.

Des jours entiers peuvent s'écouler ainsi sans la moindre variation, dans une sorte de sérénité vaporeuse et impalpable. Si on n'y prenait garde, on finirait presque par céder à la vieille utopie occidentale du « bon sauvage », à se dire que loin du monde mauvais de « l'homme blanc » et de son univers technique dont le seul contact est « contaminant », existent des peuples purs de tous les maux engendrés par cette civilisation du « progrès », des hommes naturellement bons, aux sociétés conformes à l'idée originelle du bien. Et puis, un événement anodin survient – heurt entre chasseurs, dispute familiale, litige entre voisins – et cette dérive du sentimentalisme se dissout dans la réalité toute crue de l'expérience vraie, cette expérience propre à débarrasser l'esprit des préjugés et des aveuglements dogmatiques ; l'on revient alors au point de départ : les peuples indigènes sont identiques à tous les autres peuples de la terre pour ce qui concerne l'essentiel : les passions humaines et les comportements sociaux. C'est la taille limitée de leurs sociétés et par voie de conséquence la faiblesse des enjeux qui s'y trament et le moindre impact que peuvent y avoir les actes individuels et collectifs, qui rendent le mal moins visible – puisque, en fin de compte, il s'agit de cela et de rien d'autre : le mal...

Mais ces préoccupations ne sont-elles pas celles d'un Occidental venu de loin ? Pour ces Indiens, la seule question d'importance n'est-elle pas plutôt et plus simplement : est-on heureux au pays des Yuhup ?

14 heures : Santiago veut absolument voir à quoi ressemble *La Boudeuse*. Je lui ai appris hier de quelle manière nous étions venus jusqu'en Colombie et il n'en peut plus de curiosité. Je lui ai donc donné rendez-vous devant notre case, à l'heure qui suit le repas de mi-journée, pour lui montrer des photos du navire ainsi qu'à tous ceux qui le souhaiteraient.

Naturellement, tout le village est venu... Et Santiago me harcèle pour que je dévoile sans plus attendre les clichés que j'ai sous le bras. Ces derniers ont été pris en mer par Eric Féferberg au moment du départ de France. *La Boudeuse* y est magistrale, toutes voiles dehors ou sous phare carré.

Je distribue les photos : « Voilà ma maison », dis-je.

L'étonnement qui suit – marqué par mille exclamations diverses – me remplit d'aise : aucun de ces Indiens n'a vu de bateau à voile mais l'esthétique de *La Boudeuse* les ravit malgré tout. Cela me touche. Le beau serait-il bien « ce qui plaît universellement, sans concept » ?

Mais c'est Santiago qui a le dernier mot lorsqu'il conclut avec malice :

« Patricio, ton bateau en fin de compte, ce n'est rien d'autre qu'une “ *maloca* mobile ” puisque vous y vivez en communauté et que vous voyagez avec... »

La nuit est toute proche, voilée déjà du ciel noir des nuages. Nous mangeons notre ration quotidienne de riz, invariable, agrémenté ce soir d'un peu de viande de tapir offerte par Ado. Après quoi, Dominique refait le pansement d'Hedwig avec un soin toujours aussi méticuleux et nous rejoignons nos couchages.

Comme presque chaque soir, malgré les fatigues générées par les activités du jour, nous lisons à la lueur de nos lampes à pétrole, bien rencognés dans un coin de hamac ; une sensation de confort s'installe alors en moi, au milieu d'un monde qui en est dépourvu. La lueur des lampes, douce et dorée, ajoute à ce sentiment de paix, jetant des ombres fantomatiques sur les parois de la case emplie en même temps des mille bruits de la jungle apportés par la nuit et que domine le crissement des grillons ; je me sens d'un coup mieux que nulle part ailleurs. Bientôt je me demanderais, je le sais : pourquoi m'en aller d'ici ? Pourquoi rentrer ? Pourquoi ne pas rester ? Puis viendra le temps de la monotonie, de l'ennui et de la lassitude induite par un univers trop immobile, trop répétitif – trop pauvre en un mot de puissance de vie. Alors le désir de cette puissance et de ce qu'elle peut offrir de vie intense et libre surgira, de plus en plus fort, jusqu'à se faire impérieux. Et je partirai. Ce cycle, je l'ai vécu si souvent et partout...

Je m'endors en me grattant furieusement les jambes. J'avais oublié que l'herbe bordant le village est infestée d'une variété de puces de forêt particulièrement féroces.

Il va falloir faire avec pendant tout le séjour...

Jotavella, 4 novembre 2004

Notre arrivée au village a dû alerter un quelconque stratège de l'empire des fourmis car, ce matin, six colonnes de leurs armées ont envahi notre case : des colonnes impressionnantes, quasi monstrueuses et parfaitement ordonnées pour une attaque en règle. Les angles de la case sont déjà occupés par des garnisons solidement retranchées entre les poteaux de bois, et deux escadrons de reconnaissance convergent vers nos sacs à dos, menaçants et déterminés. Chacun est constitué de plusieurs milliers d'individus toutes mandibules en avant. D'après Ado appelé à la rescousse, ces fourmis appartiennent à une espèce redoutable, du genre Attila, qui ne laisse rien de vivant derrière elles. Nos provisions vont y passer, sans compter les vêtements, tissus et autres moustiquaires dont ces prédateurs raffolent...

Dans de telles circonstances, toute retraite de notre part étant exclue, la contre-attaque doit être à la hauteur de l'enjeu : en d'autre termes, implacable. Nous allumons une série de torches et nous lançons dans la bataille sans trop de scrupules, chacun de nous cinq faisant son affaire d'une armée ennemie. Le carnage qui s'ensuit restera sans doute dans les annales des fourmis comme la plus grande déroute que cette nation ait jamais connue en rase campagne... Grillées par régiments entiers, ces damnés insectes refluent en désordre vers la jungle sans demander leur reste, laissant derrière eux des monceaux de cadavres.

Nous ne les reverrons plus jamais.

Peu après cette démonstration de force et d'indicible courage, notre équipe au complet quitte le village en compagnie d'une demi-douzaine d'adultes emmenés par Jérémias, le « promoteur de santé ». Direction : l'une des plantations de coca dont dispose la communauté à quelques kilomètres de là, en pleine jungle.

C'est à partir des feuilles de coca – petit arbuste anodin en apparence – que les trafiquants colombiens tirent la cocaïne par raffinage en laboratoire. Assurément, il n'existe rien de tel chez les hommes du Jotavella qui refusent l'idée même de la drogue en tant que telle et vivent de toute façon hors des circuits économiques du pays. Cependant, la coca est en usage dans leurs tribus depuis des temps immémoriaux et joue un rôle si central dans leur vie sociale qu'ils ne s'en priveraient pour rien au monde; mais ils l'utilisent à l'état naturel; elle est alors un simple excitant qui passe pour ôter la faim et la fatigue, l'un des rares plaisirs de l'existence. Sa préparation suit un long processus qui va de la torréfaction des feuilles à leur réduction en une poudre très fine que l'on mélange à de la cendre de feuilles de palme séchées. Tout bon Indien consomme régulièrement de cette poudre de coca, surtout lors des fêtes, danses et cérémonies qui jalonnent la vie communautaire. Et leurs invités étrangers, s'ils désirent être acceptés, doivent se conformer de bonne grâce à ce rite qui gonfle leurs joues et insensibilise leurs langues...

Une expérience plutôt étrange.

Après une heure de marche sur de vagues sentiers de jungle coupés de ravines et de cours d'eau, nous parvenons dans un petit vallon déboisé. Sur ses flancs poussent à foison des bosquets de coca, chacun haut comme un homme, tous couverts de feuilles... Les réserves de la tribu paraissent conséquentes quoiqu'il ne faille pas trop s'avancer en la matière compte tenu de la consommation impressionnante de nos amis... Ceux-ci ont tous emporté des hottes d'osier – maintenues par un bandeau sur le front – et l'objectif du jour consiste à les remplir à ras bord de feuilles de coca.

La collecte commence sans attendre. Malgré mes séjours précédents, c'est la première fois que je participe directement à une telle récolte et il me faut un moment pour acquérir honorablement la technique du cueilleur ; mais cela fait, l'effeuillage se révèle très simple et les hottes se remplissent à toute vitesse, Hedwig et Gérard n'étant pas en reste, filmés et photographiés par Dominique et Eric. Aussi, le soleil est-il encore haut dans le ciel lorsque toutes les hottes se trouvent pleines, les feuilles tassées au maximum à l'intérieur. Transpirants mais heureux de ce dérivatif, nous reprenons le chemin du Jotavella, pataugeant dans la boue des arroyos, portant Hedwig à tour de rôle pour lui éviter de mouiller sa plaie.

Parvenus au village, nous suivons José-Juan chez Jérémias. La case de ce dernier étant la plus vaste de toutes – à l'exception de la *maloca* –, c'est là que va avoir lieu la torréfaction des feuilles. L'un des feux est attisé et une grande plaque ronde en terre cuite, dure comme la pierre, est disposée par-dessus. José-Juan y jette des brassées de feuilles avec des gestes d'une élégance de semeur antique ; il les remue ensuite lentement jusqu'à ce qu'elles craquent entre ses doigts. Elles sont alors prêtes à être broyées dans le pilon à coca.

Cette étape est la plus impressionnante de toutes. Taillés dans un bois très dur, les pilons sont presque aussi lourds que les mortiers eux-mêmes, creusés dans des troncs d'arbre soigneusement polis. Il faut donc se relayer à plusieurs si l'on veut aller vite dans le broyage des feuilles. Jérémias, Santiago et moi nous y mettons les premiers, avec allégresse, tandis que José-Juan poursuit sa tâche de torréfaction, accroupi devant le feu, silencieux.

Les coups de pilon sont bientôt entrecoupés par des « hans » de bûcherons, des plaisanteries sur la force ou la vaillance de tel ou tel dans ce travail épuisant, des échanges de vue sur les bienfaits que l'on peut retirer d'une activité aussi physique. Celle-ci se poursuit une heure durant, dans le crépitement des flammes, l'odeur entêtante du bois qui brûle, le frou-frou des jupes de femmes qui passent et repassent, préparant le repas du soir.

Le bruit lancinant du pilon est de ceux qu'on n'oublie jamais ; de ceux qui marquent profondément la mémoire de tout visiteur étranger resté un tant soit peu dans une communauté indienne de cette région de l'Amazone. Ce bruit sourd et répété, obsédant, porteur d'une force primitive impressionnante, s'entend à n'importe quelle heure du jour et de la nuit, lointain ou proche, seul ou mêlé aux nombreux bruits du quotidien. Une fois qu'on l'a entendu, on le reconnaît entre mille.

Tandis que nous continuons à « jouer du pilon », Ado entreprend d'amonceler des feuilles de palme séchées au centre de la case ; un tison sorti du feu est jeté au milieu et tout s'embrase d'un coup. Les flammes montent si haut qu'un instant je crains pour le toit de la case, illuminée comme par un feu de joie. Mais non, tout retombe très vite et il ne reste bientôt plus sous nos yeux qu'un tas de cendres fumantes.

Entre-temps, les feuilles de coca ont été littéralement réduites en poudre au fond du mortier. Santiago mélange alors cette poudre à la cendre – pour donner à la coca plus de « consistance » – et passe l'ensemble au tamis d'un tissu très fin en forme de chaussette. La finesse de la poudre de coca obtenue est étonnante : une véritable farine verte qui s'envole au moindre souffle d'air.

« Tu veux la goûter ? me propose Ado. Elle est bonne.

– Tu sais, je connais la coca, dis-je, aussi peu enthousiaste qu'autrefois.

– Oui, mais prends-en quand même, insiste Santiago, c'est bon pour toi. Et les autres Français, ils doivent essayer, non ? »

Je penche la tête en arrière, envoie au fond de ma bouche une pleine cuillère de cette poudre de coca dont le goût d'herbe tout juste fauchée me revient aussitôt en mémoire. Je prends bien garde à protéger ma gorge avec la langue. Si la salive agglutine la poudre à ce niveau, je pourrais aisément m'étouffer... La bonne technique – car il y en a une – consiste à faire passer la poudre sur l'un des côtés de la bouche où elle forme une boule qui déforme la joue de manière caractéristique, et à la laisser se dissoudre peu à peu.

Je n'ai plus qu'à attendre.

Au bout de quelques minutes, je ressens les premiers effets de la coca : une ankylose irrépressible gagne ma langue puis la joue. Toutes les deux sont bientôt anesthésiées où presque.

A ce stade, je suis censé entrer dans une forme de sérénité.

17 heures : Chaliand est en grande conversation avec Jérémias; tous les deux sont assis face à face sur la plate-forme d'écorce servant de véranda au « poste de santé ». Chaliand « enquête ». Et dans ce village tranquille, à l'écart d'à peu près tous les problèmes du monde, il le fait avec la même rationalité que s'il se trouvait dans une guérilla redoutable, face à un chef rebelle exalté ou retors à qui il faudrait arracher quelque secret. Jérémias paraît débordé par le flot des questions minutieuses déversées sur lui, mais en même temps galvanisé par le défi qu'une telle précision représente s'il veut fournir des réponses de niveau égal.

Non loin d'eux, délaissant pour l'heure toute tâche intellectuelle, j'ai sorti l'arc démontable que je transporte depuis notre départ de *La Boudeuse.* Je le remonte patiemment, choisis une cible – un arbre au centre du village, distant d'une trentaine de mètres de notre case – et me mets à décocher quelques flèches au milieu du tronc. Elles sifflent gaiement en traversant l'air cristallin du Jotavella et leur choc mat lorsqu'elles se fichent dans l'arbre résonne de case en case. Très vite Ado, Santiago et quelques autres accourent; ils regardent, ébahis, demandent bientôt à essayer l'arc. Une nouvelle forme d'échange commence.

Les Yuhup possédaient autrefois des arcs pour la guerre et la chasse aux gros animaux, réservant les sarbacanes au petit gibier. Mais je n'ai trouvé aucun arc dans aucune case. Comme si ce type de chasse s'était perdu. Ado me le confirme avec une pointe de regret :

« C'est vrai, Patricio. Depuis la mort de mon père, plus personne ne fabrique d'arc. Les guerres entre tribus sont finies et pour la chasse au tapir ou au pécari on préfère des fusils comme celui que tu nous as donné il y a huit ans. C'est quand même plus efficaces, les fusils...

– Oui, mais le mien, dis-je, vous l'avez perdu dans un rapide lorsqu'une pirogue a chaviré. Jérémias m'a raconté... »

Le rappel de ce mauvais souvenir désole le brave Ado :

« C'était vraiment un bon fusil, moderne et tout... Une vraie perte, c'est sûr. Maintenant, nous n'avons plus qu'un vieux 16 mm échangé à des Brésiliens il y a tellement longtemps qu'on ne s'en souvient même plus ; on le fait tenir avec du fil de fer ; et les cartouches, on doit les fabriquer nous-mêmes. Et encore, seulement quand on trouve à se procurer de la poudre à La Pedrera. Sinon, on attend. »

Je ne peux m'empêcher de rire devant son air contrit et le sous-entendu de sa dernière phrase ; elle signifie, je le devine : « Patricio, quand est-ce que tu nous offriras un nouveau fusil, tout neuf comme le précédent ? »

Je dis : « Pour un autre fusil, Ado, ça ne va pas être simple. Il y a beaucoup de contrôles policiers à Bogota. Je verrai ce que je peux faire ; mais à part ça, qu'est-ce qu'il te faudrait ? Qu'est-ce qui manque le plus à un homme comme toi ? »

Ado hésite à peine : « Ce qui me manque ? Ce que je voudrais vraiment ? Tu ne pourrais pas me le donner... J'aimerais rencontrer une jeune femme, vivre avec elle dans une petite case tranquille que j'aurais construite pour nous, avoir des enfants. C'est tout ; la vie serait vraiment très bien comme ça... »

Il se tait, le regard dans le vide et s'en retourne bientôt vers la *maloca*.

En le regardant s'éloigner, je ne peux m'empêcher de penser : « Et si ce rêve banal et simple d'Ado était un rêve universel des hommes par-delà leurs différences ? Un Français ou un Chinois ne rêvent-ils pas de la même chose ? »

Un orage immense, éclaboussé d'éclairs, inonde le village dans un fracas d'épouvante. Avec un plaisir sans partage, je goûte le privilège égoïste de me trouver au chaud dans mon hamac, dans des vêtements secs, fumant une vraie cigarette, lisant quelques pages d'un bon livre, le ventre plein, tranquille, songeant à toutes ces fois où j'ai dormi trempé, l'estomac vide, affamé et éreinté, sans espoir de jours meilleurs avant longtemps.

Profiter tant qu'il est temps... Manger chaque fois que l'on peut... Se reposer dès que possible... Ménager son corps et son esprit en toute circonstance et en tout lieu comme dans une économie de guerre : c'est aussi cela l'aventure de terrain, la vraie... Comme une leçon de vie.

Etre et durer...

Dans ces parages, je n'ai pas à me plaindre.

Je m'endors en écoutant le crépitement tropical de la pluie sur le toit – car il y a un bruit tropical de la pluie, comme il y a un bruit de la pluie de pays tempéré ou de pays arctique... Et ce bruit de la pluie porte avec lui tant de souvenirs d'autres aventures qu'une sorte de langueur m'envahit avant que je ne sombre dans le sommeil.

Jotavella, 5 novembre 2004

Jadis, les Yuhup étaient les maîtres du curare, ce poison végétal qui paralyse les muscles et provoque la mort par asphyxie. Eux seuls connaissaient les secrets de sa fabrication à partir de plantes poussant dans des régions reculées de l'Apaporis. Les autres Indiens dépendaient d'eux pour leur approvisionnement car, dépourvues de curare, les fléchettes de sarbacane sont presque inoffensives. Aujourd'hui, tout est différent : les Yuhup ont déposé les secrets du curare dans la corbeille d'alliance passée avec les autres tribus indiennes pour faire face aux périls du monde extérieur, et chacun peut désormais fabriquer son propre poison.

Ado me le confirme ce matin tandis qu'assis sur un billot de bois au milieu de sa case de célibataire, il reconstitue son stock de fléchettes épuisé par une longue période de chasse. Il ajoute cependant avec malice :

« Mais c'est quand même nous les Yuhup qui savons faire le meilleur curare, évidemment... »

Puis il se tait, un air sérieux sur sa figure ronde. C'est qu'il achève au même moment de passer précautionneusement au curare la pointe de ses fléchettes. Cette phase délicate est la dernière d'un long processus qui suit invariablement les mêmes étapes : en premier lieu, la fabrication des fléchettes. Pour cela, il faut courir la forêt à la recherche d'épines du palmier *milpeso*. Ce sont ces épines, très fines mais très solides, qui constituent le corps des fléchettes elles-mêmes ; ensuite, il faut cueillir le coton sauvage nécessaire aux empennages. La fabrication proprement dite commence à ce moment-là, avec toujours les mêmes gestes immémoriaux d'une grâce extrême. Les épines de *milpeso* sont d'abord soigneusement taillées en pointe, puis leur bout opposé plongé dans le panier de rotin contenant le coton. Ce dernier est roulé en fuseau autour de chaque fléchette et ligaturé à l'aide de très minces lianules. L'étape suivante concerne le curare contenu sous forme solide dans de petits pots de terre cuite. Mélangé à un peu d'eau, il se transforme en une pâte noirâtre que l'on passe en fines couches sur la pointe des fléchettes à l'aide d'une spatule de bois. C'est ce que vient d'achever Ado avec un soin méticuleux.

Maintenant qu'une vingtaine de ces fléchettes sont prêtes, brillant dans la pénombre de la case, Ado les dispose en éventail devant les braises de son feu. Le curare va très vite sécher et durcir.

Nous attendons la fin du processus dans une sorte de silence religieux à peine troublé par le ronflement ténu du feu de bois, les bruits du village dont les rumeurs nous parviennent à travers les cloisons de la case, le bruissement de la jungle toute proche. Ado ne dit rien, les yeux fixés sur les braises, songeur. Je réfléchis à la scène à laquelle je viens d'assister, aux gestes d'Ado répétés tant de fois, toujours semblables au cours de sa vie d'homme ; des gestes qu'il transmettra à ses enfants de manière identique, comme son père les lui a transmis, comme cela se fait depuis des générations, depuis la nuit des temps. Quelque chose alors m'effraie dans cette forme de déterminisme, dans cette répétition mécanique, presque inéluctable des choses de la vie. Ce quelque chose ressemble, que je le veuille ou non, à une négation du choix humain, de la liberté, de la possibilité de changer quoi que ce soit à sa vie, de la possibilité même d'être « autre » parmi les siens.

Ado me paraît libre dans sa grande forêt, exonéré des mille contraintes que génèrent nos sociétés industrielles. Et c'est un fait. Mais en même temps, je le vois aussi tel qu'il est : fondamentalement prisonnier de sa culture – comme on ne l'est plus dans les sociétés industrielles justement, basées sur l'innovation et la liberté individuelle. Au pays des Yuhup, comme dans toutes les sociétés indigènes, s'émanciper trop nettement de l'enseignement que l'on a reçu, c'est s'exclure de la collectivité, c'est périr à coup sûr. La vie sauvage est belle, à n'en pas douter ; elle fournit une forme de liberté perdue chez nous dont la nostalgie nous est restée, au moins inconsciemment ; mais en même temps, les sociétés traditionnelles ôtent à leurs membres une part d'indépendance personnelle proportionnelle à ce dont elles ont besoin pour la protection du groupe et l'affirmation de sa souveraineté collective. L'originalité de chaque individu s'exprime dans des limites très étroites, la répétition est la règle, l'innovation l'exception.

La liberté qui à nos yeux d'Occidentaux semble au fondement des communautés indigènes comme celle d'Ado n'est-elle pas un leurre, en vérité ? D'une certaine manière – même si la comparaison est hardie –, n'est-elle pas de même nature que la liberté octroyée aux citoyens des Etats providence de nos anciens modèles, quand l'Etat veillait à la sécurité de ses sujets en contrepartie de leur soumission ?

Le curare est sec maintenant. Ado se saisit de son carquois, en extrait la petite botte de paille cylindrique qui se trouve à l'intérieur et y pique les fléchettes une à une, soigneusement. Cela fait, il remet la botte à sa place : ainsi, tout accident sera évité quand il plongera la main dans son carquois...

15 heures : Hedwig et moi poursuivons nos recherches auprès de José-Juan, installés sur la plate-forme d'une des cases sur pilotis. Jour après jour, nous multiplions nos sources pour recouper le plus possible nos informations, contournant de notre mieux les problèmes de langue. A force de persévérance de notre côté et de bonne volonté de la part des Indiens, nous nous faisons progressivement une meilleure idée de ce qui se passe sur le haut Jotavella, dans cette communauté humaine isolée de presque tout depuis toujours. Hedwig, inlassable et persévérante comme à son habitude, est même parvenue à constituer une forme d'arbre généalogique de toutes les familles présentes : il montre clairement les alliances et les liens noués entre Macuna et Yuhup auxquels se sont joints ensuite des éléments humains plus lointains géographiquement comme les Tanimuka et les Letuama.

Face à l'adversité et aux incertitudes du futur, contraints par les circonstances aussi – ces circonstances qui vous font disparaître ou vous obligent à changer –, les Indiens de cette région ont eu l'intuition que la force naissait de l'union ; ils sont parvenus à surmonter leurs divergences et à établir un front commun face aux périls de l'avenir représentés par ce « monde extérieur » qui ne cesse de se rapprocher, de les enserrer comme dans un étau, face au gouvernement même, dont les représentants s'immiscent graduellement sur leur territoire et dans leurs affaires pour les « normaliser ».

Je suis toujours autant fasciné par ces histoires d'hommes du bout du monde dont personne n'a jamais entendu parler : quels sont leurs problèmes particuliers ? comment les gèrent-ils ? quelle est la nature des relations qu'ils entretiennent entre eux, et même : quels sont leurs « tas de misérables petits secrets » ? L'histoire de ces sociétés perdues pourrait paraître parfaitement « minuscule » au regard de la grande histoire du monde, comme sans importance même, à l'image des hommes qu'elle raconte.

Et pourtant... Elle peut contribuer à la découverte du champ immense des ressemblances entre les hommes par-delà leurs différences culturelles, par-delà même l'opposition de leurs croyances ! Ne retrouve-t-on pas partout des soucis similaires, des préoccupations semblables, des rêves identiques, les mêmes sources de souffrance et de plaisir, de tristesse et de joie ?

Par exemple : comment ces Indiens appréhendent-ils une question aussi centrale que celle de l'avenir de leurs enfants ? Comme on le fait en Occident ou différemment ?

Ado et Santiago ont rejoint José-Juan sur la plate-forme de la case. C'est à eux qu'Hedwig et moi posons d'abord la question :

« Les enfants ? s'étonne Ado. Mais c'est ce qu'il y a de plus important pour nous ! Ils sont petits aujourd'hui, mais un jour ils seront nos chamans, nos guérisseurs ou nos danseurs. Nos enfants, c'est notre avenir. C'est pour ça que le plus important c'est de leur donner une bonne éducation.

– C'est vrai, approuve Santiago. Mais tant qu'ils ne sont pas adultes, il faut surtout que les enfants respectent leurs aînés. Les changements, c'est bien. Mais il y a des choses qui ne doivent pas changer. C'est ce que je pense... »

Comme presque chaque soir avant la tombée de la nuit, Féferberg s'installe sur le plancher de notre case, au pied de son hamac, et ouvre l'ordinateur portable qui ne le quitte jamais. Presque aussitôt les photos qu'il a prises au cours de la journée défilent sur l'écran ; avec sa placidité coutumière, il se met au travail, choisissant, corrigeant, éliminant, classant ces innombrables clichés de notre quotidien.

Dix minutes ne se sont pas écoulées qu'une bande d'enfants, agiles et délurés, surgit de nulle part ; les gamins s'agglutinent autour de notre camarade, bientôt rejoints par quelques adultes. Ce regroupement de fin de journée autour d'Eric est devenu un rituel depuis peu. Malgré les cris qui ne cessent de fuser autour de lui et les gamins qui se grimpent les uns sur les autres pour mieux voir le spectacle, il reste d'un calme souverain, amical et souriant avec chacun. Pourtant, le brouhaha devient vite infernal ; et redouble chaque fois qu'Eric arrête le défilement des photos sur des clichés où les uns et les autres peuvent se reconnaître. Ce n'est plus un chahut alors mais un raffut d'enfer... Les photos fascinent littéralement nos hôtes ; nombreux sont ceux qui n'en ont jamais vu, d'ailleurs.

Alors, bien entendu, on se bouscule à ces séances du soir comme aux avant-premières de films à Paris...

Je m'endors en me demandant, comme presque chaque soir, où peuvent bien se trouver à cette heure mon navire et son équipage.

Jotavella, 6 novembre 2004

Je me réveille à l'aube, à cette heure ténue entre toutes où les premières lueurs du jour affleurent entre les interstices des planches de notre case ; je me retourne dans mon hamac et, brusquement, je les aperçois : mille yeux curieux, mobiles, pénétrants, avides, qui m'observent par ces interstices et disparaissent aussitôt que mon regard croise le leur. Je ne peux m'empêcher de dire à Martial :

« Rien n'a changé, tu as vu ? Quoi qu'on fasse, nous sommes épiés. Même dans les coins les plus reculés de la jungle où on pourrait se croire seuls, ils sont tout le temps là à nous observer.

– Pour être curieux, ils sont curieux ; ils veulent tout savoir sur nous. Au fond, c'est logique.

– Ils feraient d'excellents ethnologues, dis-je en plaisantant. En tout cas, pour l'intimité, c'est raté. Mais ça, on le savait déjà...

– Bah, conclut Martial, à leur place, on ferait sûrement pareil, tu ne crois pas ? »

Je me rallonge, allume une cigarette. Je songe à ce que vient de dire mon vieil ami : si j'étais Yuhup, surtout un jeune Yuhup, que ferais-je au juste ? Quelles questions me poserais-je en découvrant dans mon village des étrangers aussi différents de moi ? Ma curiosité ne serait-elle pas exacerbée ? Ne me demanderais-je pas d'où ils viennent, comment ils vivent, ce que sont leurs coutumes et leurs usages ? Sûrement m'arriverait-il de regarder par le trou de la serrure...

Sur ces entrefaites, le vieux Gabriel surgit dans la lumière et s'accroupit sur ses talons, attendant que je le rejoigne ; son vieux visage au-delà de tout âge exprime un sourire d'une infinie légèreté.

Je le rejoins sans tarder, vaguement impatient : car ce matin, comme il me l'a promis depuis des jours, Gabriel vient me parler de son travail de chaman. Toutes sortes de mystères entourent cette fonction sociale, la plus haute chez les Indiens avec celle plus moderne de *capitan* ; j'ai hâte d'en savoir plus. D'autant que les chamans, mi-guérisseurs, misorciers, se montrent généralement avares de leurs secrets, réticents à les révéler. Dans le monde d'aujourd'hui, c'est bien souvent la seule propriété qui leur reste. Mais avec Gabriel, c'est différent. D'une certaine manière, nous nous connaissons depuis toujours.

Les yeux levés vers le ciel, bien accroupi sur ses talons, une cigarette que je viens de lui offrir à la main, le vieil homme commence d'abord par me raconter la manière dont il combat les esprits malins à l'origine des maladies. Comme la plupart des Indiens d'Amazonie, les Macuna sont animistes : toutes les choses du monde sont peuplées d'esprits plus ou moins bons, plus ou moins mauvais, auprès desquels une seule catégorie d'homme peut intervenir ou intercéder : les chamans.

« Ces esprits, me dit Gabriel, viennent habiter le corps des hommes parce qu'ils peuvent y chanter et danser plus à leur aise que s'ils restaient dans la nature.

– Les esprits aiment les hommes, alors ?

– Pas vraiment. Simplement, on vit très bien à l'intérieur du corps des hommes, tu sais ? On y est bien mieux que dans la nature où il y a beaucoup d'ennemis et de dangers. C'est pour cela que les esprits préfèrent le corps des hommes ; mais ils sont bruyants et provoquent du désordre en dansant et chantant.

– Alors, il faut les chasser, c'est ça ?

– Exactement, Patricio. Grâce à des paroles magiques, les chamans comme moi peuvent forcer les esprits à retourner vivre dans la nature ; ou à l'intérieur d'un autre homme. C'est un long combat. Il faut parfois des jours entiers pour les chasser d'un corps ; et des fois, hélas, ils ne veulent pas bouger... »

Gabriel s'interrompt, aspire une longue bouffée de sa cigarette ; je le questionne plus avant :

« Et quelles sont ces paroles magiques, Gabriel ? »

Le vieux chaman tourne les yeux vers moi, un bref sourire affleure à son visage, presque imperceptible :

« Je ne peux pas te les dire, Patricio ; même à toi. Car ces paroles servent aussi à jeter des sorts, à rendre malade ou à faire mourir... Ce sont des secrets de chamans... On ne peut les transmettre qu'à des hommes qui se préparent à être chamans eux aussi.

– Je comprends, dis-je sans montrer trop de déception. Et qu'est-ce que tu penses des missionnaires ? Ils ont d'autres pensées sur les esprits. Autrefois, ils n'aimaient pas les chamans.

– Oh, les missionnaires sont des gens très gentils maintenant ! Quand j'étais jeune, nous ne savions pas qui ils étaient en réalité. Et puis, ils sont venus avec leurs drôles d'habits et leurs croyances étranges. On les a laissés faire, ils n'étaient pas gênants finalement. Certains d'entre nous ont cru à ce qu'ils racontaient, d'autres non. Ça n'avait pas beaucoup d'importance ce qu'ils disaient, on continuait à faire ce qu'on voulait.

– Et les Yuhup ?

– A l'époque où tu étais jeune toi aussi et où tu vivais avec nous, les Yuhup ne savaient même pas que des gens comme les missionnaires existaient. A ce propos, il y a quelque chose que tu dois savoir sur les Yuhup : de tous les Indiens, ce sont ceux qui sont nés les premiers sur terre, bien avant toutes les autres tribus. Pour cette raison, ils possèdent les plus grands chamans, des hommes capables de penser très fort, d'être très concentrés, comme Koïn. Ces chamans-là peuvent deviner l'avenir de n'importe qui. »

Je dis : « Je vais parler avec Koïn, bien sûr. Mais les missionnaires aujourd'hui, qu'est-ce qu'ils font exactement ?

– On ne les voit pas souvent ici, tu sais ; nous sommes trop loin de tout. Ils viennent de temps en temps baptiser quelques personnes qui le veulent bien, ils nous racontent encore leurs histoires et c'est tout : nos gens peuvent croire ce qu'ils racontent et croire aussi ce que nous les chamans nous disons.

– Tu ne vois pas de contradictions là-dedans ?

– Non, pourquoi ? Dieu, c'est un esprit, n'est-ce pas ? C'est comme pour la médecine des Blancs qu'utilise Jérémias et notre médecine à nous. On croit aux deux et on pratique l'une ou l'autre, selon les besoins ; il n'y a pas de problèmes. Ici, vois-tu, on n'a pas besoin de se battre les uns contre les autres pour ces sortes de choses... »

Plus tard dans la journée, je m'en vais trouver Santiago dans sa case. Je n'oublie pas qu'il est le gendre de Koïn ; lui aussi doit savoir beaucoup de choses sur les chamans. Après l'avoir salué selon les usages, je prends place dans le hamac voisin du sien et dis :

« Santiago, je viens de voir Gabriel. On a beaucoup discuté tous les deux sur les chamans. S'il te plaît, parle-moi toi aussi de leur pouvoir... Ils peuvent guérir les maladies, mais que font-ils d'autre ?

– Ils peuvent résoudre des tas de problèmes, Patricio. S'ils veulent jeter un mauvais sort à quelqu'un, par exemple, il leur suffit d'évoquer la tribu à laquelle appartient cet homme, d'avoir ensuite une mauvaise pensée pour lui ; cette personne va avoir un problème très vite. C'est de la pure pensée ! Ou alors, ces sorciers se procurent quelque chose de vivant concernant la personne à laquelle ils veulent nuire : des rognures d'ongles, des poils, un crachat, n'importe quoi de ce genre. Quand ils ont ça, ils disent des paroles magiques dessus et la personne est fichue, tu comprends ? Mais il ne faut pas trop parler de ces choses-là, on ne sait jamais ce qui peut arriver. »

Et Santiago change de conversation, m'entretenant des qualités respectives des fusils de chasse de 12 mm et de 16 mm...

15 heures : Cet après-midi, la grande *maloca* est le lieu d'un événement exceptionnel préparé depuis trois jours par Jérémias et notre équipe. Cet événement, c'est Dominique Martial qui en a eu l'idée en France, longtemps avant notre départ. Un jour, il m'a dit :

« Patrice, ce serait quand même formidable si on pouvait montrer aux Yuhup les images du film qu'on a fait ensemble en 1996 ; et aussi celles de ta précédente expédition en 1976. Il y a toute leur histoire là-dedans.

– Evidemment, ce serait quelque chose d'assez incroyable, avais-je répondu... Et ils le méritent bien... Mais comment faire ?

– Si tu veux, je m'en occupe. Il suffit d'emporter un rétroprojecteur et un écran. On en fait de très légers aujourd'hui, ne t'inquiète pas. Pour passer les images, on se servira de l'ordinateur de Féferberg. C'est une affaire très simple à monter en définitive. »

Et c'est ainsi que va avoir lieu aujourd'hui, au beau milieu de la jungle, la première séance de cinéma de l'histoire du Jotavella...

Tout le village s'est réuni dans la *maloca* ; je crois bien qu'il ne manque personne. Selon un ordre vaguement protocolaire, les plus anciens se sont allongés dans les hamacs tendus entre les piliers de la grande case ; les autres se sont assis un peu partout sur des rondins de bois ou ont pris place sur des feuilles de palmes ou des billots : pas question de mettre ses fesses directement sur le sol de terre battue malgré sa propreté parfaite ; cette attitude est considérée comme nettement désinvolte, surtout en présence d'invités...

Martial et Féferberg ont tendu l'écran entre deux poteaux et disposé le rétroprojecteur sur une table de fortune. Il y a quelques bavardages de-ci de-là tandis qu'ils règlent l'appareillage, mais l'attention faussement désinvolte que les Indiens portent au moindre de leurs gestes témoigne de leur intérêt extrême. L'heure est d'importance pour eux. Je le comprends sans peine en m'imaginant à leur place.

Enfin, la séance commence...

D'abord, c'est le silence ; un silence absolu, pétri de stupéfaction. Puis, un véritable délire s'empare de la « salle » quand les morts surgissent tout à coup sur l'écran et que les vivants se reconnaissent à d'autres époques de leur vie... Moi qui voulais que nos amis découvrent notre travail et l'intérêt de celui-ci pour la mémoire de leur communauté, je ne suis pas déçu. L'accueil réservé à nos images est à la mesure de ce que nous imaginions : on crie de joie, on hurle de satisfaction. Dix fois nous devons repasser les mêmes séquences : Ado petit garçon de huit ans se balançant dans son hamac, Juana, la femme de José-Juan, râpant le manioc dans sa case avec Catherine Bricard en 1996, toute la communauté construisant l'ancienne *maloca*, les hommes suspendus dans le vide pour installer les panneaux de feuilles sur le toit, et aussi le clan Yuhup pêchant le long d'une rivière en 1976, ou dévorant avec nous des larves de *mojojoï* récoltées dans des troncs de palmiers...

Même les deux chamans, Gabriel et Koïn, sont fascinés et le laissent voir, sans craindre pour leur prestige de sorciers. De toute façon, ils savent que leur réputation est si bien établie dans la région qu'aucune « magie » extérieure ne peut l'entamer, pas même la médecine occidentale de Jérémias. Alors, de simples images de personnes disparues...

Ado, que j'observe à la dérobée, est statufié d'émotion en revoyant son père, Peïn, jeune et vivant, portant sur son dos le puma que j'avais abattu au cours d'une partie de chasse haletante il y a bientôt trente ans :

« Il faut continuer à faire des choses comme ça pendant des années, dit-il lorsque la "lumière" se rallume.

– C'est vraiment ce que tu voudrais, Ado ?

– Bien sûr. Comme ça, nos enfants pourront découvrir comment nous vivions avant eux ; ils pourront comparer notre vie à la leur. Et nos arrière-petits-enfants verront nos visages vivants, comme moi j'ai revu celui de mon père. Ce serait une bonne manière pour nous de préparer l'avenir. »

Jérémias approuve de la tête et conclut avec finesse, plaisantant à demi :

« En plus, avec vos machines on va devenir immortels d'une certaine manière, non ? »

Le soir est tombé et nous avons regagné notre case sur pilotis. Dehors il pleut et la pluie chante sur le toit. Chaliand et Féferberg lisent dans leurs hamacs, Hedwig classe ses notes, Martial nettoie ses caméras, consciencieux ; le temps passe sur nous sans monotonie.

Je m'endors sur une pensée réconfortante : je ne sais pas quels périls précis menaceront un jour ce petit morceau d'Amazonie qu'est le Jotavella, mais en attendant, il a su devenir en quelques années une exception. Protégé par son isolement et la clairvoyance des *capitans* de tribus, il ne connaît toujours rien de la violence qui sévit partout ailleurs en Colombie. L'alcool et la drogue y sont inconnus, les multinationales exploitant le bois ou les minerais, absentes. Le milieu naturel est encore intact, la jungle toujours aussi giboyeuse. Ici, nous sommes comme dans une parenthèse fragile au milieu d'une Amazonie tourmentée...

Décidément, les hommes du Jotavella m'étonneront toujours !

Jotavella, 7 novembre 2004

Ce matin, Martial et moi accompagnons Ado à la chasse, exactement comme nous le faisions huit ans plus tôt.

Les Yuhup sont restés d'incroyables chasseurs – bien meilleurs que les Indiens de n'importe quelle autre tribu sédentaire – et les voir à l'œuvre est toujours un spectacle rare.

Ado se prépare sans hâte, assis dans son hamac de fibre ; tous ses gestes témoignent de cette perception du temps sans limite qui est celle des Indiens : rien ne presse, le temps est infini, pourquoi y aurait-il urgence à faire quoi que ce soit, d'ailleurs ?

Enfin, Ado se lève, jette son carquois dans son dos et s'en va d'un pas souple vers la forêt, sa longue sarbacane sur l'épaule. A le voir marcher, tous ses sens en alerte, je comprends mieux qu'autrefois l'importance ludique de la chasse pour ces Indiens, par-delà la simple nécessité économique, dans un univers où rien n'existe pour distraire l'homme d'un quotidien répétitif.

Mais marcher dans la jungle pour chasser n'a que peu de rapport avec marcher dans la jungle pour se déplacer d'un point à un autre, comme par exemple, se rendre aux plantations de coca : on est au « combat ». Aussi, tant qu'Ado juge les lieux peu propices aux cibles qu'il convoite aujourd'hui, singes ou oiseaux, pas question de paresser en route. Nous devons « avaler » les obstacles sans traîner, nous couler sous les énormes souches d'arbres abattus par l'âge ou la foudre, traverser les arroyos en équilibre instable sur des troncs vermoulus et glissants, sauter des amas de racines, et même – cela arrive souvent – décapiter quelque serpent malencontreusement lové sur notre route ou croisant notre chemin...

Ce n'est qu'une fois parvenus dans une zone jugée giboyeuse que l'allure se ralentit. Alors, tout s'inverse : désormais, il s'agit de progresser dans le plus grand silence possible malgré les brindilles qui craquent sous nos pieds, le froissement des innombrables feuilles d'arbres nous enserrant de toutes parts ou le bruit spongieux de l'humus sous nos bottes.

Ado voudrait bien rapporter quelques oiseaux pour améliorer l'ordinaire du soir. Aussi s'arrête-t-il au bord d'une petite rivière et se met-il à scruter le sommet des arbres plantés sur la rive opposée. C'est encore le meilleur poste de guet pour observer les vols d'oiseaux et attendre patiemment ceux qui se poseront au bon endroit, dans la bonne direction, juste dans la ligne de mire de la sarbacane.

Ado prépare cette dernière avec soin. Comme toutes les armes de ce type, elle mesure près de trois mètres de long, pèse très lourd, et son embout est muni d'un viseur en dents de pécari. C'est une arme redoutable, précise et silencieuse, dont la portée peut dépasser trente mètres.

Ado introduit une fléchette à l'intérieur de l'embout ; il n'y a plus qu'à patienter...

Partout la jungle résonne de sa vie multiforme, traversée de mille cris d'animaux. Un feulement retentit au loin : un puma sans doute ; peut-être un jaguar. Accroupi près d'Ado, j'écoute la grande forêt, immobile dans mon propre silence intérieur, sans émettre le moindre son moi-même ; et il me semble bientôt sentir la jungle vibrer tout autour de moi, plus puissante que jamais, vivier inextinguible de vie foisonnante et multiple.

Je suis brusquement tiré de mes pensées par un bruit lointain de battement d'ailes ; je lève les yeux : des oiseaux se posent de l'autre côté de la rivière, à la cime d'un arbre. Moins de cinq secondes plus tard, la fléchette d'Ado traverse les airs dans un silence absolu : l'un des oiseaux dégringole instantanément de branche en branche – à se demander si c'est par l'effet d'un curare foudroyant ou par la seule efficacité de la fléchette – et il n'y a plus qu'à attendre le suivant. Ordinairement, le curare met du temps pour agir, plusieurs minutes pour tuer un singe de bonne taille. Tout dépend évidemment du poids de l'animal : j'en ai vu, touché à la poitrine ou dans le cou, se retenir à une branche un temps infini, le regard épouvanté sous l'œil patient du chasseur, avant de chuter au sol d'un seul coup.

Nous rentrons sur le Jotavella en fin d'après-midi, la ceinture d'Ado garnie d'oiseaux.

Jotavella, 8 novembre 2004

La nouvelle traverse le village à toute vitesse : Virginia, la femme de Santiago, vient d'accoucher d'une petite fille...

Sans attendre, Hedwig, Dominique et moi rendons visite à la nouvelle mère. Le bébé semble en parfaite santé, tout comme Virginia qui a accouché seule, accroupie dans la forêt, ainsi qu'il est d'usage ici. Nous la félicitons affectueusement. Santiago semble fort ému et pas trop déçu que leur deuxième enfant soit encore une fille. Son beau-père Koïn, le chaman yuhup, est là qui nous regarde d'un œil bienveillant.

« Restez un moment, nous dit Santiago. Koïn va travailler.

– Travailler ? interroge Hedwig. C'est-à-dire ?

– Il va essayer de connaître l'avenir de la petite, répond Santiago. Et s'il estime que c'est nécessaire, il fera ce qu'il faut pour la protéger. A la naissance d'un enfant, il y a toujours un chaman qui vient faire ce genre de chose. C'est très important. »

Nous ne bougeons donc pas de la case, nous asseyant où nous pouvons. Nous n'attendons pas longtemps. Koïn s'installe bientôt à califourchon sur son hamac, imperturbable, comme si rien n'existait autour de lui. Nul ne connaît son âge mais je me rappelle combien on vante au village son exceptionnelle force de concentration et sa réputation de devin. Nous allons bien voir...

Santiago se penche vers moi, énigmatique : « Grâce à son pouvoir, m'explique-t-il, Koïn va voir parcourir dans sa tête l'intégralité de la vie de ma fille... »

Je demande : « Mais comment va-t-il s'y prendre exactement ?

– Il va entrer en communication avec les esprits de toutes les personnes qu'elle rencontrera au cours de son existence. De cette manière, il pourra déterminer les problèmes et les maladies qu'elle devra affronter ; c'est grâce à cette connaissance qu'il pourra protéger ma fille des influences néfastes. C'est un travail de concentration très exigeant ; ça peut durer des jours... Et il n'y a pas de garantie de succès ; parce que le voyage des chamans dans l'âme des hommes et leur futur, Patricio, c'est quand même incertain... »

Je regarde Koïn, toujours immobile. Ses lèvres bougent légèrement.

« Ça y est, il se concentre pour de bon », me chuchote Santiago à l'oreille.

La longue odyssée mentale de Koïn le chaman vient de commencer...

Une première heure passe ainsi, dans une immobilité quasi parfaite. Koïn rassemble les forces de son esprit afin de pouvoir pénétrer l'âme de la petite fille couchée devant lui sous les yeux inquiets de sa mère. Santiago se balance maintenant dans son hamac, faussement désinvolte. Des hommes et des femmes nous ont rejoints ; debout ou assis, ils observent la scène, silencieux, attendant le verdict.

Soudain, Koïn se lève, saisit une calebasse posée à ses pieds ; d'un panier proche, il extrait des ingrédients mystérieux qu'il nous cache soigneusement, se met à les mélanger dans la calebasse. Ce travail achevé, il regagne son hamac, pose la calebasse sur ses genoux en tailleur ; penché au-dessus, il commence à marmonner une suite d'incantations interminables, les yeux mi-clos.

Extraordinaire spectacle qui va durer des heures.

Jusqu'à la tombée du jour.

Santiago nous annonce alors à mi-voix, pour ne rien déranger :

« Si vous le voulez, vous pouvez partir. Koïn ne finira pas son voyage aujourd'hui. C'est très long toutes ces histoires. Avec un peu de chance, il terminera demain. Je viendrai vous donner le résultat. »

Le soir même, nous fêtons les 28 ans d'Hedwig.

La moitié au moins des Indiens du village nous rejoignent dans notre case et nous donnons une petite fête en l'honneur de notre camarade : Ado s'amuse à imiter un singe, José-Juan et Juana pouffent de rire avec leur timidité coutumière en observant ses simagrées, Chaliand fume sa pipe, immobile comme un Bouddha pensant, Jérémias et Santiago redoublent d'attention pour Hedwig, et celle-ci finit par souffler les bougies que nous avons disposées autour d'une grande feuille de bananier posée sur le plancher.

Anniversaire modeste assurément ; anniversaire semblable à aucun autre sûrement...

Jotavella, 9 novembre 2004

Ce matin, Jérémias passe la porte de notre case avec un air étrange sur son visage plat : entre préoccupation et illumination.

Après nous avoir salués à la ronde, il s'installe en face de moi dans le hamac laissé vide par Chaliand qui, comme chaque matin, s'occupe de la cuisine à l'extérieur. Jérémias se balance un moment, silencieux, puis me dit :

« Patricio, il m'est venu une idée cette nuit, pour laquelle il faudrait que tu m'aides...

– Je t'écoute, dis-je, étonné par cette entrée en matière.

– Je voudrais écrire un livre...

– Un livre, Jérémias ?

– Oui, un livre, mais spécial... Tu sais, ça m'a vraiment marqué la “séance de cinéma” de l'autre jour dans la *maloca*. Les images, ça a un sacré pouvoir de mémoire... Ecrire c'est la même chose, non ? Moi, je ne sais pas faire d'image mais je sais écrire. Alors, je voudrais faire un livre sur les légendes de nos tribus, sur toutes les choses anciennes. Parce que tu sais, les enfants et même moi en réalité, nous ne les connaissons pas si bien que ça. Il nous faut apprendre des anciens qui vivent encore aujourd'hui. Par exemple : comment le monde s'est-il créé ? Comment sommes-nous apparus sur terre, nous les Letuama ou les Yuhup ? Ce serait une manière de retrouver notre culture, tu comprends ? C'est pour cela que j'ai décidé... si c'est possible, bien sûr... de recueillir ce que savent les anciens, et ensuite de l'écrire.

– Ce serait une excellente chose, évidemment, dis-je. Et tu voudrais que je t'aide ? Mais ce n'est pas simple d'écrire un livre, tu sais...

– Tu pourrais me donner des conseils. Et trouver quoi faire pour publier un livre comme ça. Toi au moins, tu connais ces choses-là. »

Je suis très touché par la requête de Jérémias. Et intellectuellement excité par la possibilité même de l'existence, un jour, d'un tel livre. En outre, aider Jérémias, ce serait aussi une manière plus « durable » pour moi de rendre à ces Indiens ce qu'ils m'ont apporté. Enfin, ce souci de préservation du passé ne fait-il pas partie du « corpus des ressemblances » entre ces hommes et nous-mêmes ?

« C'est très bien, Jérémias, dis-je ; je vais voir comment je peux me débrouiller. Mais ça va être long. Pour commencer, je ne rentrerai pas chez moi avant longtemps ; ensuite, il faut trouver un éditeur, de l'argent pour que tu puisses travailler en paix, une bonne pirogue avec un moteur pour voyager dans la région et rencontrer tous les anciens dans chaque village... Ça va prendre du temps tout ça...

– Bon, c'est la vie. Je te laisse faire, Patricio, j'attendrai de tes nouvelles... »

Je crois bien qu'à cet instant précis je pousse une sorte de soupir intérieur fait d'un mélange de plaisir et de désolation, de joie et de malédiction ; car je me rends compte soudain que par-delà l'excitation intellectuelle qui m'a envahi tout à l'heure, je me retrouve encore embarqué dans une histoire impossible et qui, surtout, risque d'être longue. Je me pose subitement la question suivante : « Est-ce que tout au long de ma vie, jusqu'à la fin de mes jours, il va y avoir régulièrement des circonstances qui vont m'amener à revenir sur le Jotavella suivre l'existence de cette petite communauté indienne ? »

Une sorte de vertige me prend... Comme la vision d'une prison dorée...

L'après-midi touche à sa fin quand une longue colonne de chasseurs émerge du camaïeu vert de la jungle et regagne le village. Chaque homme porte sur son dos un gros pécari maintenu par un bandeau d'écorce sur le front.

Le butin est magnifique : de quoi nourrir le village pour une semaine au moins ; car si le manioc est au cœur de l'alimentation, chasse et pêche n'en demeurent pas moins indispensables pour assurer le complément de nourriture ; et si ce complément vient à manquer, la famine menace. La grande forêt est sans aucun doute prodigue à l'homme mais on peut aussi y mourir de faim. Un homme n'y est jamais qu'en sursis, dans une survie constante qui laisse peu de place à autre chose. Alors, manger est un soulagement quasi existentiel.

Lorsque les Indiens parviennent à notre hauteur, Martial remarque :

« Tous ces sangliers portés sur le dos, ça ne vous rappelle rien ? Vous ne trouvez pas qu'on dirait Astérix et Obélix rentrant de la chasse ?

– C'est vrai que c'est frappant, répond Chaliand. On s'y croirait.

– En tout cas, ça a de l'allure, dis-je. Mais demandons comment ils ont pu en attraper autant d'un seul coup ! »

José-Juan me l'apprend très vite : ces pécaris appartenaient à une même harde ; ils ont été pris par surprise dans un *salado* et tués à la hache, un par un. Les *salados* sont des affleurements de sel gemme qu'on trouve sur les berges des rivières, généralement dans de petites ravines. Ils sont assez rares et les animaux y viennent nombreux lécher ce sel providentiel. C'est alors pour eux un piège mortel si des chasseurs ont découvert le *salado* et les y attendent en embuscade.

La nuit tombe comme Santiago se glisse subrepticement dans notre case :

« Patricio, me souffle-t-il en se penchant au-dessus de mon hamac, Koïn a terminé son voyage. Pour ma fille, c'est très bien : dans toute sa vie, elle ne connaîtra qu'une seule maladie grave. Et elle en guérira. »

Jotavella, 10 novembre 2004

L'aube n'est pas même levée que Santiago surgit à nouveau. Mais cette fois, il secoue mon hamac sans ménagement :

« Ado est blessé, m'annonce-t-il d'une voix pressée.

– Comment ça, blessé ?

– Oui, il est parti chasser cette nuit pour essayer de tuer un tapir. Il a utilisé notre vieux fusil, tu sais, le brésilien tout rafistolé avec du fil de fer... Eh bien, il lui a explosé en pleine figure ! Pas de chance, hein... Ado est rentré par ses propres moyens. Ça n'a pas l'air trop grave mais il faut le soigner. Et Jérémias est parti hier en tournée de vaccination.

– Tu peux amener Ado ici ? Toute la pharmacie est dans la case, ce sera plus facile.

– Je m'en occupe. »

Un quart d'heure plus tard Santiago est de retour, soutenant Ado par les épaules, aidé de Koïn et José-Juan. Nous allongeons le malheureux sur le plancher de la case. J'examine son visage et ses épaules : à première vue, ce n'est effectivement pas trop grave. Pour une raison ou une autre, la cartouche a explosé à l'intérieur de la culasse au moment de la percussion, criblant d'éclats le visage, le cou et les épaules d'Ado. J'appelle Chaliand à la rescousse :

« On va lui enlever ces éclats, sinon ça va vite s'infecter. Il y a tout le nécessaire dans la boîte à chirurgie, pinces et bistouris. Mais je vais avoir besoin de toi pour écarter les bords des plaies quand je vais inciser.

– Pas de problème... »

Ado serre les dents tandis que j'entaille sa chair ; pas un seul gémissement ne fuse de sa bouche, pas la moindre plainte, pas le plus petit soupir. Une fois de plus, je mesure la résistance des Indiens à la douleur, une résistance en rapport avec la dureté de leur existence. Brusquement, cette scène me ramène très loin en arrière, au fin fond de l'Afghanistan, pendant la guerre, avec tous ces blessés qui eux aussi serraient les dents et mettaient un point d'honneur à se montrer plus forts que leur douleur.

Chaliand me demande :

« Chaque fois que tu rentres en France après des voyages chez des gens comme ces Yuhup, tu ne trouves pas que chez nous on est devenus d'une incroyable fragilité ? Biologique et psychologique ?

– Tu as raison, dis-je ; le contraste est frappant. C'est comme l'aspect physique de ces Indiens, ou celui de nos amis kurdes ou afghans, ou d'autres encore. Regarde-les ! Ils ont de vraies "gueules" : marquées, ravinées, burinées, des gueules puissantes, fortes, vivantes, tragiques même. Des gueules façonnées par l'existence qu'elles ont connue, dure et implacable... Des comme ça, il n'y en a plus chez nous depuis longtemps mais elles ne manquaient pas autrefois ; il suffit de regarder les tableaux de la Renaissance, toutes ces trognes torturées, sombres, dramatiques... Maintenant, c'est autre chose. D'une certaine manière, tant mieux, d'ailleurs... »

Je me tourne vers Ado : « Voilà ! Gérard et moi on en a terminé avec toi. On va te mettre des pansements, te donner des antibiotiques et, avant trois jours, tu pourras repartir à la chasse. Avec ta sarbacane... »

Ado pousse un soupir très las et me redit ce qu'il m'a si souvent affirmé :

« Tu sais, Patricio, je voudrais vraiment changer de vie ; j'irais bien voir comment c'est dans une ville de Colombie. Là-bas, je serais sûrement bien nourri et bien habillé. Et surtout, je pourrais me reposer...

– Je ne sais pas trop si ce serait une bonne chose pour toi, Ado. Dans les villes, il faut travailler, avoir un métier, gagner de l'argent, toutes ces choses-là. A mon avis, il vaudrait mieux que tu restes ici et que tu penses à autre chose...

– Tu crois ? Lorsque je suis né, le chaman qui s'est penché sur moi a dit que je deviendrai moi-même un chaman. Quand nous ne sommes encore que des enfants, ces grands sorciers voient très bien le chemin qui sera le nôtre plus tard. Alors, peut-être que je finirai par être quand même un chaman et que je resterai ici. Ce que j'aimerais alors, si ça arrive un jour, ce serait soigner le monde... »

Comme souvent à la tombée de la nuit, je me dirige vers la *maloca* qui dresse son immense cône de feuilles vers le ciel dont le bleu opaque vire lentement à l'encre ; bientôt ce ciel sombrera dans un noir insondable et quelque chose de presque imperceptible changera dans le murmure de la forêt vierge toute proche.

Je pénètre à l'intérieur de la grande case ; on y consomme déjà force coca autour des feux qui projettent leurs ombres habituelles et gigantesques sur les parois de la case. Je m'accroupis près de Jérémias, prends la calebasse de coca posée sur le sol de terre, envoie une cuillère de poudre verte au fond de ma bouche et me mêle aux conversations. La plupart des hommes du village sont là et devisent entre eux sur les événements du jour. Ils parlent par petites phrases courtes entrecoupées de longs silences ; on n'entend plus alors que des bruits de déglutitions, des raclements de gorge, de vagues soupirs. Quelques poules caquettent autour de nous, un chien maigre vient frotter ses os décharnés contre ma jambe, des tintements de gamelle me parviennent des coins de la *maloca* où les femmes cuisinent.

La conversation porte bientôt sur l'avenir des uns et des autres, celui de la communauté elle-même. Je demande à la ronde :

« Comment va être le futur ici, d'après vous ? Ça va bien se passer ? »

José-Juan se tourne vers moi et dit d'une voix à la fois triste et gaie :

« La seule chose certaine, c'est que nos enfants vont faire plus de progrès que nous. Ils vont étudier, peut-être visiter d'autres pays, ils vont acquérir des connaissances que nous n'avons pas. Ils vont être beaucoup plus forts que nous. C'est pour ça qu'un jour ils seront comme les Blancs.

– Je pense la même chose, ajoute Santiago. Tout est en train de changer dans notre communauté. Les gens s'améliorent, en fait ; ce n'est plus comme avant... Ils changent énormément, ils comprennent beaucoup de choses. Ils ne disent plus : on est comme ça et c'est tout... Ils disent plutôt : regardons comment sont les autres, étudions-les, améliorons-nous. C'est peut-être comme ça qu'on arrivera à quelque chose de... comment dire... de bien. »

Jotavella, 11 novembre 2004

Lors de mes précédents séjours, les Indiens refusaient toujours que nous filmions leurs danses les plus secrètes, surtout quand nous en étions involontairement témoins. Nous étions généralement conviés aux cérémonies rituelles mais pas question de faire des images ; ni de demander les raisons d'un tel refus.

La projection du film dans la grande *maloca* a radicalement changé le regard de nos amis sur les images et leur fonction. Jérémias est venu me trouver hier pour m'annoncer : « Patricio, demain, il va y avoir une cérémonie de danses comme celles que tu as connues autrefois ; avec les masques, les parures de fête et toutes ces choses-là... On s'est parlé entre nous, les anciens de la communauté ; cette fois, on aimerait que Dominique filme tout ce qui va se passer. Pour qu'il en reste une trace. »

Alors ce matin, nous sommes au rendez-vous du branle-bas qui, dès l'aube, secoue tout le village. Ado, Santiago, José-Juan et quelques adolescents se sont regroupés devant la case de Jérémias où va se dérouler la cérémonie dont nous n'avons pour le moment qu'une vague idée. Ils ont sorti des recoins les plus secrets de leurs cases les tenues rituelles habituellement cachées aux yeux étrangers. Cérémonieusement, ils s'habillent de ces longues tuniques d'écorce rouge terminées par des jupes de raphia teintes en bandes ocre et noires. Ils ceignent ensuite leurs chevilles de bracelets de grelots faits d'écorces de fruits durs qui tintent au moindre mouvement, et se coiffent de masques fabriqués dans une autre sorte d'écorce, plus souple, dans laquelle des trous ont été percés aux emplacements des yeux. Ces masques sont peints de figures stylisées représentant des faces humaines grimaçantes ou des têtes d'animaux emblématiques ; enfin, les danseurs s'équipent de longs bâtons.

Dans le même temps, les autres hommes du village ont décoré leurs visages de lignes géométriques rouges à l'aide de suc de feuilles et de teinture végétale.

Martial filme, Féferberg photographie. La scène est déjà fantasmagorique, tant par le mystère intense qu'elle dégage que par tout ce qu'elle annonce.

Les danseurs pénètrent maintenant à l'intérieur de la case ; sans attendre, ils se mettent à effectuer une suite infernale d'allers-retours entre deux rangées de spectateurs silencieux et immobiles, scandant leur marche de chants lancinants et répétitifs, rythmant leurs pas de coups de bâton frappant le sol.

Avec Hedwig et Gérard, nous nous sommes installés parmi les villageois, attendant la suite. Par expérience, je sais que ces danses peuvent durer jusqu'à soixante-douze heures d'affilée ; comme il ne doit y avoir aucune interruption dans les litanies, les hommes se relayent jour et nuit pour danser, dormir, manger. L'intensité de ces danses est telle que l'on peut en arriver – je l'ai expérimenté – à une forme d'ivresse étourdissante – proche peut-être de ce que doivent ressentir les derviches tourneurs – avant de s'écrouler raide sur le sol ou dans un hamac...

La durée des danses dépend, en fait, de la nature des cérémonies et de leur fonction. Les plus longues ont lieu lorsqu'il s'agit de « soigner le monde » en priant les esprits.

Aujourd'hui, la cérémonie semble plus simple : il s'agit d'assurer la récolte fructueuse d'une variété de noix de palme appelée *chontaduro*. Les danseurs sont les intermédiaires humains chargés de dialoguer avec les esprits par un rituel parfaitement codifié. Ils agissent sous l'œil attentif et bienveillant du vieux Gabriel.

Une première heure de danse s'écoule; puis, je vois Ado le Yuhup et Jérémias le Letuama quitter les rangs des spectateurs et, d'un air théâtral, arrêter les danseurs : ils les saisissent par les épaules, les saluent comme s'ils ne les connaissaient pas et les interrogent sur leur provenance ainsi que sur l'origine de leur village. Les danseurs répondent par des phrases brèves et rauques, la tête penchée de côté. Ado et Jérémias poursuivent leur interrogatoire par des questions concernant leur volonté d'aller jusqu'au bout de l'entreprise. Car pour assurer une récolte abondante de *chontaduro*, ils devront peut-être danser très longtemps, plus qu'ils n'en auront la force.

Les réponses doivent être jugées satisfaisantes car, ces échanges achevés, la danse reprend aussitôt – ou pour être plus précis, la marche de long en large reprend... – et les hommes ressassent à nouveau et à l'infini la même mélopée, faite de notes et de voyelles étrangement agglutinées.

Les heures passent.

A intervalles réguliers, les danseurs sont « ravitaillés » en coca par les spectateurs qui leur tendent aussi des calebasses d'eau pour étancher leur soif, ou viennent souffler dans leurs narines, à l'aide d'un os très fin, du tabac à priser censé redonner force et courage. Chaque fois, les danseurs soulèvent leurs masques pour dégager la bouche ou le nez et j'aperçois leurs visages ruisselants de sueur, leurs traits ravinés par la fatigue.

Sans doute faut-il fournir moins d'efforts pour obtenir une bonne récolte de noix de palme que pour « soigner le monde », car peu après la tombée du jour – alors que je m'apprête déjà à affronter une nuit blanche – les danseurs quittent d'un coup la case par la porte principale, enveloppés par les clameurs de l'assistance, et disparaissent dans les profondeurs obscures du village.

« C'est terminé, m'annonce Jérémias avec laconisme. Le résultat est très bon ; ils ont bien dansé, on récoltera sûrement beaucoup de noix de palme ce mois-ci...

– Tant mieux, se réjouit Féferberg. Et maintenant, qu'est-ce qu'on fait ?

– On prend de la coca, amigo... »

Ado, José-Juan, Koïn et les autres nous rejoignent, des lampes tempête sont allumées, projetant aussitôt leurs lueurs fauves et mouvantes autour d'elles ; nous nous asseyons en cercle sur des rondins ; une calebasse de coca passe de main en main. La cérémonie paraît totalement oubliée, comme si nous avions changé d'univers, et nous parlons de tout autre chose.

Bientôt, la conversation porte sur les photos de mon livre de 1977 où figurent tant de Yuhup d'autrefois, morts pour la plupart au cours des épidémies et des famines qui ont décimé le clan en 1983. Dès lors, nous évoquons la mort en elle-même, sans détour, très simplement.

José-Juan dit : « Tous les êtres humains naissent, grandissent et meurent. Il en a été ainsi pour nos grands-pères, nos grands-mères, pour tout le monde. L'homme qui naît est destiné à disparaître... C'est pour ça que je ne crains pas la mort.

– Moi, elle me fait peur, avoue sans honte Ado. Je sais qu'à chaque instant de ma vie je peux être atteint d'une maladie et mourir, comme c'est arrivé aux miens. Ça, c'est une chose qui m'effraie.

– Et toi, Koïn, dis-je, qu'en penses-tu ? »

Un sourire plisse le visage du vieux chaman : « Ado a raison, dit-il ; mais moi, le matin quand je me lève, la première chose à laquelle je pense, c'est à la faim, pas à la mort : que va-t-on manger aujourd'hui ? Voilà la question principale... Il faut aller à la chasse et rapporter du gibier. Ce n'est pas facile... Ensuite, ma seconde préoccupation c'est de bien faire mon travail, c'est-à-dire d'être un bon chaman pour que les gens ne soient pas malades. C'est ça qui compte vraiment, voilà à quoi il faut penser... »

Jotavella, 12 novembre 2004

Dans la nuit, je fais un rêve étrange, sans doute en rapport avec la conversation de la veille sur la mort. Un homme apparaît et me dit :

« J'ai perdu mon père et ma mère, mon grand-père, sa femme, ses frères, ses sœurs, toute ma famille sans exception... Et puis, j'ai perdu aussi ma femme, ses frères et sœurs, mes fils, mes filles, tout le monde... »

Je réponds : « C'est terrible, tragique... La guerre sans doute, les camps de concentration, peut-être ?

– Non, le temps qui passe, la vie normale... »

Je retourne voir Koïn dans sa case pour une raison beaucoup plus prosaïque qu'hier : une rage de dents. Le chaman m'accueille avec un sourire compatissant, regarde ma mâchoire, hoche sa tête de momie d'un air entendu et sans un mot me fait signe de l'attendre dans la case. Après quoi il gagne la forêt et je patiente en me balançant dans un hamac, partageant quelques cigarettes avec Santiago et Ado qui m'ont rejoint.

Koïn revient assez vite ; à la main il tient ce qui me semble être une poignée de feuilles. Il me les tend en ordonnant :

« Frotte ta joue avec cela ; là où ta dent te fait mal. »

J'obéis machinalement. Mais à peine ai-je posé les feuilles sur ma joue que je sens comme une méchante brûlure envahir mon visage et m'irradier de toutes parts. Horrifié, j'examine les feuilles de plus près : une variété d'ortie ! Je lève les yeux vers Koïn, interloqué. Du doigt, il m'encourage :

« Continue à frotter bien fort.

– Très fort même », insiste Santiago, inconsciemment cruel.

Stoïque, je me résigne à poursuivre le supplice : après tout, c'est encore la meilleure manière d'en avoir le cœur net en ce qui concerne l'efficacité de la médecine traditionnelle indienne...

Moins de cinq minutes plus tard, je suis au moins convaincu d'une chose : dans ce genre d'affaire, une douleur chasse l'autre. Pour le reste...

17 heures : La journée s'achève comme presque chaque soir par une séance de tir à l'arc au centre du village. Le pauvre arbre qui nous sert de cible depuis le début de cette « communication interculturelle par le langage des flèches » est criblé de blessures et dégoulinant de sève. Mais l'affaire en vaut la peine : les enfants se sont mis à fabriquer à nouveau des arcs de fortune à leur taille...

Presque tous ces enfants passent d'ailleurs leurs journées à la chasse, accompagnant leurs pères, oncles ou cousins. Ici, on apprend le métier sur le tas, avec des sarbacanes à peine plus petites que celles des adultes. L'image de ces gamins marchant comme des hérons, à moitié nus, ployés sous le poids de leurs armes immenses, est d'ailleurs l'une des plus marquantes que l'on puisse observer dans le village. A toute heure de la journée, on voit ainsi ces enfants disparaître dans la jungle toute proche, comme avalés par elle, et s'en revenir longtemps plus tard, des oiseaux pendus à leurs ceintures, ou brandissant en guise de trophée des lézards aux cous transpercés par des fléchettes.

La rapidité avec laquelle ces enfants apprennent est confondante.

Jotavella, 13 novembre 2004

Le temps du départ est arrivé. Presque brutalement. Un message satellite, reçu par l'intermédiaire de l'ordinateur de Féferberg, nous apprend que *La Boudeuse* est enfin parvenue à Cayenne et nous y attend. Nos camarades ont connu quelques échouages d'anthologie en descendant l'Amazone mais s'en sont tirés indemnes malgré la force du courant qui les poussait dans le dos.

« Bon, dis-je, soulagé. Féron a fait ce qu'il fallait. L'aventure continue... »

Au petit matin, nous bouclons nos sacs. Quelque chose se serre dans mon cœur : sans doute reviendrai-je encore ici, un jour... mais dans combien de temps ? dans combien d'années ? Le monde est si vaste et invite à tant d'autres aventures, tant de rencontres nouvelles... Que seront alors devenus le Jotavella et ses hommes ?

Notre grande pirogue est poussée à l'eau dans des gerbes d'éclaboussures, les sacs entassés un peu partout dans un équilibre précaire et je prends place à bord : je jette un dernier regard derrière moi : sur la berge, il y a mille embrassades avec mes camarades qui embarquent l'un après l'autre, émus eux aussi je crois, des adieux, quelques acclamations, des promesses, toutes ces sortes de choses qui ont lieu au moment où des hommes se quittent pour longtemps ou pour toujours ; enfin la pirogue s'éloigne, des mains s'agitent une ultime fois et les visages de nos amis s'estompent lentement, fragiles silhouettes d'un autre monde, d'un autre temps.

Nous sommes partis.

Je tourne la tête, regarde droit devant moi, songe à la longue route qui nous attend pour retrouver *La Boudeuse* à l'autre bout du continent, heureux et triste à la fois ; je ne peux m'empêcher de penser en même temps à ce que deviendront ces hommes du Jotavella que les fortunes de la vie m'ont fait découvrir quand j'avais vingt ans et auxquels je me suis attaché. Bien des dangers les menacent, eux et leur univers aussi anachronique qu'improbable. Mais je sais au moins que dans la grande *maloca* où s'écrit toujours l'histoire de leur communauté, les jeunes enfants se préparent déjà, sous le regard des vieux chamans, à consolider le chemin tracé par les anciens, entre tradition et modernité.

Pour qu'au pays des Yuhup on continue encore longtemps à couler des jours heureux.

4

De l'Atlantique au Pacifique

Cayenne, Guyane française, 19 novembre 2004

Je mets sac à bord de mon navire avec une sensation intense de bonheur absolu. Un bonheur qui n'est pas seulement celui du retour chez moi ou des retrouvailles avec mes compagnons ; il est certes cela mais il est davantage que cela : il est déjà le sentiment de plénitude porté par les navigations à venir. Le séjour sur le Jotavella m'a apporté des satisfactions profondes, très rares, que rien ne peut remplacer. Mais la mer m'a manqué ; en vérité, plus que la mer ce sont les espaces infinis portés par la mer qui m'ont manqué : ces espaces liquides où la nature est ramenée à un seul élément et où les hommes ne sont que de passage.

L'équipe de notre aventure sur le Jotavella a regagné la France : Hedwig, Martial, Féferberg, Chaliand... Je les regrette déjà ; bons compagnons de route, francs camarades d'aventure et d'infortune, les voilà loin de moi. Mais ainsi vont les choses de la vie ; au moins je sais qu'ils reprendront leur place dans l'équipage un jour prochain.

Maintenant, il faut songer à la suite, à l'île de Pâques qui nous attend, très loin de là dans le Pacifique, pour notre deuxième expédition.

Le temps des préparatifs d'appareillage, je flâne dans Cayenne. S'il est une ville que j'ai aimée autrefois, c'est bien celle-là. J'avais abouti ici après la fugue qui m'avait vu naître en 1974, très jeune, pas encore majeur, sans le sou, fuyant la routine d'une vie toute tracée, emporté par une quête avide d'aventure ; et à Cayenne, en ce temps-là, l'aventure était partout, dans l'or, le bois, le caoutchouc. Je ne possédais rien et j'étais heureux. Un soir, dans une gargote douteuse, on m'avais proposé de devenir coupeur de bois quelque part au fin fond du territoire de l'Inini et j'étais parti le lendemain à l'aube avec des compagnons dépenaillés, dans une grande pirogue, sans très bien savoir où j'allais, mais sentant déjà que ce serait pour une de ces expériences initiatiques dont on revient transformé. Je ne m'étais guère trompé : le travail était rude mais j'apprenais beaucoup. Mes compagnons étaient tous Brésiliens ou Saramakas – les Blancs n'aimaient guère vivre en « brousse ». Nous passions des semaines éreintantes dans la forêt vierge à vivre de chasse, à mesurer des radeaux de troncs d'arbre et à courir la forêt, puis nous revenions faire la fête dans les bars du port de Cayenne, hantant les quartiers mal famés de « la crique » où nous dépensions nos maigres salaires, nous enivrant de « civilisation » pour mieux repartir vers la liberté de la jungle et le travail qu'elle exigeait de nous.

C'était la « belle époque » : Cayenne et sa place des palmistes... Il y avait encore des maisons de bois partout, avec leurs larges avant-toits, et d'anciens bagnards qui vivaient chichement du commerce des papillons. Pour parler aventure entre « puent-la-sueur », il y avait le « café des tropiques » qui occupait un coin de cette place des palmistes avec une vieille mamie ronchon pour nous servir un rhum dont elle n'était jamais avare ; aujourd'hui, une enseigne de restauration rapide remplace ce café de vieille préfecture coloniale et la criminalité locale est à l'image de celle de métropole.

J'avais quitté précipitamment Cayenne lorsque la maréchaussée lancée à mes trousses de jeune fugueur avait fini par retrouver ma trace : direction le Brésil et de là l'Argentine jusque dans la pampa pour partager l'existence des Gauchos ou de ce qu'il en restait ; la vie avait encore été belle, insouciante et gaie, toujours sans un sou en poche... Et puis un jour, dans un journal, j'avais appris par le plus grand des hasards que j'étais soudainement devenu majeur : le nouveau président de la république française, un certain Giscard d'Estaing, venait de ramener l'âge de la majorité à 18 ans. On était en 1974.

Définitivement libre de mon destin, je m'étais embarqué sur un cargo brésilien, le *Pétropolis*, et j'avais regagné la France, achevant en mer cette première aventure de jeunesse.

Cayenne, Guyane française, 25 novembre 2004

En moins d'une semaine, nous avons bouclé les préparatifs d'appareillage, aidés par les hommes de la base navale de la Marine nationale. Une aide bienvenue car il a fallu procéder à quelques réparations sur les génératrices qui commencent à fatiguer, ainsi que sur les compresseurs de la chambre froide dont les signes de faiblesse sont alarmants : néanmoins, tout va pour le mieux...

En ce qui concerne l'équipage, la vaillante Sophie Mousset est rentrée retrouver Gérard Chaliand en France mais tous les deux réembarqueront dans le Pacifique afin de ne pas manquer la suite des aventures de *La Boudeuse*. Pour le reste, j'ai dû me résoudre à réduire de moitié cet équipage, notamment pour des raisons économiques – les caisses sont plus vides que jamais et même un bénévole coûte cher en assurances, billets d'avion, nourriture et autres impedimenta. Trois nouveaux marins ont cependant mis sac à bord : Stéphane Delzenne pour succéder à Tolosa en machine, Jacques Petit comme lieutenant en lieu et place de Vernisse, et Pierre Marcel comme lieutenant et bosco pour relever Ali Berredouane qui reprendra son poste dans le Pacifique. Delzenne est jeune, porte de longs cheveux noirs en broussaille et nous vient de la marine marchande. Formé à la polyvalence machine/passerelle, il semble compétent et je lui confierai un de mes quarts à la dunette. Marcel est aussi blond que Delzenne est brun. Très jeune également, grand et sûr de lui, c'est un « voileux » qui a l'expérience des Pen Duick. Jacques Petit est à peine plus âgé. Blond lui aussi, originaire de La Rochelle, il connaît manifestement son affaire question voile. Je n'ai pas de doute que tous les trois se forment rapidement aux techniques particulières des trois-mâts.

Dernière recrue enfin : Stéphanie Pélissier, une grande brune piquante. Elle nous rejoint comme monteuse pour le film sur les Yuhup et sait ce qui l'attend : passer la plus grande partie de ses journées, voire de ses nuits, dans l'antre étroit de la salle de montage dont le seul hublot est condamné pour raison de sécurité. Un « job » qui s'apparente à un sacerdoce ; mais Stéphanie a de l'allant, le film lui devra sûrement beaucoup. Ce travail va me prendre beaucoup de temps à moi aussi, puisque j'ai tenu à réaliser l'ensemble des films des expéditions, autre forme créatrice qui me tient à cœur.

Nous n'avons pas remplacé Pierre Chesneau au poste de médecin. Nous attendrons l'arrivée à Tahiti de Ségolène Château, notre « médecin fétiche » de l'époque de la jonque. Elle est indisponible pour le moment mais sa valeur est à nos yeux inestimable.

Au journal de bord du départ je note à la va-vite mais plein d'excitation : « *Tous pleins, approvisionnements et vérifications d'usage effectuées : navire en parfait état de navigabilité. Incendie, assèchement, électronique en bon état de fonctionnement.* »

Je prends ensuite le porte-voix : « Equipage aux postes de manœuvre ! »

Bonheur intérieur.

« Pas fâchée de repartir, me dit Christine Chevrier en prenant sa place aux aussières de la dunette ; mais je crois bien que rien ne remplacera l'Amazone dans mes souvenirs... Cette remontée du fleuve pendant des semaines ; et puis cette redescente... C'était vraiment un autre monde.

– C'est sûr, ajoute mon frère Eric en venant prendre son poste près d'elle. Moi non plus, je ne pourrai jamais oublier tout ça. Mais bon, l'île de Pâques maintenant... Ce devrait être une belle aventure aussi !

– Sans aucun doute, dis-je. Mais elle sera surtout ce que nous en ferons... Tenez-vous prêts maintenant. J'engage la manœuvre de quai dans une minute. »

A 14 h 45 nous quittons Cayenne : le temps est beau, les alizés de nord-est bien établis, Force 4 à 5.

Désormais, l'énigmatique île de Pâques nous attend...

Compte tenu de la distance à parcourir, près de 6 000 milles – plus de 10 000 kilomètres –, nous n'y serons pas avant l'année prochaine. Mais nous avons le temps devant nous, me dis-je, l'aventure commence à peine.. Et rien ne me convient mieux que de vivre de longues semaines en mer sans voir la terre.

Première étape de ce long trajet : contourner par le nord tout le continent sud-américain afin de gagner d'une traite le canal de Panama. C'est lui qui nous ouvrira les portes du Pacifique.

16 h 45 : *La Boudeuse* est maintenant toutes voiles dehors sauf sa misaine, courant ses 7 nœuds tribord amure, chef de quart Pierre Marcel, timonier Maxime Ducoutumany.

Si j'étais à terre, je verrais une belle cathédrale de toile s'en aller vers l'horizon. Et je serais fier d'elle.

Puis, c'est la première nuit en mer, les fameuses îles du Salut que nous laissons par notre travers, et enfin la Guyane qui disparaît derrière nous comme un souvenir, laissant la place aux côtes toutes plates du Surinam.

Mer des Caraïbes, 29 novembre 2004

Cinq jours ont passé. Et pour la troisième fois, nous changeons le pavillon de courtoisie qui flotte à la barre de flèche tribord du grand mât : Patrick Féron envoie les couleurs du Venezuela après celles du Surinam et du Guyana. Nous longeons la côte sud-américaine d'assez près, toujours dans les eaux territoriales d'un pays, et nous nous conformons aux règles maritimes.

Les côtes de Trinité-et-Tobago sont en vue en milieu d'après-midi après avoir aperçu toutes sortes de plates-formes pétrolières posées sur la mer. Dans ces parages, le pétrole coule à flots, on le pompe avidement jusque dans les tréfonds de l'écorce terrestre, et la nuit, les torchères jettent leurs flammes à des altitudes impensables, brûlant l'horizon de toutes parts, comme un symbole de l'incendie du monde. Je ne sais pourquoi, mais la vision de ces plates-formes jette en moi, comme en surimpression, une image des enfants Yuhup courant nus dans la jungle, ployés sous leurs lourdes sarbacanes. Dans une sorte de prémonition terrible, j'imagine la découverte de pétrole dans les territoires des

Yuhup encore inviolés par la modernité, ces plates-formes envahissant leur monde comme des monstres antédiluviens, s'installant partout, défigurant leur forêt, dévastant leur vie. Moi qui crois à l'esprit du « siècle des lumières », à son renouveau, à la rationalité qui en découle et au progrès par la science, j'en mesure plus que jamais les limites et le mouvant de ses frontières.

A 17 heures, la masse imposante de Nicolas Clérice, notre peintre du bord, s'encadre dans la porte de la timonerie et me tire de ces sombres pensées ; à la main il tient ses crayons, son encre et ses pinceaux :

« Je peux illustrer le journal de bord ?

– Ce n'est guère dans les usages de la marine, dis-je, amusé. Le journal de bord est un document officiel. Mais c'est quand même une bonne idée. Alors, on va dire que c'est désormais l'usage sur *La Boudeuse*... Vas-y. »

Je regarde faire Nicolas : sur la ligne des 17 heures, encore libre, il esquisse en noir et blanc le dessin des côtes de Trinité-et-Tobago surmontées d'énormes nuages noirs. L'image se veut symbolique. Depuis notre départ de Cayenne, la constance des grains est telle qu'ils en sont venus à former notre seul horizon tangible. Leur capacité à bourgeonner aux quatre coins de l'océan est stupéfiante ! De jour comme de nuit, des combats de titans se livrent au-dessus de nos têtes entre un ciel qui veut rester bleu et la multitude des grains dont le seul souci semble être de le rendre absolument noir. Le ciel ne cesse de leur disputer la place pour imposer sa couleur, mais la plupart du temps en vain : les grains renaissent aussi vite qu'ils disparaissent après avoir lacéré la mer de leurs déluges de pluie. Sales et menaçants – sournois même tant leur trajectoire, leur vitesse ou leur puissance peuvent se révéler aléatoires –, ils nous obligent à une prudence de tous les instants pour ne jamais être surtoilés dans les impressionnants coups de vent qu'ils génèrent la plupart du temps ; surtout lorsqu'ils sont formés de cumulonimbus de plusieurs kilomètres de hauteur, zébrés d'éclairs à faire frémir les plus téméraires. En cinq jours, pas un quart n'a passé sans qu'il faille manœuvrer à réduire la toile puis à la renvoyer quelques heures plus tard, une fois les grains passés sur nous telles des furies. Comme c'est dans les hauts du navire que les modifications de voilure se font en premier lieu, surtout sur les huniers, les flèches et la voile d'étai supérieure, les gabiers ont été mis à rude contribution. Ils ont travaillé sans relâche, sous le vent et la pluie, accrochés dans la mâture, aggripés dans les enfléchures, en équilibre précaire sur les marchepieds de vergues, à serrer et desserrer nos lourdes voiles. Mais ainsi va la vie en mer, ainsi va la vie des marins... A tout le moins, n'avons-nous connu aucune avarie grave, pas même une voile déchirée ; les hommes sont fiers de la rapidité de leurs interventions, fiers de leur travail.

Les alizés ayant daigné souffler entre 4 et 5 Beaufort, sans trop de variation de direction – de l'est nord-est généralement –, les conditions ont été idéales pour parvenir au large de Trinité-et-Tobago sur un cap moyen de 330° ; nous avons aussi bénéficié des faveurs du contre-courant équatorial qui longe les côtes sud-américaines à ces latitudes comme un véritable « tapis roulant ». En dépit des incessantes « attaques » des grains, nous avons donc pu filer à bonne allure, entre huit et dix nœuds, sans avoir à effectuer le moindre virement de bord. Je n'en suis pas fâché car à douze membres d'équipage seulement, le travail se trouve multiplié par le simple effet mécanique du manque de bras ; et les temps de manœuvres s'en trouvent rallongés d'autant...

Si on ajoute que la pêche a été fort bonne au cours de cette période – un gros poisson ramené presque chaque jour sur le pont : bonite, thon ou thazard la plupart du temps –, on comprendra sans peine combien cette longue navigation nous a paru empreinte de perfection et, pour ma part, d'une forme de sérénité rarement égalée.

Ces bonnes conditions générales ont permis de dégager du temps pour apporter quelques améliorations au gréement afin de faciliter les manœuvres : nous avons changé les points de tire de l'écoute et de l'amure du flèche de grand-voile, avancé celui de l'écoute de la voile d'étai centrale, et inversé sur leurs cabillots les bras de hunier fixe et de hunier volant. Toutes choses aussitôt reportées par écrit sur le « Guide de manœuvre » de *La Boudeuse*, que nous ne cessons de vouloir perfectionner.

Seule ombre au tableau, le dessalinisateur. Le 27 novembre, Delzenne, notre mécanicien, m'annonce une fuite sur la pompe haute pression :

« C'est la tuile, me prévient-il. En ce moment, ça “pisse” de partout dans la salle des machines... Pas d'autre choix que de tout stopper si je veux tenter de réparer.

– OK, dis-je en soupirant, c'est la vie. Fais au mieux. En attendant, on rationne l'eau douce. »

Nous voilà ramenés aux temps anciens de la marine à voile, notre bâche « impluvium » déployée entre le roof central et le mât d'artimon pour récupérer l'eau de pluie directement dans la cuve à eau... Cependant, elle ne servira guère ; Delzenne trouve les raisons de la fuite 48 heures plus tard, parvient à réparer, et tout rentre dans l'ordre.

Ce genre de souci a laissé les « vieux de la vieille » de l'équipage à peu près imperturbables. Comme le dit l'ancienne formule : « Petit bateau, petits problèmes ; grand bateau, grands problèmes. » Sur un navire de notre taille, même remis à neuf, l'usage est de ne pas s'étonner d'un problème technique par jour... Il suffit de le savoir, d'anticiper ces problèmes, d'être en mesure d'y faire face et voilà tout...

Les horloges du bord ont encore été retardées d'une heure. Nous sommes à TU-4. Nous allons désormais presque en droite ligne, toujours vers l'ouest à la rencontre du soleil couchant, perdant une heure à chaque fuseau horaire. Je pense : « Encore un an et nous serons aux antipodes de la France ; encore un an et nos rythmes de vie seront totalement inversés avec ceux des nôtres restés au pays... »

Inquiétude pour l'état de santé de Nicolas Clérice : un abcès d'origine inconnue s'est formé au milieu de son dos il y a plusieurs jours et l'infection gagne quoi que nous fassions pour la juguler – antibiotiques à hautes doses, nettoyages quotidiens, curetage de la plaie. Une vraie tumeur maligne... L'abcès se creuse peu à peu et devient impressionnant. Nicolas préfère en rire et continue de dessiner, stoïque.

Mer des Caraïbes, 2 décembre 2004

Depuis trois jours, nous modifions insensiblement notre route vers l'ouest, épousant les contours de la côte sud-américaine, jamais très éloignée. Nous adaptons le réglage de nos voiles en conséquence, graduellement.

Nous croisons aussi nombre de cargos de toutes tailles et de toutes nationalités, des navires de pêche et des porte-conteneurs, des pétroliers et des gaziers. Rien que de très normal si près des côtes avec tant de ports un peu partout pour accueillir ces bateaux et leur servir de point de départ.

Je peste néanmoins intérieurement. La mer, pour moi, c'est quelque chose de vide.

Mer des Caraïbes, 3 décembre 2004

En milieu de journée, changement complet de plan de voilure. Avec notre route qui ne cesse de décroître progressivement en cap vers Panama, le phare carré devient notre meilleure arme. Toutes les voiles sont affalées, amenées ou carguées en une grande manœuvre joyeuse qui laisse un long moment le pont sous un fouillis innommable de cordages ; puis la misaine et les deux huniers sont réglés au plus fin pour la meilleure vitesse possible au vent portant, bras de vergues bien raidis, et notre route se poursuit sans obstacles.

Dans la salle de montage, au cœur du navire, Stéphanie maintient avec constance son rythme de travail ; la construction du film sur les Yuhup progresse à une allure qui semble réglée sur celle du navire, dans une sorte d'harmonie involontaire mais bienfaisante... Toutefois, revivre en pleine mer notre séjour sur le Jotavella, enfermé dans cette pièce minuscule, n'apercevant le jour que pour les manœuvres, est une forme de supplice qui m'était absolument inconnu jusqu'alors...

Seule consolation : chaque fois que le vent veut bien passer les 6 Beaufort, *La Boudeuse* semble s'élancer comme un cheval débridé et les 10 nœuds sont dépassés sans peine.

Panama, 6 décembre 2004

A 13 heures, la terre est signalée en vue par les vigies : Panama droit devant...

Nous avons avalé les 1 800 milles nous séparant de Cayenne en un temps record ; tout le monde est heureux, surtout les nouveaux embarqués qui ont commencé leur prise en main du navire dans des conditions idéales.

Le pavillon jaune de « libre pratique » est hissé sous celui de courtoisie panaméen et l'équipage se prépare à la manœuvre d'arrivée.

Le jour tombe comme nous amenons notre voilure et passons l'imposant brise-lames protégeant l'entrée de la rade de Puerto Cristobal. Le nombre de navires entrant et sortant est considérable. A la radio, c'est la cacophonie la plus totale entre ces navires et les autorités de régulation. A se demander comment tous ces bateaux, de toutes tailles et de toutes natures, parviennent à ne pas se télescoper les uns les autres : cela semble tenir du miracle... Louvoyant sans cesse pour parer les dangers, nous finissons par parvenir sans encombre dans la zone de mouillage qui nous a été attribuée.

Quelques instants plus tard, au milieu de l'obscurité la plus totale, nous mouillons cinquante mètres de notre ancre bâbord par dix mètres de fond. Maxime Ducoutumany a demandé comme une faveur d'être à la barre en cet instant si particulier du mouillage. Histoire de marquer le coup sentimentalement ; car il fait partie de ceux qui rentreront en France quand nous aurons franchi le canal, avec des « anciens » comme Féron ou Giao ; mais lui sait qu'il ne reviendra pas avant longtemps, les trois années qu'il avait décidé de consacrer à *La Boudeuse* étant arrivées à terme.

Canal de Panama, 11 décembre 2004

Quatre jours ont passé. Le temps que les autorités du port nous attribuent une place dans un convoi pour traverser le canal. Mais enfin nous y sommes. A 9 heures, le pilote embarque, le moteur est mis en route et nous relevons notre ancre.

A partir de là, nous ne sommes plus maîtres de grand-chose ; mais le spectacle est assurément grandiose. Pour atteindre l'océan Pacifique, de l'autre côté de l'isthme de Panama, il faut passer six écluses séparées par un lac : trois écluses servent à « monter » vers ce lac depuis l'Atlantique, trois autres à en « redescendre » vers le Pacifique.

La première écluse s'appelle Gatun ; elle est bientôt en vue : un monstre ! Le pilote nous place derrière la file d'énormes cargos déjà en attente, collant quasiment notre étrave à la poupe du géant qui est devant nous – car il y a du monde à faire passer et chaque mètre compte. Puis, un autre cargo, haut comme un immeuble celui-là, vient s'immobiliser derrière nous, presque à nous toucher ; deux autres suivent encore. Enfin, tout le monde est paré, dans une sorte de silence religieux qui s'étire sur une distance considérable. Alors les portes de l'écluse s'ouvrent avec une lenteur majestueuse et avalent les navires un à un, comme le ferait la gueule d'un léviathan de légende, avant de se refermer sur le dernier...

Une fois les bateaux immobilisés de l'autre côté de l'écluse, des grappes de lamaneurs grimpent à leur bord et assurent les aussières qui vont être passées à des sortes de locomotives attendant de chaque côté, sur les hauteurs. Ce sont elles qui vont tracter les navires. Entre-temps, le niveau de l'eau n'a cessé de monter à l'intérieur de l'écluse, élevant les bateaux comme le ferait un ascenseur. Lorsque le bassin est plein, les portes opposées s'ouvrent, les locomotives se mettent en marche et tirent chaque navire vers l'écluse suivante, haletant et peinant, montant et descendant sur les berges comme sur des montagnes russes de manège. Le spectacle est stupéfiant de force, de précision, de gigantisme. Et se répète à l'identique jusqu'à la troisième écluse.

Enfin, nous pénétrons sur le lac qui s'étend à l'intérieur de l'isthme de Panama. Il est midi. Après avoir changé de pilote – chacun d'eux est seulement spécialisé dans un tronçon du canal –, nous repartons en direction de l'océan Pacifique, tout proche désormais, moteur au maximum de sa puissance pour ne pas être distancés par le convoi.

A 17 h 30, nous pénétrons dans l'écluse de Miraflores et des scènes identiques à celles du matin se reproduisent. Cette fois, cependant, l'ascenseur des écluses nous fait redescendre des hauteurs du lac.

Il est 20 heures lorsque Patrick Féron prend son quart et que s'ouvrent les portes de la dernière écluse.

Nous touchons l'eau de l'océan Pacifique...

« Hourra ! Hourra ! », hurle l'équipage, et beaucoup dansent de joie.

J'en rajoute en m'égosillant : « Double ration de rhum ce soir sur le pont avant ! »

Pur moment de bonheur. Ah ! si celui-ci pouvait ne dépendre que d'instants de ce genre, aussi simples et naturels !

Sans tarder davantage, j'engage *La Boudeuse* dans le chenal d'accès menant à la haute mer ; un long moment, nous courons entre les lumières vertes et rouges du balisage nocturne qui nous guide dans la nuit, amical. Le dernier pilote nous quitte sur un bref salut au niveau de la bouée n° 8, saute dans la petite vedette venue le chercher, et s'en va assurer le destin d'autres navires.

A 21 h 20, nous mouillons au sud-ouest du chenal.

Mouillage de l'île de Calebra, 13 décembre 2004

J'accompagne en France la rotation d'équipage prévu à ce stade de l'aventure. Elle ramène des anciens comme N'Guyen, Féron, Ducoutumany ou Trousseau qui va relever Julia à la base arrière ; Nicolas Clérice, notre talentueux illustrateur du bord, retourne également à Paris, son état de santé nécessitant désormais des soins hospitaliers sérieux. La plaie dans son dos est si profonde qu'on y mettrait presque le poing...

En ce qui me concerne, je rentre pour deux raisons : achever la partie du film sur les Yuhup qui ne peut être réalisée à bord, et trouver de quoi financer la suite de nos expéditions. En la matière tout se joue au jour le jour.

Parfois, c'est cela aussi l'aventure...

Je compte rester le moins de temps possible à Paris.

5

Pour de bon vers l'île de Pâques...

Mouillage de l'île de Calebra 28 décembre 2004

Retour à bord avec la relève d'équipage et Nicolas Clérice bien remis sur pied après son passage à l'hopital. Comme il le dit lui-même, ce n'est pas un abcès, même aggravé, qui allait l'empêcher de poursuivre nos aventures...

Julia fait partie de cette relève d'équipage et ne cache pas sa joie de remettre les pieds sur le pont de *La Boudeuse*. C'est désormais sa connaissance des dossiers, sa blondeur et son impassibilité devant les problèmes qui vont faire merveille comme administratrice, à l'égal de ce qu'ont réalisé jusqu'à présent Maxime et Vincent. Laure Cluzan, en stage à Paris ces derniers mois, est là aussi pour l'assister jusqu'en Polynésie. Enfin, nous récupérons comme gabiers l'excellent Denis Fabre qui avait débarqué à Cayenne, et le jeune Bruno Tomasi, un « ancien » de la jonque et du chantier du trois-mâts, imperturbable dans les coups durs, dont le village en Corse n'est guère éloigné du mien...

Avec ces différentes rotations, nous restons douze pour rallier l'île de Pâques. Encore une moitié d'équipage seulement mais cela fera l'affaire : nombre de ceux qui sont à bord depuis le départ sont bien aguerris maintenant par six mois de mer : des membres d'équipage comme Nicolas Clérice, Christine Chevrier, ou mon frère Eric, notre solide commissaire de bord, valent désormais de bons marins sans être pour autant des professionnels. Quant à ceux qui le sont, ils n'ont fait que se « bonifier » en naviguant sur un trois-mâts comme *La Boudeuse*. Ni les uns ni les autres n'ont chômé, d'ailleurs, au cours de cette escale : l'entretien du navire a été effectué dans les règles et tout est paré à mon arrivée.

En matière d'équipage, je ne me fais donc pas trop d'inquiétude, même si je vais être dépourvu de second capitaine jusqu'à Tahiti – tous ceux en qui je pouvais avoir confiance pour une affaire comme la nôtre étaient indisponibles pour de longs mois.

Enfin, je rentre à mon bord avec deux satisfactions de taille. La première : j'ai trouvé les moyens financiers nécessaires à la poursuite de notre aventure – tout au moins pour la demi-année à venir. La seconde : le film sur les Yuhup a été achevé dans les délais impartis et je m'en sens « délivré » dans tous les sens du terme. Certes, Stéphanie et moi avons dû fournir un travail intense, dans les studios de « L'Envol », quai des Grands-Augustins à Paris, mais nous y sommes parvenus. Je garde néanmoins un souvenir mitigé de ces jours et de ces nuits surréalistes, enfermés entre quatre murs, presque jusqu'à la nausée, de l'aube au matin parfois, tandis que les rues sous nos fenêtres bruissaient des fêtes de fin d'année et d'une légèreté de vie qui me semblait à des années-lumière de mes préoccupations. Seul bonheur réel comme chaque fois dans ces circonstances : celui de la création, de l'écriture, du modelage des images à notre désir, du résultat final parachevé.

Quoi qu'il en soit, je vais pouvoir me concentrer sur les navigations à venir. Car un long parcours nous attend jusqu'à la mythique île de Pâques dont on dit qu'elle est l'île la plus isolée du monde. A vrai dire, 3 500 milles nous en séparent encore – 6 500 kilomètres environ –, et la terre habitée la plus proche d'elle se trouve à quelque 3 000 kilomètres...

Nous partons réellement pour le bout du monde.

Océan Pacifique oriental, 31 décembre 2004

A 14 heures, nous chargeons jusqu'à la gueule nos cuves à gasoil dans une petite marina de l'île de Flamenco qui a exigé de nous des prodiges de virtuosité manœuvrière pour accoster son quai tant il était minuscule à notre échelle...

Pour le reste – nourriture et autres approvisionnements –, l'équipage a pourvu au nécessaire depuis longtemps sous la vigilance d'Eric.

Trois heures plus tard, après un dernier verre à terre, le temps de méditer sur notre solitude future, nous faisons route au 200°. Direction : les îles Galápagos qui se trouvent être par le plus grand des hasards sur notre route. Nous y ferons une brève escale, histoire de ne pas passer au large d'un endroit aussi mythique sans y mettre au moins les pieds.

Le temps est au beau, la mer calme, le vent faible, hélas.

A 20 h 30, nous mettons *La Boudeuse* en dérive, ne gardant qu'une vigie à poste. Motif inscrit officiellement au journal de bord : *« Réveillon de nouvel an sur le pont et carré salle à manger. Chants, bonne nourriture, alcool et champagne ! »*

L'année 2005 arrive sur moi sans crier gare...

Océan Pacifique oriental, 1er janvier 2005

Je mets à profit ce jour de fête pour aiguiser l'abécédaire de nouvel an que je peaufine depuis des années et que j'aime adresser à ceux qui veulent bien l'entendre. Cette fois – dans l'ultime version que cet abécédaire prend aujourd'hui dans mon journal personnel –, je le destine aux lecteurs de ce livre, même avec beaucoup de retard...

Alors, voilà :

Dans la nuit du 31 décembre, pris d'une inexplicable frénésie sémantique, je me suis concocté un minidictionnaire de la vie aventureuse. Un mot par lettre, histoire de jongler avec l'essentiel. Vous reconnaîtrez-vous dans cette nébuleuse alphabétique, au demeurant parfaitement subjective ? Vingt-six mots pour en décider.

A comme Art : le fond du problème pour que l'aventure, comme la vie, atteigne à l'essentiel.

B comme Bonheur : somnifère de l'action.

C comme Cœur : en avoir ou pas, tout est là. Voir sœur Emmanuelle et le Cid...

D comme Dédale : pas d'illusion, nous sommes tous dans le labyrinthe. Le fil d'Ariane pour en sortir s'appelle Aventure. Suivons le guide.

E comme Etoile : à un inconnu, je demande d'abord s'il aime les étoiles. Ensuite, je sais qui il est.

F comme Folie : est à l'esprit d'aventure ce que le sel et le poivre sont au steak. Mangeons épicé.

G comme Guerre : ach, voilà le gros malheur... Préparons-nous, ça n'est pas terminé !

H comme Humour : l'arme des situations difficiles. Peut servir en cas de gros malheur...

I comme Inutile : c'est encore plus beau quand ça ne sert à rien. Incompréhensible à ceux qui comptent à propos de tout. Brisons les calculettes !

J comme Janus : nos deux visages à tous. Au moins. Le reste n'est qu'apparence.

K comme Krakatoa : pour la magie des mots lointains. Comment envisager sérieusement de s'en passer ?

L comme Liberté : en écrivant Aventure, j'épelle Liberté. Le jour où le dictionnaire admettra ces deux mots comme synonymes, je pourrai aller en paix.

M comme Mercantilisme : ennemi juré de l'esprit d'aventure. A pourfendre en toute occasion. Qui me donnera une grande épée ?

N comme Nomades : les derniers des hommes libres. S'il n'y avait qu'un modèle à suivre, ce serait celui-là.

O comme O : le vieux mythe de boucler la boucle. A tenter au moins une fois dans l'existence.

P comme Panache : le monde moderne en manque cruellement. La lance de don Quichotte est introuvable. Qui partira à sa recherche ? Je ne vois guère que le capitaine « Ha, Ha » et ses 24 bandits d'honneur... Nous en reparlerons...

Q comme Quotidien : on ne s'en dégage qu'en le transformant en romanesque. Mission première de l'esprit d'aventure.

R comme Rêve : tout part de lui, tout y revient. S'il fallait choisir, je dirais : donnez-moi le rêve et gardez tout le reste !

S comme Sauvage : mon vieux fond barbare. Je fais avec.

T comme Temps : à défaut de l'arrêter, l'esprit d'aventure l'étire par la densité de vie qu'il offre. Soyons des élastiques. Etirables à l'infini.

U comme uniformité : mot rayé nul. Voir plus haut à Quotidien.

V comme Vie : il faut s'en fabriquer au moins mille. En dessous de ce chiffre, l'ennui menace...

W comme Wagon-lit : toute la nostalgie du Transsibérien et des voyages à l'ancienne. Relire Blaise Cendrars.

X comme le X de l'équation : pour l'attrait de l'inconnu. Mais, hélas, on ne sait plus vivre.

Y comme Yogi : l'aventure intérieure. Complément d'objet indirect de l'action.

Z comme le Zéro et l'Infini : juste pour garder la mesure de toute chose et ne pas prendre trop au sérieux ce qui précède...

Océan Pacifique oriental, 5 janvier 2005

Il en est sans doute des navigations comme de la vie elle-même : il y a des jours où tout va bien et des jours où tout va mal ... Entre Cayenne et Panama, nous avons connu une traversée parfaite, merveilleuse de plénitude, nos voiles ployant sous le vent, le navire tendu à rompre vers son but ; maintenant, la providence nous fait amèrement goûter le contraire. Depuis notre départ il y a une semaine, rien ne va : en quittant Panama, nous n'avions même pas assez de vent pour faire faseyer nos voiles... Puis, comme dans l'Atlantique, il a bien fallu aborder le chaudron infernal du « pot au noir » ; naturellement, au manque de vent s'est ajouté le désagrément des grains. Mais nous nous y attendions. Parvenus de l'autre côté, en revanche, nous pouvions espérer des vents favorables ; le vent, nous l'avons trouvé effectivement, mais contre nous, exactement de face pour tout dire... De quoi enrager. Résultat : nous naviguons au moteur et il n'y a rien d'autre à faire. Nous sommes même, en ce début de matinée, « bout au vent et à la lame », tanguant durement dans une mer courte et hachée qui ébranle le navire.

Les bons et les mauvais moments de la navigation à voile : celle-ci pourrait-elle être une bonne métaphore de la vie humaine ?

Quoi qu'il en soit, le plus remarquable dans ce qui nous arrive ce sont encore les oiseaux : plus nous nous éloignons des côtes, plus ils semblent nombreux. Etonnant... Le premier jour, des dizaines d'entre eux, installés sur des troncs d'arbres à la dérive comme sur des bancs de square, sont passés le long de la coque en affichant une sorte de désinvolture hautaine ; un peu plus tard, trois frégates et un fou se sont posés sur le maroquin d'artimon, restant ensuite à nous regarder d'un air vaguement méprisant, comme si les trente mètres d'altitude qui nous séparaient d'eux étaient le signe de leur appartenance à une race supérieure. Le lendemain, quelques-uns de leurs cousins ont pris possession du mât de beaupré, se comportant avec la même morgue. Une demi-journée supplémentaire et d'autres spécimens occupaient le flèche de grand mât, jacassant à n'en plus finir, serrés les uns contre les autres, pareils à des manchots sur la banquise. Tous les volatiles de la région semblaient s'être donné le mot pour venir jouer les passagers clandestins à bord ; leur nombre augmentait d'heure en heure. Au deuxième jour, nous hébergions une colonie complète de ces intrus, aussi peu amènes que bruyants. Cependant, tout allait bien encore, nous cohabitions raisonnablement : nous faisions ce que nous avions à faire et ils vivaient leur vie. Chacun chez soi en quelque sorte... Mais à l'aube du troisième jour, ces oiseaux étaient devenus nos pires ennemis ; car entre-temps, nous avions mesuré leur capacité de déjection et elle se révélait sans borne... Au bombardement des poissons volants de l'Atlantique avait succédé la mitraille des fientes d'oiseaux du Pacifique. Et nous n'avions pas gagné au change : le pont, les mâts, les roofs et les pavois étaient littéralement passés au blanc de ces fientes ; elles pleuvaient depuis le ciel sans jamais prévenir, explosant autour de nous – quand ce n'était pas sur nous – à toute heure du jour et de la nuit. Infernal... Il fallait laver continûment toutes les surfaces du navire faute de quoi le travail s'en trouvait doublé, voire triplé si nous attendions trop, les fientes séchées se révélant diaboliquement résistantes... Pour faire fuir ces indésirables, nous avions essayé toutes sortes de méthodes, de subterfuges et de ruses ; nous leur avions lancé une variété appréciable d'objets de toutes natures – dont une bonne part perdue à la mer –, nous nous étions époumonés à tenter de les effrayer, gesticulant en tous sens, nous avions grimpé partout dans la mâture pour secouer cordages et filins, tout cela en vain, sans autre résultat que de voir ces oiseaux s'envoler, effectuer paresseusement quelques tours du navire, et revenir se poser au même endroit avec un dédain accru. Nous avions fini par maudire ces bestioles. Même l'attitude des plus conciliants d'entre nous – notamment celle des amoureux déclarés de la nature – s'était muée en une rage où la déception de s'apercevoir que les oiseaux n'avaient rien à faire des hommes le disputait à la vexation de s'être découvert eux-mêmes un tant soit peu naïfs...

A 17 heures, la vigie signale un requin en route de conserve sur notre arrière tribord. Son aileron est énorme. C'est le premier squale que nous apercevons depuis notre départ de France.

Océan Pacifique oriental, 6 janvier 2005

Ce matin, c'est un orque magnifique qui remplace le requin de la veille. A peine a-t-il disparu dans les profondeurs de l'océan qu'un banc de thons surgit à la surface de la mer, juste devant notre étrave; des centaines de dos argentés frétillent sous le soleil.

A 19 h 15, nous coupons pour la seconde fois la ligne de l'équateur. Malgré la nuit, l'événement est fêté dans les règles sur le pont central, navire en dérive pour que personne ne manque la cérémonie. Six nouveaux impétrants subissent la loi de Neptune.

Une heure plus tard, nous pénétrons dans l'hémisphère Sud.

Océan Pacifique oriental, 7 janvier 2005

En fin de matinée, par un vent toujours aussi ténu, nous entrons dans la « baie du naufrage » qui s'ouvre au milieu de la petite île de San Cristobal aux Galápagos. Précautionneusement, nous avançons dans le doigt de gant de cette baie escarpée, poursuivons notre route le plus en avant possible, presque jusqu'au débarcadère de la petite ville qui se trouve là, Puerto Baquerizo Moreno; alors, nous laissons filer l'une de nos ancres et crochons dans du sable pierreux.

Avec une profonde stupéfaction, je vois venir à nous des dizaines de grosses otaries qui se mettent à nager autour du navire avec un air satisfait ; j'en aperçois même qui grimpent sans se gêner sur les petits bateaux mouillés alentour et se dorent ensuite paresseusement au soleil sans que quiconque y trouve à redire...

Iles Galápagos, 8 janvier 2005

Nous allons rester moins de trois jours aux Galápagos : le temps d'un bref repos occupé à une découverte de la nature encore préservée de ces îles ; le temps aussi de recharger nos cuves de gasoil après la « saignée » qu'elles viennent de connaître.

La population équatorienne nous accueille avec une amabilité rodée par les – relativement – nombreux touristes qui visitent désormais les Galápagos ; ce qui fait dire à Julia, ironique, que nous allons finir par nous croire en vacances...

Mais dès le 10 janvier, nous levons l'ancre : avec l'espoir de vents favorables ; le lendemain, hélas, je dois encore noter au journal de bord : *« Vents tristes pour commencer notre longue descente vers le sud. »*

Océan Pacifique oriental, 13 janvier 2005

Deux jours ont passé et rien n'a changé dans le ciel et sur la mer. De surcroît, un fort courant traversier nous oblige à corriger une dérive de 20° qui rallonge d'autant notre route. Pour ne rien arranger non plus, nos deux GPS de navigation satellite sont devenus comme fous : à intervalles plus ou moins réguliers, ils annoncent des positions proprement fantaisistes, « décrochent » ensuite en laissant leurs écrans absolument noirs, puis se rallument en affichant de nouvelles données à peu près aussi abracadabrantes que les précédentes.

« C'est du délire, me dit Pierre Marcel en fixant d'un air médusé les GPS accrochés au-dessus de la table à cartes. J'ai jamais vu ça...

– Nous devons être dans un "cône" obscur de réception des satellites, dis-je. Sans doute parce qu'il n'y a aucune route commerciale dans cette zone et donc pas grand monde pour y naviguer. On n'a pas croisé un seul navire depuis notre départ.

– En tout cas, ajoute Jacques Petit, si les GPS continuent leur petit jeu farfelu, il va falloir reprendre le sextant et faire des points astro. Vous me direz, ça nous remettra dans le bain...

– Bien parlé », dis-je. Et j'ajoute après avoir observé un moment la valse absurde des signaux sur les GPS : « Toute proportion gardée, c'est un peu comme une anomalie magnétique sur l'aiguille d'un compas... L'affolement général... Mais après tout, ces GPS devenus fous sont en parfaite concordance avec la météo qu'on doit supporter et ce vent qui ne veut rien dire...

– Tu crois que ça peut durer longtemps ? me demande Christine Chevrier. Je veux dire pour le vent surtout ; le peu qu'il y a, on l'a presque de face...

– Il est sud sud-est pour être précis, dis-je avec un soupir. Et à 2 Beaufort seulement. Si tu veux mon avis, ça va durer. C'est plutôt la norme autour de l'équateur, entre 10° sud et 10° nord. Donc, rien à faire qu'à avancer au moteur et attendre d'être plus au sud ; à force de descendre en latitude, on finira par trouver les alizés et ça ira tout de suite mieux. Soyez patients... Naviguer, c'est aussi ça, n'est-ce pas ? Apprendre la patience... En d'autres temps, nos malheureux prédécesseurs restaient encalminés des jours ou des semaines dans de pareils lieux. Bénissez l'existence des moteurs... »

Il est 9 heures et j'achève dans la timonerie le cours d'utilisation des radars que je donne chaque matin aux gabiers Denis Fabre et Christine Chevrier, ainsi qu'à mon frère Eric. Comme il n'y a aucune manœuvre à effectuer avec un navire sans voiles, je mets à profit le temps disponible pour compléter l'instruction de l'équipage dans les domaines les plus variés ; j'ai toujours considéré qu'en matière de connaissance il ne devait pas y avoir de frontières hiérarchiques – à bord des navires comme ailleurs. Que des matelots en sachent autant que les officiers dans de multiples disciplines me semble être un atout pour un groupe constitué partageant un même but.

Dans la nuit, vision surréaliste du pont parcouru de gerbes d'étincelles lorsque des vagues chargées de plancton phosphorescent le balayent...

Océan Pacifique oriental, 14 janvier 2005

L'obsession du vent, toujours...

Une constante de la vie de marin à la voile.

A 10 h 30, ce damné vent daigne quand même tourner au sud-est ; j'attends néanmoins quelques heures pour être certain qu'il soit bien établi ; alors seulement, je fais envoyer les basses voiles – pour voir...

C'est vite vu : peu concluant.

« On appuie au moteur, dis-je. Ça devrait le faire en attendant mieux. »

Effectivement, « ça le fait » : nous tenons notre cap sous voiles et c'est toujours ça de gagné ! Et puis, tout ne va pas si mal, me dis-je : nous avons dépassé la latitude de Guayaquil en Equateur, l'Amérique du Sud s'éloigne derrière nous et nous grignotons chaque jour une bonne centaine de milles vers le sud et ces alizés que nous appelons de nos vœux.

Océan Pacifique oriental, 15 janvier 2005

Journée maussade. Nous vivons dans l'attente du vent comme des amoureux transis, ne pensant pratiquement qu'à cela : ah, qu'un vent véritable vienne gonfler nos voiles pour de bon ! Mais aujourd'hui encore, rien à faire. Seule satisfaction, les GPS ont repris leur vie normale, sans explication, comme si de rien n'était. Nous avons laissé le sextant à sa place.

Ne sachant plus que faire avec ce vent capricieux, nous organisons le soir un pot spécial dans le carré bibliothèque : le « pot à Eole ». Nous buvons force bouteilles en invoquant le dieu des vents et sa clémence.

Nous verrons bien...

Je pense à l'immense liberté qu'offre la mer et aux contraintes non moins immenses qu'impliquent les navires.

Océan Pacifique oriental, 16 janvier 2005

Dans la journée, nous passons les 10° de latitude sud, sur un cap toujours compris entre 200° et 210° . Vent ou pas, nous nous enfonçons peu à peu dans les tréfonds de l'océan Pacifique, dans des immensités liquides vertigineuses, hors de toutes les routes commerciales, hors du monde même et de ses hommes.

L'impression d'avancer vers une autre planète, démesurément vide.

Autour de nous, il n'y a réellement plus rien.

Océan Pacifique oriental, 17 janvier 2005

Bonheur...

Le vent a fraîchi dans la nuit, s'est peu à peu levé, s'est installé avec le jour, a fini par s'établir nettement en milieu de matinée.

Branle-bas sur le pont !

En un temps record, nous envoyons toute notre toile vers le ciel ; et il n'est besoin de presser personne à la manœuvre.

Enfin, le silence s'installe à bord : d'un coup ou presque, on n'entend plus que le chuintement de la mer sur la coque, le craquement du bois dans les cabines, le son soyeux du vent dans les voiles.

« On a bien fait de boire à Eole », disent certains.

Je savoure le bonheur d'observer notre voilure d'en bas, sous la misaine et l'empilement des deux huniers, majestueuse. Le soir, je jette à la va-vite dans mon journal personnel ces quelques lignes – avec l'impression de tout redécouvrir des navires par le simple effet de cette épreuve classique qu'est le manque de vent, quand ce n'est pas le trop-plein de vent...

Tout est beau sur un grand voilier traditionnel : la forme des voiles, le matelotage minutieux de la corde de la cloche, la forme des diverses poulies de bois avec tous leurs détails, l'élégance de tous les gestes quotidiens, depuis le lovage des cordages jusqu'à la manière de tourner la barre à roue, l'esthétique de cette barre elle-même, les ris dans les voiles, le vernis des bois, les cicatrices de travail du navire (l'usure du coffre de barre par le passage de l'écoute d'artimon), les mots même, si précis pour chaque objet, les ordres de manœuvre eux-mêmes, et tout le reste encore... Oui, tout est beau, tout porte au rêve.

Océan Pacifique oriental, 19 janvier 2005

Au cours des deux derniers jours, nous avons couru bâbord amure au petit largue dans un bonheur parfait, notre cathédrale de toile dressée au-dessus de nos têtes. L'île de Pâques est encore très éloignée – pas loin de deux semaines de navigation –, mais les effets de l'anticyclone installé dans ses parages se font déjà sentir sur le baromètre de la timonerie. Il ne cesse de grimper.

Tout va donc pour le mieux.

Jusqu'à 21 h 28 exactement.

A ce moment précis, je me trouve sur le pont central, assis sur un coffre à cordage, profitant de la nuit et de sa sérénité en fumant une cigarette. A l'avant, Denis Fabre est de vigie, ses jumelles à la main ; sur la dunette, Christine Chevrier tient la barre ; le mécanicien Delzenne est chef de quart.

A 21 h 28, nous apercevons tous les quatre absolument la même chose : un feu de détresse rouge qui monte vers le ciel sur tribord par 250° de relèvement.

Je bondis de mon coffre, jette ma cigarette à la mer et cours vers la dunette :

« Delzenne, Christine, vous avez vu la même chose que moi ?

– Je crois bien, capitaine, répond Delzenne. Une fusée de détresse... La vigie a confirmé par radio.

– Notre position ?

– Je viens juste de la noter : 16° 08' 757 sud / 99° 35' 916 ouest.

– Parfait. Alors, branle-bas immédiat des deux bordées d'équipage, il n'y a pas de temps à perdre si on veut inter-

forme comme une sombre muraille noire encerclant le navire.

Les deux bordées d'équipage sont maintenant sur le pont. Les gestes sont engourdis par le sommeil, aiguisés par le martèlement de la pluie. Chacun attend qu'on lui attribue un poste. Je dis à Jacques :

« Tu es le chef de ce quart, tu prends la manœuvre pour essayer de ramener ce canot à bord.

– On devrait avoir un peu de temps, la dernière amarre a l'air de tenir.

– Ne traîne pas quand même. Le temps joue contre nous et à chaque seconde le canot s'abîme. Essaye déjà de le remonter avec le mât de charge. »

Deux hommes se précipitent aussitôt vers le mât en question, ôtent la housse du boîtier de commande, manœuvrent celui-ci. En vain... Impossible de démarrer le moteur électrique; je peste dans la nuit : c'est toujours quand on a besoin du matériel qu'il fait défaut. Eric propose :

« Je pourrais essayer de descendre dans le canot et y frapper de nouvelles amarres; on le tirerait comme ça.

– Il pèse pas loin d'une demi-tonne, dis-je; essayons de toute façon... Mais avant de descendre là-dedans, tu t'assures solidement. Sinon, tu auras vite fait de passer à la mer. Et on ne te récupérera pas.

– Je peux aller avec lui pour l'aider? demande Pierre Marcel.

– OK... Mais même consigne de sécurité. Faites au mieux maintenant. »

Ils se glissent l'un après l'autre le long de la coque, tenus d'abord par quelques bras, puis agrippent comme ils peuvent le canot qui joue aux montagnes russes devant eux et se jettent dedans. Ils se relèvent, ballottés furieusement par la mer, et frappent des amarres sur l'avant du canot dans l'aube blafarde qui commence à poindre. Cela fait, ils nous lancent les autres extrémités puis reviennent vers nous, précautionneusement.

A cet instant, je sens comme un calme relatif qui s'installe autour de nous. Je lève la tête : le grain est passé, la pluie cesse graduellement.

« Profitons-en, hurle Jacques dès qu'Eric et Pierre se trouvent enfin en sécurité à bord. On tire tous ensemble ! »

Chacun s'accroche à l'une des amarres et le travail de halage commence : centimètre par centimètre, glissant, chutant, grognant, nous tirons le canot vers le bord. Mais là, impossible de lui faire franchir les quelque deux mètres de la lisse malgré les prodiges d'efforts déployés. Chaque fois que nous sommes prêts à y parvenir, une vague plus haute que la précédente nous arrache le canot des mains, renvoyant celui-ci à son point de départ et tout est à recommencer. Après je ne sais combien de tentatives, Jacques dit :

« Et si on essayait avec la drisse de la grand-voile ? Elle n'est pas dans l'axe mais qu'est-ce qu'on risque ? Ça ferait un mât de charge de substitution.

– On peut tenter le coup, dis-je. Monte sur le roof, enlève la manille sur le pic et passe ensuite le crochet à quelqu'un en bas. On le frappera à l'une des amarres mises en place par Eric et Pierre. »

Nous faisons ainsi et dix minutes plus tard, crochée par cinq paires de bras, la drisse de grand-voile nous ramène le canot à bord malgré un axe de tir invraisemblable... Ahanant sous le poids, nous remettons celui-ci sur son berceau et l'amarrons plutôt deux fois qu'une...

Nous pouvons nous estimer heureux : nul n'a été blessé dans la manœuvre – qui a tout de même duré plus de deux heures – et le canot est sauf même s'il a beaucoup souffert.

Je m'apprête à donner l'ordre de border toutes nos voiles pour repartir lorsque Pierre Marcel me prend par le bras :

« Regarde ce qui arrive sur nous ! »

Je tourne la tête dans la direction qu'il indique et sens un serrement au milieu de mon ventre, exactement comme je les déteste : l'horizon s'est transformé en un monstrueux champignon noir dont les bourgeonnements occupent la totalité du ciel. Déjà, une muraille de nuages menaçants court sur *La Boudeuse*. Occupés par le sauvetage du canot, nous n'avons rien vu venir. Il faut réduire d'urgence la voilure.

Je bondis vers le pont central, rameute l'équipage et répartis les postes de manœuvre à une allure record ; il était temps car le grain est déjà sur nous. La puissance des vents qu'il transporte est telle que le navire, malgré son poids et ses écoutes de voiles encore choquées, semble se coucher littéralement sur bâbord. J'ai la sensation d'être balayé par un ouragan... Les mâts de flèches ploient presque à rompre, le hurlement du vent dans les haubans est assourdissant, la mer aplatie de violence. Sur le pont, on hurle et vocifère à ne plus s'entendre, on court dans tous les sens ; à se demander si un ordre quelconque préside encore à cette agitation... Sans doute, car nous parvenons à amener une à une toutes les voiles supérieures ; le navire se redresse. Pour faire bonne mesure, nous affalons aussi foc et clin-foc avant de serrer partout. Tout va mieux. Il était temps...

Naturellement, nous ne pouvions sortir absolument indemnes d'une telle bagarre ; deux voiles n'ont pas tenu le choc et se sont déchirées – celles de l'étai central et de l'étai supérieur ; il faudra les ravauder dès demain car, faute de moyens financiers, nous n'en avons pas en réserve.

A 9 h 30 – cinq heures après l'alerte lancée par mon frère Eric –, nous pouvons toutefois souffler quoique le ciel demeure menaçant, croulant toujours sous l'empilement des nuages.

Nous repartons avec prudence, sous quatre basses voiles seulement, après distribution d'une bonne tournée d'alcool à l'équipage.

Comme au bon vieux temps...

Océan Pacifique oriental, 27 janvier 2005

Il est un peu plus de 7 heures du matin lorsque les lignes sombres et inquiétantes de l'île de Sala y Gomez surgissent à l'horizon, chaperonnées de nuages gris.

Nous n'avons pas voulu gagner l'île de Pâques sans effectuer un bref détour par ce cailloux inhabité d'à peine quelques hectares, absolument perdu au milieu de l'océan, à deux journées de mer de notre destination. Je suis fasciné par l'existence de terres comme celle-là, anachroniques et invraisemblables, pareilles à des pierres tombées du ciel dans la mer. Fasciné par tout ce qu'elles disent, par tout ce qu'on peut leur faire dire.

Une autre raison nous pousse à un arrêt sur ce rocher désertique : une anomalie géographique ; les « Instructions nautiques » signalent que Sala y Gomez se situerait en réalité une demi-douzaine de milles plus à l'est que ce que rapportent les cartes marines – ce qui n'est pas rien ; nous avons décidé d'élucider l'énigme en relevant la position exacte de l'île au GPS. Donc d'y débarquer.

Un peu d'utilité scientifique ne nous fera pas de mal...

Après avoir amené toute notre toile – sans serrer les voiles afin d'être prêts à repartir à la moindre alerte –, nous nous mettons en dérive à quelques encablures de la côte, observant à la jumelle le relief dentelé et peu engageant de l'île. Bientôt, nous mettons le canot « Commerson » à l'eau et une première équipe se laisse prestement glisser à bord depuis la coupée.

Dix minutes plus tard, nous longeons la côte en quête d'un havre où débarquer. Il y a des brisants partout et nous avons le choix entre le pire et le pire, comme souvent dans pareil cas. Finalement, je me décide pour un escarpement rocheux sans doute le moins inhospitalier de tous. Nous approchons à petite vitesse. La mer est grosse, frappant l'île de ses vagues, inlassablement. Impossible d'aborder vraiment. Il faut sauter sur l'escarpement un par un, le canot refluant par sécurité vers la mer entre chaque manœuvre, comme on reprend son souffle entre deux efforts. Denis Fabre est aux commandes et a fort à faire. Aussi, pas question d'hésiter avant de sauter. Une vague de trop, une déferlante mal gérée, et le canot irait se fracasser contre l'arête des rochers.

Nous voilà tout de même à terre : je jubile du plaisir intérieur de fouler de mes pieds nus cette terre perdue, occasion que la vie ne m'offrira sans doute plus jamais. Une herbe rase pousse sur un sol ocre et gris planté de cailloux. Le bruit du vent est presque soyeux, caressant ; j'imagine qu'il peut être furieux quand les tempêtes tropicales se lèvent et jettent la mer par-dessus l'île. Mais pour l'heure, il souffle avec une sorte de quiétude immuable.

Dans le ciel, des milliers d'oiseaux tournoient en piaillant. D'autres nichent sur le sol. Nous avançons parmi ces derniers sans provoquer la moindre crainte ; certains se laissent même toucher, le cou tendu vers nous, l'œil curieux. Les hommes doivent être rares à venir ici. J'en trouve cependant la trace en montant vers les hauteurs de l'île où se dresse un ancien phare, abandonné aujourd'hui : quelques inscriptions de navigateurs débarqués ici avant nous, vestiges nostalgiques de passages aussi éphémères que le nôtre.

Depuis cette position centrale, on aperçoit l'ensemble des côtes de l'île en tournant simplement sur soi-même. Sala y Gomez est réellement un mouchoir de poche ; mais un mouchoir auquel le Chili, propriétaire des lieux, tient particulièrement à ce que l'on raconte. Il est vrai que tout ce qui se trouve à 200 milles à la ronde fait officiellement partie de sa zone économique ; ceci explique cela...

Je reste un long moment songeur devant ces paysages mélancoliques. Ils me paraissent soudain plus apaisants que n'importe quoi d'autre. Je me dis que si j'en avais la possibilité, si je n'avais pas la responsabilité d'un navire et d'une expédition, j'aimerais rester ici de longs mois à ne rien faire que lire et écrire.

Je dois me secouer pour sortir le GPS de ma poche et relever la position de l'île – ce que je suis venu faire après tout. Le résultat tombe très vite : 26° 28' 424 sud / 105° 21' 733 ouest. L'emplacement de Sala y Gómez sur les cartes marines est effectivement erroné.

Petit sentiment de jouissance : nous allons pouvoir changer une île de place...

Ile de Pâques, 29 janvier 2005

Après moins de deux journées de navigation depuis Sala y Gomez, l'île de Pâques apparaît dans notre étrave, énigmatique et magnifique dans la lumière translucide de cette matinée de janvier.

Lentement, nous entrons dans la baie d'Hanga Roa où se trouve la minuscule capitale de l'île ; peu après, nous jetons l'ancre à l'endroit même où le fit autrefois l'amiral hollandais Roggeveen lorsque, le jour de Pâques de l'année 1722, il découvrit l'île pour l'Occident.

6

Des yeux regardent les hommes

Aucune terre au monde n'a autant enflammé l'imaginaire occidental que l'île de Pâques... Tout commence par la stupéfaction qu'éprouve Roggeveen lorsqu'il découvre des statues géantes dressées un peu partout sur la côte comme des sentinelles impassibles : statues inquiétantes avec leurs yeux vides, leurs moues dédaigneuses, saisissantes par la puissance qu'elles dégagent, oppressantes sans doute par leur nombre – près d'un millier – et le désordre dans lequel elles se trouvent : debout, renversées, enfoncées dans le sol, à demi couchées, amoncelées les unes sur les autres...

Des statues comme aucun Occidental n'en a vu auparavant dans le Pacifique.

Pierre Loti, qui découvrira l'île au siècle suivant à bord de la frégate *La Flore*, écrira sur ses « cahiers de petit aspirant de marine » : « Il est au milieu du grand océan, dans une région où l'on ne passe jamais, une île mystérieuse et isolée ; aucune terre ne gît en son voisinage et, à plus de huit cents lieues de toutes parts, des immensités vides et mouvantes l'environnent. Elle est plantée de hautes statues monstrueuses, œuvres d'on ne sait quelles races aujourd'hui disparues, et son passé demeure une énigme. »

Car pas plus que Roggeveen, les navigateurs qui viennent après lui, Cook et La Pérouse notamment, ne trouvent d'explication à la présence de tels colosses au milieu d'indigènes si « primitifs » au regard de l'époque qu'ils semblent incapables d'en être à l'origine. Les savants qui accompagnent les navigateurs sont même abasourdis : ces statues, quoique sculptées dans du « tuf » volcanique – une pierre fragile et « tendre » faite de particules agglomérées –, mesurent jusqu'à vingt mètres de hauteur pour les plus grandes ; surtout, elles pèsent si lourd – des tonnes à n'en pas douter – que nul ne parvient à comprendre comment elles ont pu être transportées à travers l'île depuis leur lieu unique de fabrication, une carrière à flanc de montagne, isolée de tout. De cette interrogation – qui aux yeux de certains ne trouvera jamais de réponse satisfaisante – naîtront pendant deux siècles d'innombrables théories explicatives, souvent farfelues, les plus délirantes faisant appel à l'intervention d'extraterrestres...

L'autre mystère a trait à la présence même d'habitants sur l'île : d'où viennent-ils alors qu'aucune terre habitée n'existe à des milliers de kilomètres à la ronde ? comment ont-ils pu arriver jusque-là ? par quel moyen ? Rien qu'en elle-même, la question est stupéfiante pour l'époque.

On sait aujourd'hui que les habitants de l'île de Pâques – au nombre de 2 000 environ à l'arrivée des Occidentaux, mais vraisemblablement 9 000 un siècle plus tôt – étaient des Polynésiens originaires des Marquises, dont les ancêtres avaient entamé des millénaires plus tôt une incroyable migration à travers le Pacifique depuis les côtes de l'actuelle Indonésie. Avec de simples outils de pierre ou d'os, ces fantastiques navigateurs étaient capables de construire des catamarans d'expédition de 30 ou 40 mètres de long, solides et marins, dotés de voiles en fibres naturelles. Ces bateaux étaient à même de franchir de longues distances à des vitesses étonnantes – Cook calculera qu'ils pouvaient parcourir plus de 200 kilomètres par jour. Quand ils quittaient une île en quête de nouvelles terres à coloniser dans les immensités océaniques – souvent contraints par la pression démographique ou des rivalités tribales –, ces Polynésiens de jadis partaient en petites flottilles de quelques catamarans ; ils emportaient avec eux les plantes nécessaires à leur nourriture, comme le taro ou l'igname, et les animaux dont ils auraient besoin une fois arrivés à destination : poules, chiens ou cochons. Ils savaient se diriger aux étoiles, connaissaient les effets des vents et des courants. Malgré tout, il est probable que bien des flottes polynésiennes ne parvinrent jamais nulle part ; elles allaient vers l'inconnu, et tempêtes ou typhons en anéantirent sans doute plus d'une. Les rois polynésiens qui découvraient une île nouvelle étaient donc considérés par leurs sujets à l'égal des dieux et honorés comme tels par leurs descendants. Sans doute l'origine des statues géantes – que ces hommes appelaient *Moai* – se trouve-t-elle dans cette divinisation d'ancêtres vénérés.

C'est l'un de ces rois polynésiens, nommé Hotu Matua d'après les légendes, qui vers l'an 500 de notre ère parvint avec sa troupe sur ce minuscule bout de terre en forme de croissant, mesurant à peine 24 kilomètres sur 12, qu'il appela Rapa Nui et que les occidentaux baptisèrent treize siècles plus tard : île de Pâques.

A partir de l'arrivée de l'amiral Roggeveen, il n'est pas exagéré d'affirmer que l'île entre dans une époque de ténèbres. Aux navigateurs scientifiques du siècle des Lumières, curieux, intrusifs mais respectueux, succèdent dès les débuts du XIXe siècle des hommes sans scrupules : baleiniers américains, chasseurs d'esclaves péruviens ou aventuriers français de la pire espèce ; ils infligent mille sévices aux Pascuans. Le comble est atteint en 1862 ; cette année-là, en décembre très exactement, des négriers en quête de main-d'œuvre pour les compagnies exploitant le guano sur les côtes du Pérou, débarquent dans l'île ; ils sont nombreux, bien armés, retors et sans scrupules : par la ruse et la violence, ils parviennent à rafler la moitié de la population, massacrant sans pitié ceux qui tentent de résister. Le roi, son fils, tous les hiérarques de l'île détenteurs de la culture pascuane et de son savoir, sont capturés, emmenés à bord des navires, condamnés aux travaux forcés dans les exploitations de guano... En quelques jours, la nuit s'étend sur l'île de Pâques. Il faut l'intervention de l'évêque de Tahiti – horrifié par les rapports qui lui parviennent bientôt sur le sort des Rapa Nui – pour que les autorités de Lima consentent à rapatrier les survivants. Leur retour est dantesque : quinze hommes seulement revoient leur île – soit 1 % des Rapa Nui capturés... Ce chiffre épouvantable donne toute la mesure des souffrances subies par ces malheureux. Mais le calvaire des Pascuans ne s'arrête pas là ; sans le savoir, les quinze survivants reviennent dans leur patrie porteurs d'un cadeau empoisonné : la petite vérole... Elle se répand à une vitesse prodigieuse, contaminant le reste de la population, semant partout désolation et accablement. L'île de Pâques devient un mouroir.

Dans le dernier quart du XIXe siècle, à l'arrivée des premiers missionnaires, il ne reste plus qu'un demi-millier de Pascuans. En 1877, ils ne sont plus que 111... On frôle l'extinction ; destin qui est d'ailleurs au même moment celui des aborigènes de Tasmanie, de l'autre côté du Pacifique. Leur dernier représentant, une femme du nom de Truganini, meurt en 1876, symbole d'une nation entière martyrisée par l'Histoire, les hommes, le hasard, la fatalité, tout ce que l'on voudra : seul exemple en tout cas de génocide totalement « réussi » dans l'histoire contemporaine...

Les Rapa Nui y échappent de justesse. Pas leur culture. Dévastée elle aussi par les fléaux qui se sont abattus sur l'île – dont le moindre n'est pas le « pillage » des *Moai* par les grands musées d'Occident –, elle n'est plus au début du XXe siècle que le souvenir d'elle-même...

Baie de Hanga Roa, 29 janvier 2005

L'île de Pâques est si petite et si peu peuplée, ses côtes si inhospitalières pour des marins et son intérêt économique si faible pour qui que ce soit, qu'elle ne possède toujours pas le moindre port, pas le plus petit havre digne de ce nom... Il faut débarquer en canot dans une petite baie coupée d'une « barre » proprement dangereuse lorsque la mer se fait grosse, et pour le reste, laisser son navire au mouillage avec tous les problèmes logistiques et techniques que cela induit. Mais qu'importe : nous débarquons comme tant d'autres avant nous dans cette baie d'Hanga Roa.

Instantanément, les lieux, par leur « vérité » naturelle, me paraissent à la hauteur des rêves qui m'ont porté jusqu'ici.

J'entreprends tout d'abord de parcourir la ville d'Hanga Roa elle-même – capitale des Rapa Nui d'aujourd'hui – rue par rue, avec une volonté de systématisation que l'échelle de la ville rend possible : j'ai le désir de tout voir, tout sentir, tout saisir... Pourquoi pas après tout ? Quel que soit le domaine d'étude, quelles que soient les circonstances, quelle que soit la nature même de l'entreprise, n'est-ce pas un bonheur rare, habité d'une stimulation profonde, que de s'atteler à une tâche la plus exhaustive possible ?

J'avance tous mes sens en alerte comme j'aime le faire à chaque « premier contact » d'un monde que je ne connais pas encore, quand tout est neuf, fort, différent, puissant ; et je me rends compte avec une joie rassurante que cette excitation des premiers pas – excitation « innocente » et pure s'il en est, proche peut-être de l'émoi des premières amours enfantines – ne s'est pas émoussée en moi avec le temps. Alors j'écris dans mon journal personnel, avant même toute considération sur la ville et ses habitants :

> *Si j'avais un seul conseil à donner aux voyageurs véritables, aux hommes et femmes épris d'aventure – plus exactement : habités par l'esprit d'aventure –, il ne serait pas d'ordre pratique ou technique mais intellectuel ; ce serait de prendre garde à préserver la « jeunesse » de leur regard et de leur réflexion. Ou, conseil plus offensif : apprendre à maudire l'œil blasé des « professionnels », des « spécialistes », de ceux qui ont tout vu, tout connu, tout compris, et à cause de cela, ne voient plus rien en réalité, ne comprennent plus rien – de toute façon, j'ai toujours pensé qu'une vie entière était insuffisante pour être spécialiste de quoi que ce soit...*
>
> *Comme il est bon en vérité de pouvoir dire l'inverse de se dont se rengorgent les vaniteux ; autrement dit, de pouvoir affirmer : je ne connais pas telle ville, je ne suis jamais allé à tel endroit, je ne sais rien de tel peuple ou de tel pays. Cela signifie : tout est encore possible, tout est en puissance, tout est toujours en devenir...*
>
> *A mon sens, la véritable expérience – en tous domaines, en toutes matières sans exception – ne s'acquiert que dans le mélange de la maturité de l'âge et de la jeunesse du « coup d'œil ».*
>
> *C'est donc le défi de toute une existence.*
>
> *Le reste à ce sujet est mauvaise littérature...*

Je me convaincs très vite qu'Hanga Roa appartient à la catégorie des petites bourgades tranquilles aux allures de vieille province espagnole où il ne se passe à peu près rien en apparence ; de ces bourgades sans histoires, semblables à mille autres, dont personne n'a jamais entendu parler sur terre... Forcément le genre d'endroit que je me mets très vite à aimer.

La majorité des habitants de l'île – 4 000 d'après le dernier recensement dont au moins un tiers de Chiliens continentaux – vit désormais à Hanga Roa qui concentre toute l'activité économique, c'est-à-dire pas grand-chose : un peu de pêche, un peu d'agriculture, beaucoup de tourisme – les *Moai* sont d'un rendement appréciable depuis qu'un aéroport a été construit, rompant définitivement l'isolement d'autrefois.

Dans l'intérieur des terres subsistent toutefois une poignée d'hommes intéressants par leurs choix de vie : des fermiers rétifs à toute vie citadine, des fonctionnaires des eaux et forêts engagés dans la protection des sites historiques, quelques irréductibles attachés à leur identité. Sur les côtes on trouve également des pêcheurs solitaires et quelques paysans habitant de vagues hameaux au débouché de criques perdues. C'est à peu près tout. Mais là est sans doute l'essentiel.

Car pour le reste, Hanga Roa me semble très vite anachronique, décalée, pour tout dire incongrue au regard de la personnalité de l'île et de son passé chargé de tragédie : il y a partout de l'animation, des restaurants modestes mais honorables, des boutiques petites mais honnêtement approvisionnées, et surtout des hommes et des femmes absolument semblables, dans leur manière d'être et leur accoutrement, à tous ceux que l'on peut croiser ailleurs au Chili. Ou dans le monde... Même sur cette terre isolée des Rapa Nui, je dois me résoudre à constater que l'uniformisation accélérée de la planète court toujours et de manière exponentielle depuis l'origine de la « mondialisation » qui en est la cause – et que je situe personnellement en 1492 lors de la découverte de l'Amérique par Christophe Colomb et non depuis l'expansion de la société industrielle et du libéralisme économique qui lui est consubstantiel, simples coups d'accélérateur de cette « globalisation »...

Je me rends compte en même temps combien la célébrité mondiale de l'île de Pâques a occulté le facteur humain qui lui était pourtant central. Cette célébrité repose encore de nos jours si exclusivement sur les statues de pierre et leur énigme supposée qu'elle annihile tout ce qui a trait aux hommes. Ainsi, l'île de Pâques a longtemps été pour moi – comme pour la plupart des gens je crois – une île inhabitée : il y avait les *Moai*, colossales idoles d'un autre temps, et réellement rien d'autre, en tout cas pas le moindre habitant... La majorité des films ou des livres existant sur l'île de Pâques – et leur nombre est faramineux au regard de la taille de l'île – aborde si peu les Rapa Nui d'aujourd'hui, ou les escamote si vite, que cette impression de désert humain est flagrante.

C'est la raison principale qui me pousse à vouloir que *La Boudeuse* comble modestement, mais à sa manière, cette lacune en se préoccupant avant tout des Rapa Nui – tels qu'en eux-mêmes aujourd'hui – et beaucoup moins des statues géantes et de leur histoire passée – sur lesquelles la littérature abonde et où je ne vois pas comment nous pourrions apporter quelque chose de neuf. Autrement dit, je ne viens pas ici fasciné par le mythe d'une antique civilisation auréolée de mystère. Ce qui m'attire, c'est au contraire ce qu'il y a derrière ce mythe, ce dont on ne parle presque jamais : les hommes de l'île de Pâques...

Hanga Roa, 30 janvier 2005

Ariane Lecouteur et Philippe Pothon rejoignent le bord en provenance de Paris *via* Santiago du Chili. Ariane dirige « L'Envol », la société qui produit les films de nos expéditions, et Philippe vient remplacer Dominique Martial au poste de chef opérateur : j'ai connu Ariane il y a longtemps – une vingtaine d'années – lorsqu'elle assurait le montage du film de mon tour du monde en ULM, réalisé par un de mes meilleurs amis, le regretté Christophe de Ponfilly. Depuis, elle a fait du chemin jusqu'à posséder sa propre maison de production, bien installée sur la place de Paris.

Pothon, de son côté, a tourné la plus grande partie des images des expéditions de la jonque ; c'est dire s'il connaît la « musique » : jeune, bien bâti, tenace, doué pour tout ce qui a trait à l'image et au cinéma, futur réalisateur de talent à n'en pas douter, Pothon est prévu pour rester plusieurs mois à bord, jusqu'à ce que nous ayons atteint l'autre côté du Pacifique. Il reviendra ensuite pour la partie indonésienne de nos aventures. Dans l'immédiat, il tombe on ne peut mieux. Car notre arrivée a fait sensation dans l'île et, en début d'après-midi, il va filmer une scène quelque peu surréaliste...

Le soleil est encore haut dans le ciel lorsqu'en compagnie du matelot Tomasi, de garde à la coupée, il voit venir à nous une chaloupe montée par un groupe d'hommes très excités. Ils se font connaître en criant :

« *Buenos dias*, nous sommes des archéologues. Où est votre capitaine ? Est-ce qu'on peut monter à bord ? »

Je me trouve à ce moment-là dans le carré bibliothèque en train de classer de la mauvaise paperasserie. J'entends vaguement du bruit sur le pont et m'apprête à monter voir de quoi il retourne lorsque Tomasi surgit devant moi :

« Capitaine, il y a des archéologues dehors ; ils demandent à te voir...

– Des archéologues ?

– C'est ce qu'ils prétendent.

– De quoi ont-ils l'air ?

– Sûrement de ce qu'ils disent. Mais ils sont drôlement exaltés...

– Fais-les monter quand même, on va bien voir ce qu'ils veulent ; je les attends ici. »

Quelques minutes plus tard, trois hommes font leur apparition dans le carré, descendant les marches avec une jubilation visible. Deux sont dans la force de l'âge, habillés de vestes d'été à poches multiples, des appareils photo en bandoulières. Le troisième est jeune, les cheveux noués en queue de cheval. Ils sont chiliens à n'en pas douter.

Le plus massif des trois hommes, transpirant dans la chaleur du jour et s'épongeant déjà le front, me dit :

« Vous parlez espagnol ? Parfait ! Nous sommes très contents de vous voir. Vous savez que vous avez fait de l'effet en arrivant hier avec votre navire ? J'étais dans le restaurant qui surplombe la baie, en train de prendre mon petit déjeuner, quand mon jeune fils est venu me chercher en criant qu'un bateau pirate se préparait à attaquer l'île... Vous imaginez ma réaction... Je me suis précipité sur la terrasse et je vous ai vus jeter l'ancre. Incroyable ! me suis-je dit : voilà exactement le genre de scènes auxquelles ont assisté les anciens Rapa Nui à l'arrivée des Européens... »

Son camarade plus âgé ajoute : « Il faut vous dire que nous sommes spécialistes de l'île de Pâques, n'est-ce pas ? Et nous travaillons depuis des années à élucider certains mystères de la civilisation pascuane. La vision de votre trois-mâts traditionnel nous a brutalement confirmé quelque chose sur un sujet bien particulier... C'est pour ça que nous aimerions photographier votre bateau sous toutes les coutures, le mesurer exactement et, si possible, en avoir les plans...

– Diable ! dis-je. Ce n'est pas rien ; mais racontez-moi les choses plus en détail. Asseyez-vous... »

Les trois hommes prennent place autour d'une des tables du carré :

« Voilà, reprend le plus âgé. D'après une théorie assez récente ce serait l'apparition de navires tels que le vôtre, ceux des explorateurs occidentaux, qui aurait provoqué chez les Rapa Nui le premier bouleversement de leur croyance...

– Nous travaillons spécifiquement sur cet aspect du problème, précise le premier des archéologues ; ou si vous préférez, nous essayons de comprendre ce qui a pu se passer dans la tête des gens d'ici quand ils ont découvert les bateaux européens, eux qui étaient de grands navigateurs à l'origine, mais qui avaient certainement perdu ce savoir avec le temps. »

Je demande : « Ils n'avaient plus de bateaux, c'est cela ?

– Exactement. Ceux qu'ils savaient encore construire étaient petits, peu nombreux et incapables de franchir de longues distances. L'absence de bois avait dû contribuer à cette perte de savoir.

– Si je comprends bien, les Pascuans étaient devenus prisonniers de leur île...

– C'est cela. D'ailleurs, quand ils ont vu arriver le premier vaisseau européen, celui de Roggeveen, ils ont superbement ignoré l'équipage. Ils sont montés à bord et ne se sont occupés que des caractéristiques du bateau qu'ils ont mesuré dans tous les sens. Le reste ne semblait pas les intéresser. »

Je dis : « Je me souviens effectivement de cette histoire ; et également d'un passage du journal de La Pérouse où il relate une scène identique ; j'ai son livre dans la bibliothèque, attendez... »

Je vais chercher l'ouvrage en question, l'ouvre et continue : « Voici ce que raconte La Pérouse juste après que des Rapa Nui sont montés à bord de son navire : "Le soin qu'ils ont pris de mesurer mon vaisseau m'a prouvé qu'ils n'avaient pas vu nos arts comme des êtres stupides ; ils ont examiné nos câbles, nos ancres, notre boussole, notre roue de gouvernail ; et ils sont venus le lendemain avec une ficelle pour en reprendre la mesure, ce qui m'a fait croire qu'ils avaient eu quelques discussions à terre à ce sujet et qu'il leur était resté quelques doutes."

J'ajoute en plaisantant à demi : « Finalement, c'est aussi ce que vous voulez faire avec mon navire : le mesurer en détail... »

Les trois archéologues sourient, vaguement gênés, et le plus âgé dit :

« D'une certaine manière... Mais attendez la suite, le plus intéressant est à venir : vers le début du XIXe siècle, donc presque cent ans après la découverte de l'île, une cérémonie tout à fait nouvelle a fait son apparition chez les Rapa Nui ; elle s'appelait : "Tevaka Ohone". A cette occasion, ils dressaient des autels cérémoniels tout à fait différents de ceux d'autrefois. Auparavant, ces autels – qui portaient le nom de *ahu* – étaient constitués de simples plates-formes de pierre dédiées à des dieux ou des ancêtres divinisés représentés par les fameux *Moai* qui étaient érigés dessus. Ces sanctuaires servaient de lieux de culte et de sépulture à un lignage particulier. Avec la cérémonie du "Tevaka Ohone", tout a commencé à changer. D'après nos théories, les Pascuans se sont mis à construire des *ahu* imitant des trois-mâts occidentaux ; ils se rassemblaient autour, habillés de tous les vêtements européens qu'ils avaient pu troquer avec les marins de passage, notamment des uniformes, et pendant une semaine, ils dansaient et chantaient des airs spécifiquement composés pour ces cérémonies. En même temps, une sorte de “capitaine” donnait des ordres du haut du bateau en pierre en criant : “Envoyez les voiles ! Remontez l’ancre !” et toutes sortes d’instruction de ce genre qu’ils avaient vu faire... Ils imitaient les Occidentaux, n’est-ce pas ? »

L’homme s’interrompt, sort une liasse de documents de sa sacoche : « Regardez ces images que nous vous avons apportées, dit-il ; ce sont des modélisations sur ordinateurs de ces autels cérémoniels en forme de bateau ; elles ont été réalisées à partir des ruines que nous avons découvertes... Car évidemment, il ne reste plus grand-chose de ces sanctuaires... »

J’examine les documents que l’archéologue a étalés sur la table avec une sorte de respect contenu ; ils représentent d’impressionnantes formes de navires en pierre d’une esthétique émouvante tant la reconstitution numérique de la moindre pierre appartenant à ces bateaux immobiles compose un mélange rare de poésie et de réalisme. A n’en pas douter, l’imagination des Rapa Nui avait été tant frappée par la vision des vaisseaux étrangers venus d’un monde tellement plus puissant que le leur, qu’ils s’étaient mis à les adorer au sens propre du terme, en lieu et place sans doute de leurs divinités ancestrales. Que des trois-mâts de pierre aient pu remplacer les *Moai* dans le panthéon Rapa Nui de l’époque coloniale me fascine soudain par sa portée tragique.

« Si cela vous intéresse, reprend le plus âgé des trois archéologues, nous pouvons vous emmener voir ces *ahu* ; du moins ce qu’il en reste. Il y en a près d’une vingtaine le long des côtes de l’île. On les appelle des *ahu poï poï*.

– Je ne demande pas mieux, dis-je. Demain ?

– Si tôt ?

– Pourquoi tarder ? J’avance en âge, le temps m’est compté...

– Le nôtre aussi, dans ce cas !

– Tout juste...

– Alors à demain ! »

La Boudeuse au vent arrière, sous misaine, hunier fixe et hunier volant, en route pour la grande aventure du tour du monde. Devant nous désormais, la vie libre et intense...
© Eric Feferberg/AFP

Elégante, fine, rapide et manœuvrière, *La Boudeuse* courant bâbord amure sous douze de ses treize voiles. © Eric Feferberg/AFP

Quelque part au milieu de l'Atlantique, Dominique Martial, chef opérateur, et Ali Berredouane, bosco. Deux des « figures » de *La Boudeuse*. © DR

Sur l'Amazone, il arrivait aux bateaux brésiliens d'engager la course avec nous. Mais il n'y avait jamais qu'un seul vainqueur : le fleuve géant qui emmenait chacun vers son destin. © Eric Feferberg/AFP

Non loin de l'embouchure du Japura, le « fleuve des surprises », qui devait nous mener vers le territoire des Indiens Yuhup. Frédéric Tolosa, mécanicien, Vincent Trousseau, administrateur, Patrice Franceschi, capitaine. © DR

Mordue au pied par un serpent surucucu, Hedwig Marzolf, notre philosophe, avait bien faillit ne pas s'en sortir malgré son courage. Pierre Chesneau, médecin du bord, avait fait ce qu'il fallait, comme tout l'équipage. © Eric Feferberg/AFP

Un « quart » parmi d'autres à la dunette sur l'Amazone. Christine Chevrier, gabier, Maxime Ducoutumany, administrateur, Eric Franceschi, commissaire de bord, Patrick Féron, second capitaine. Les bancs de sable étaient nos pires ennemis. © Eric Feferberg/AFP

Gérard Chaliand et Patrice Franceschi sur la rivière Jotavella. Une oasis de sérénité dans une Amazonie tourmentée. A l'arrière de la pirogue, José-Juan le Macuna.
© Eric Feferberg/AFP

Sarbacane sur l'épaule, carquois de fléchettes empoisonnées au curare autour du cou, Ado le Yuhup vingt-huit ans après notre première rencontre… © Eric Feferberg/AFP

Première « séance de cinéma » pour les Yuhup dans la grande case communautaire. Sur l'écran improvisé, le chaman Gabriel filmé huit ans plus tôt. Dans la jungle comme partout ailleurs, toute la magie de l'image qui « arrête » la fuite du temps. © Eric Feferberg/AFP

Santiago le Tanimuka, préparant la danse rituelle des « chontaduros ». Entre tradition et modernité, la quête d'une troisième voie pour l'avenir. © Eric Feferberg/AFP

Au mouillage devant l'île de Pâques et ses statues géantes. Une nouvelle aventure commence. © Martin Bernetti/AFP

Dans la carrière du volcan Rano Raraku où les Rapa Nui sculptaient leurs colosses de pierre.
Le silence magnétique d'une civilisation disparue. © Martin Bernetti/AFP

L'impressionnante course de vitesse sur troncs de bananiers de la Tapati, grande fête des Rapa Nui d'aujourd'hui ; ou comment se réapproprier une culture entièrement détruite... © Martin Bernetti/AFP

Jacques Petit, premier lieutenant, chef de manœuvre sur le pont avant. Bientôt, *La Boudeuse* reprendra sa route toutes voiles dehors. © Eric Feferberg/AFP

Julia Du Rietz, administratrice du bord, modèle de l'engagement féminin dans l'aventure. Derrière le hublot, pensif, Denis Fabre, gabier. © Martin Bernetti/AFP

Manœuvre dans le mât de misaine à « serrer les voiles » sur leurs vergues. Tout le dur travail des marins d'autrefois. Une vie où les récompenses sont à l'exacte mesure de ce que l'on y met soi-même. © Eric Feferberg/AFP

Dans les atolls des Tuamotu en quête du « mythe des mers du Sud ». Bruno Tomasi, gabier, Julia Du Rietz, Patrice et Eric Franceschi. Une année « d'errance » d'île en île à travers le Pacifique. Bonheur parfait. © DR

Ile de Pâques, 31 janvier 2005

Il est 9 heures du matin et le gros 4 × 4 des archéologues s'immobilise sur la route, face à la côte, à quelques kilomètres seulement de Hanga Roa. L'air est translucide et les paysages autour de nous presque bucoliques : partout des rochers pointent vers le ciel au milieu d'une herbe rousse qui court d'un seul élan jusqu'à la mer. Nous prenons cette direction ; très vite je vois surgir une étrange construction oblongue faite de petits rochers assemblés sans mortier ni ciment : longue d'une vingtaine de mètres sur deux de large et à peu près autant de haut, elle peut sans peine figurer la coque grossière d'un bateau. Nous nous approchons ; l'une des extrémités de la construction est depuis longtemps détruite par le temps et les intempéries mais l'autre est saisissante de ressemblance avec une proue de navire.

Je me hisse sur l'*ahu*, le parcours d'un bout à l'autre, trébuchant sur les pierres inégales, empli d'une forme d'admiration mélangée de tristesse. Sur le « pont », je découvre trois trous à peu près à égale distance les uns des autres : sûrement l'emplacement des « mâts ». Evidemment, les troncs d'arbre qui devaient être plantés dans ces alvéoles ont disparu depuis longtemps.

Un vent léger souffle sur le vieil *ahu*/navire perdu au milieu de la lande. Dans le silence de ce vent soyeux, je songe aux cérémonies qui se déroulaient ici un siècle plus tôt, exécutées par des hommes qui « singeaient » littéralement les Européens, tétanisés qu'ils étaient par l'irruption brutale de ces derniers au cœur de leur monde perdu. Tous les récits des anciens navigateurs concordent pour brosser le tableau d'un choc culturel violent, répété pendant des décennies, dont l'effrayante inégalité rendait le résultat implacable pour la culture la plus faible technologiquement. A cela s'ajoutait le mépris des Occidentaux pour de nombreux comportements des Rapa Nui qui leur apparaissaient comme incompréhensibles ou immatures. Le grand ethnologue Alfred Metraux relève par exemple en 1935 celui ayant trait aux... chapeaux : « Les anciens Pascuans avaient la passion des couvre-chefs et pour la satisfaire, ils s'exposèrent aux représailles des Européens dont ils volaient les chapeaux. Ce goût prenait même parfois des formes comiques. Eyraud raconte dans une de ses lettres qu'il n'était objet dont ils ne fissent une coiffure. Calebasse, demi-melon, carcasse d'oiseau, tout leur était bon. On vit même un indigène qui arborait fièrement sur sa tête deux seaux emboîtés l'un dans l'autre. Mais le cas le plus amusant fut celui d'un homme qui, ayant découvert un soulier, s'en chaussa littéralement le crâne. Ces fantaisies vestimentaires prirent fin après la période d'assimilation. »

Les mœurs très libres des Rapa Nui n'arrangeaient pas non plus le jugement des Occidentaux ; les femmes de l'île s'offraient sans trop de difficultés aux marins de passage – « coutume » répandue presque partout ailleurs en Polynésie et ne prêtant pas à conséquence – ou y étaient contraintes pour les plus jeunes d'entre elles. On trouve ainsi ce passage dans le journal de La Pérouse : « Ils faisaient violence à de jeunes filles de treize à quatorze ans pour les entraîner auprès de nous, dans l'espoir d'en recevoir le salaire : la répugnance de ces jeunes Indiennes étaient une preuve qu'on violait à leur égard la loi du pays. Aucun Français n'a usé du droit barbare qu'on lui donnait ; et s'il y a eu quelques moments donnés à la nature, le désir et le consentement étaient réciproques, et les femmes en ont fait les premiers frais. »

Mais ce grand explorateur, pourtant l'un des plus « humanistes » du siècle des lumières, pouvait porter sur les Rapa Nui des opinions tranchées et moins favorables comme le montre cet autre passage, semi-ironique, de son journal : « Il n'y a personne qui, ayant lu les relations des derniers voyageurs, puisse prendre les Indiens de la mer du Sud pour des sauvages ; ils ont au contraire fait de très grands progrès dans la civilisation, et je les crois aussi corrompus qu'ils peuvent l'être relativement aux circonstances où ils se trouvent : mon opinion là-dessus n'est pas fondée sur les différents vols qu'ils ont commis, mais sur la manière dont ils s'y prenaient. Les plus effrontés coquins de l'Europe sont moins hypocrites que ces insulaires ; toutes leurs caresses étaient feintes ; leur physionomie n'exprimait pas un seul sentiment vrai : celui dont il fallait le plus se méfier était l'Indien auquel on venait de faire un présent, et qui paraissait le plus empressé à rendre mille petits services. »

Ces quelques jugements témoignent à eux seuls de l'impossibilité d'une compréhension mutuelle entre Occidentaux et Rapa Nui. Aucun vrai dialogue n'était envisageable : trop de différences culturelles, trop de fascination pour ces différences, trop peu de soucis des éventuelles ressemblances...

Un cas de figure classique pour l'époque coloniale occidentale.

Un cas de figure classique dans l'histoire des rencontres entre peuples du monde...

Je me trouve toujours sur l'*ahu*/navire quand le plus jeune des archéologues me ramène à des questions plus pratiques :

« On voudrait vous montrer une dernière chose, me dit-il : un *Moai* qui n'est pas très loin d'ici et témoigne lui aussi de la “déification” des navires occidentaux ; vous allez être surpris. »

Nous remontons dans le 4 × 4 et roulons un moment avant de bifurquer sur une piste cahotante. Nous stoppons un peu plus loin, poursuivons à pied vers un groupe de *Moai* assez petits et comme plantés dans le sol. Je m'approche d'eux avec un vrai respect intérieur : pour la première fois, je vais observer des *Moai* de près... Comme sur le *ahu poï poï* tout à l'heure, je suis saisi par la puissance artistique, pour tout dire émotionnelle, qui se dégage des statues géantes dressées devant moi avec leurs yeux vides et immenses qui regardent le ciel :

« Voyez ce qu'il y a sur le ventre de cette statue », me dit l'un des archéologues.

Je me penche sur le *Moai* et distingue nettement un pétroglyphe gravé dans la pierre noire et presque friable. Il symbolise un trois-mâts : on reconnaît sans peine les formes de la coque, les mâts, les voiles carrées déployées.

« Pour que les Rapa Nui en soient arrivés à faire des choses pareilles sur leurs statues sacrées, me dit-il, c'est que dans leurs esprits, de nouveaux dieux avaient remplacé les anciens.

– C'était le début de la fin, n'est-ce pas ?

– Sans aucun doute. Le désarroi moral devait être total. Alors, quand les missionnaires sont arrivés, ils n'ont pas eu beaucoup de mal à convertir les Pascuans au catholicisme. D'autant que ces missionnaires étaient de braves gens qui défendaient leurs ouailles contre les colons ; ces derniers étaient souvent de vraies brutes, vous savez. Il y a même eu un Français célèbre dans ce ramassis de forbans.

– Un Français ?

– Il s'appelait Dutrou-Bornier, c'était un ancien officier de marine. Il était venu ici pratiquer l'élevage et faire un peu d'agriculture. Il achetait des terres aux Rapa Nui pour trois fois rien, quelques bouts d'étoffes souvent, et les faisait ensuite trimer comme personne. C'était dans les années 1870, à une époque où les esclavagistes chiliens avaient déjà mis à mal toute l'île. Dutrou-Bornier n'avait donc pas beaucoup de difficultés à terroriser les Rapa Nui, affaiblis par les maladies et la malnutrition. Comme les missionnaires ont fini par prendre la défense de ces malheureux, il n'a pas hésité à leur faire la guerre à eux aussi et à détruire leurs missions, notamment celle qu'ils avaient à Hanga Roa. Incroyable, n'est-ce pas ? Les missionnaires ont été obligés de fuir. Trois cents Pascuans ont même préférer s'exiler en embarquant sur le navire d'un associé de Dutrou-Bornier qui cherchait de la main-d'œuvre pour ses plantations de Tahiti – il y a encore là-bas une communauté de descendants de ces Pascuans. En tout cas, trois cents personnes, c'était peut-être les deux tiers de ce qui restait de la population de l'île après ce qu'avaient fait les négriers chiliens pour leurs plantations de guano. Une véritable hémorragie... Les Rapa Nui qui restaient ne pouvaient plus résister à rien ; ils n'étaient qu'une poignée de toute façon. Alors, quand le Chili a annexé l'île en 1888, il n'y a pas eu la moindre opposition.

– Et ce Dutrou-Bornier, qu'est-il devenu ?

– Assassiné ! Les Rapa Nui ont fini par l'avoir... En voilà un au moins qui est mort comme il avait vécu : dans la violence. Mais il aimait les femmes d'ici et il a laissé beaucoup de descendants dans la population actuelle ; en tout cas, c'est ce qu'on raconte... Mais rassurez-vous : les Français sont très bien vus maintenant. Et à ce que j'ai déjà entendu dire ici ou là, je ne serais pas étonné que votre navire soit bientôt considéré par les Rapa Nui d'aujourd'hui comme faisant symboliquement partie de leur histoire ; quelque chose comme ça en tout cas, par une sorte de mimétisme à travers les siècles... Vous venez à peine d'arriver mais vous verrez : toutes les portes vont s'ouvrir devant vous... »

Ile de Pâques, 1er février 2005

Il est 7 heures du matin et l'équipage est rassemblé sur le pont central de *La Boudeuse* pour un briefing matinal :

« Messieurs et mesdemoiselles de *La Boudeuse*, dis-je, nous allons débuter notre travail à l'île de Pâques par une reconnaissance à pied de l'ensemble de l'île. Mis à part les hommes de garde, tout le monde va y participer. Nous effectuerons cette reconnaissance sur trois jours ; compte tenu de la taille de l'île qu'on peut traverser en moins d'une journée, ce sera suffisant pour une première approche. Dans l'immédiat, il s'agit surtout de "sentir" les choses. D'autres reconnaissances suivront, sans doute à cheval. Ce serait bien qu'au final nous couvrions l'île de manière systématique. Dans l'immédiat, l'objectif est de partir à la découverte des habitants, de se faire accepter dans leur société, de les inviter dans la nôtre – ici à bord –, de leur proposer de partager nos activités, de voir comment vivre avec eux, de comprendre ce qu'il y a derrière le mythe des *Moai*. Enfin, d'un point de vue humain, de se demander toujours ce qui peut rendre ces hommes semblables à nous malgré leurs différences... Des questions à ce stade ?

– Oui, dit Denis Fabre, mais purement pratiques : il y aura combien d'équipes pour cette reconnaissance ?

– Trois. Comme tu le sais, j'ai parlé hier avec les uns et les autres pour la constitution de ces équipes. Cela donne : équipe n° 1 pour l'exploration de la partie ouest de l'île, Eric Franceschi, Stéphanie Pélissier, Jacques Petit. Equipe n° 2 pour la partie est, Stéphane Delzenne, Laure Cluzan, Denis Fabre. Equipe n° 3 pour Hanga Roa où il y a aussi beaucoup de choses à faire : Philippe Pothon, Christine Chevrier, Julia Du Rietz et moi-même. Le groupe de garde à bord sera constitué de Pierre Marcel – lieutenant responsable du navire en mon absence –, Bruno Tomasi et Nicolas Clérice. Voilà, j'en ai terminé. A Eric maintenant pour ce qui concerne l'aspect technique des choses.

– Ce sera rapide, annonce mon frère. Les matériels d'expédition dont vous allez avoir besoin sont prêts depuis hier ; je vais en faire la distribution sur la dunette : sac à dos, gamelles, duvets, chaussures de marche, etc. Je rajouterai pour chaque équipe une radio VHF et un téléphone satellite iridium réservé à la sécurité. Voilà, c'est tout pour moi. Jacques, tu peux organiser les navettes à terre d'ici une heure tout au plus.

– Ce sera fait. Denis a déjà préparé les canots.

– Parfait, dis-je. Alors bonne chance à tous. On se retrouve à bord dans trois jours pour un premier point. En ce qui concerne ma propre équipe, nous ne descendrons à terre que dans l'après-midi. Figurez-vous que le gouverneur de l'île de Pâques a demandé à visiter *La Boudeuse* ce matin... »

9 heures : Les deux équipes de reconnaissance ont à peine quitté le navire que le gouverneur se présente à la coupée dans une solide barque officielle. La cinquantaine avenante, vêtu d'un pantalon de toile et d'une chemise hawaïenne, il est grand et massif, le crâne presque rasé et son visage rond est encadré d'une courte barbe déjà grise. Il s'appelle Henrique Pakarati et cumule une fonction et une identité longtemps contradictoires ici : celle d'être à la fois Rapa Nui et gouverneur des siens au service de l'Etat chilien...

Le voilà à bord ; je le salue avec courtoisie, il tourne la tête de tous côtés, curieux. Je le mène au carré salle à manger. Il s'assoit devant une tasse de café, remercie, salut l'équipage. Il se dit très impressionné par l'arrivée de *La Boudeuse* : « C'est un véritable événement, affirme-t-il. Surtout compte tenu des objectifs que vous poursuivez ; on m'a raconté, vous savez... Ce sont les habitants actuels qui vous intéressent plutôt que l'archéologie, c'est bien ça ? » Je confirme et il semble visiblement enchanté. « Tant mieux, lance-t-il gaiement, on va parler différemment de notre pays ; c'est une bonne chose. Il y a des problèmes humains ici. Et ils sont toujours masqués par le folklore des *Moai*. »

La visite du navire accroît visiblement l'admiration du gouverneur pour l'odyssée passée et à venir de *La Boudeuse*. Bientôt, il ne parle plus que de nous accompagner lorsque nous repartirons vers Pitcairn et Tahiti : « Si je parviens à prendre un peu de vacances, dit-il, ah ! sérieusement, je viens avec vous pour un bout de chemin... » Je l'assure de la joie que nous aurions à le compter parmi nous et il ajoute : « En attendant, vous n'aurez aucun problème administratif ; vous serez libres de faire ce que vous voulez, d'aller où bon vous semble. Et si vous avez besoin de quoi que ce soit, venez me voir. Hanga Roa est minuscule, tout le monde sait où se trouve mon bureau... » Je le remercie de ses bonnes intentions et il conclut sa visite en nous invitant à venir le voir chez lui : « Passez demain, propose-t-il avec simplicité, ça me ferait plaisir de vous présenter ma famille... »

Ile de Pâques, 2 février 2005

Henrique le gouverneur, premier des notables de l'île de Pâques, habite une modeste maison du centre d'Hanga Roa, située face au bâtiment administratif du gouvernement. C'est sa femme, petite dame gentille et sans apprêt, qui nous reçoit, Julia, Pothon et moi, pour un déjeuner impromptu en compagnie des deux jeunes enfants du couple.

Le repas commence par un bénédicité en règle : le gouverneur est fier d'être un bon chrétien et d'avoir été un élève exemplaire des missionnaires à qui il doit tout, nous dit-il, d'une voix émue. Orphelin de naissance, misérable parmi les misérables au temps du déclin de l'île, il a été recueilli et élevé par l'un de ces bons pères que l'Eglise savait aussi produire en ce temps-là. Ce missionnaire, du nom d'Englert, n'était pas n'importe qui : Bavarois d'origine, il était mondialement reconnu comme l'un des plus grands spécialistes de l'île de Pâques ; il faisait partie de ces religieux érudits qui en remontraient aux meilleurs ethnologues de l'époque et même au célèbre Alfred Métraux ; celui-ci avait pourtant mené la mission anthropologique la plus sérieuse de l'entre-deux-guerres.

Ce n'est pas sans émotion qu'Henrique se souvient devant

nous du père Englert, mort depuis longtemps, mais dont de vieilles photos écornées trônent toujours sur des guéridons :

« Cet homme était un grand homme. Il a fait de moi ce que je suis ; il m'a donné mes premiers principes d'éducation quand je n'avais qu'une dizaine d'années. Il m'a tout appris, même les choses les plus simples, comme couper mes ongles, lacer mes souliers ou faire ma toilette. C'était un savant important et en même temps un père très affectueux pour moi. »

A l'évidence, le gouverneur n'appartient pas à un quelconque sérail politique chilien et son parcours est pour le moins atypique ; un cas rare et méritant. Sans doute est-ce cela qui nous le rend si vite humain et attachant. On n'est jamais que le résultat de la somme de ses expériences vécues, me dis-je, et ce gouverneur a été forgé dans de rudes épreuves – contrairement à la plupart des hommes politiques de sa génération. Reste une question qui m'intrigue : comment concilie-t-il le fait d'être à la fois Rapa Nui et gouverneur chilien, compte tenu du « passif » entre les deux peuples ? Henrique hausse les épaules en souriant, balaye l'air d'un revers de main :

« Les rapports entre Rapa Nui et Chiliens sont apaisés maintenant, ce n'est plus comme autrefois. Et il le fallait pour que l'avenir ne ressemble pas au passé. C'est une bonne chose, il faut continuer à aller dans ce sens. Et puis, vous savez, il faut être réaliste : que pourrions-nous faire tout seuls, nous Pascuans ? Cette île est certainement superbe d'un point de vue esthétique, mais elle est totalement volcanique et ne possède aucune ressource propre ; elle ne peut rien produire d'important. Nous avons davantage à gagner en restant chiliens – avec toute l'autonomie dont nous disposons aujourd'hui – qu'à être indépendants au sens politique du terme. Non, le combat désormais, c'est juste celui de notre identité propre au sein de la communauté chilienne. »

Après avoir quitté ce drôle de gouverneur pas vraiment comme les autres, je poursuis mon immersion dans le monde contemporain des Rapa Nui d'Hanga Roa. Je veux d'abord entrer dans le « temps » qui forme la trame intime de leur monde, en saisir par là « l'esprit » – ou encore « l'âme » comme diraient certains. Alors et alors seulement le reste sera possible.

Accompagné de Julia, je flâne au hasard des rues, sans plan établi, laissant faire la providence et le destin. Nous « traînons » dans les bars, les restaurants, les échoppes pour touristes, humant l'air, les gens, le décor. Finalement, je dis à Julia :

« J'ai le sentiment que, fort heureusement, pas une seule des expéditions de notre tour du monde ne va se ressembler...

– C'est-à-dire ?

– Je pensais en fait à notre “immersion” précédente chez les Yuhup ; je la comparais à celle qui commence ici.

– C'était mieux en Amazonie ?

– Pas du tout. C'était seulement très différent ; c'était davantage... comment dire... physique, n'est-ce pas ? La dureté du milieu naturel, évidemment. L'éloignement aussi, ça joue ; et puis l'absence de *La Boudeuse* comme base arrière, des choses comme ça... C'est dommage que tu n'aies pas vécu cette expédition...

– Il fallait bien quelqu'un à la base arrière... En tout cas, l'île de Pâques me semble prometteuse ; j'aime cet endroit. Je sens beaucoup de choses ici ; on va vivre une belle expérience ; et les Rapa Nui sont plutôt d'un abord aisé, non ? »

Effectivement, les conversations s'engagent ici comme si chacun connaissait tout le monde depuis toujours... Autour d'un café ou assis sur le rebord d'un trottoir, les Pascuans se découvrent volontiers. Mais lorsqu'on aborde avec eux le problème sensible de leur identité, les caractères s'assombrissent. A les entendre, ils descendraient tous en ligne directe des premiers Polynésiens arrivés ici il y a 1 500 ans, alors que tout le monde sait qu'il ne doit plus exister un seul Rapa Nui d'origine ; les rares qui ont survécu à la période coloniale ont été dilués dans les vagues migratoires du XXe siècle. Cette blessure de l'Histoire, nous le sentons bien Julia et moi, est au cœur de la réalité des Pascuans d'aujourd'hui, tous métis à des degrés divers. A l'évidence, elle les pousse à une quête éperdue d'identité et de culture. Par exemple, le seul cinéma de l'île que nous découvrons dans nos recherches – un ersatz de cinéma d'ailleurs, minuscule et perdu au fond d'une cour d'hôtel – ne projette à longueur d'année qu'un unique film : *Rapa Nui*, de Kevin Costner... C'est dire...

Au moins ici, ce n'est pas la violence uniformisatrice de la mondialisation qui est cause du repli identitaire...

Ile de Pâques, 3 février 2005

Le deuxième personnage qui va compter au cours de notre séjour est une femme : une figure de l'île plutôt, un vrai « caractère » : tout le monde la connaît sous le sobriquet de « Nana » – et elle est sans doute un roman de Zola à elle seule... La quarantaine tranquille, petite et brune, sans cesse en alerte comme une pelote de nerfs, elle tient une modeste auberge au détour d'une ruelle poussiéreuse du centre d'Hanga Roa. Mais Nana est aussi et surtout la fille d'un héros de la résistance culturelle Rapa Nui, le fameux Joseph Pacomio, irréductible défenseur des droits de son peuple et du monde perdu de ses ancêtres. Toute sa vie, le père de Nana a lutté contre les autorités chiliennes afin de maintenir un semblant d'identité pascuane au milieu de ce qu'il considérait être un océan d'ibérisme. Ce combat, désespéré et pathétique, perdu d'avance, a laissé le vieil homme dans un état physique délabré. Apprenant notre arrivée et les raisons de notre présence, il a aussitôt demandé à nous rencontrer. Sans doute pour voir de quoi il retourne.

Alors, ce matin, Nana m'emmène avec Julia rencontrer son vieux combattant de père dans la petite maison où il a trouvé refuge pour les dernières années de sa vie. Sur une terrasse ensoleillée, nous découvrons un homme malade, voûté dans un fauteuil roulant, les cheveux blancs, les yeux dissimulés derrière d'épaisses lunettes noires ; un homme exténué mais encore habité par le souffle épique de son combat. Il n'a plus de temps à perdre, nous dit-il, car ses jours sont comptés – il mourra effectivement au cours de notre séjour – et ce qu'il a à dire est une sorte de testament si réellement nous accordons au moins autant d'importance aux *Moai* d'hier qu'aux Rapa Nui d'aujourd'hui. Je l'assure que le présent nous importe aussi bien que le passé et il nous affirme alors dans un long monologue :

« L'être humain a une fin. Pour moi, la fin est venue. Alors, sachez ceci, le plus important : sur cette île, il n'y a plus personne qui conserve réellement notre tradition. Tous ceux qui pouvaient y prétendre à un moment ou un autre sont morts maintenant. Il n'y a plus tellement de vieux, d'ailleurs. C'est pourquoi notre culture est en ruine. On nous en a imposé une autre par la force, celle des Chiliens. Nous ne maîtrisons rien, le gouvernement maîtrise tout. Lui seul décide de la culture qu'il veut propager ; et il le peut car il dispose de l'argent nécessaire pour le faire. Cela m'attriste ; car tout ce que vous pouvez voir de culturel ici, en ce moment, n'est qu'une mascarade. Ça ne correspond à aucune réalité. Vous devez comprendre cela. Tout est faux désormais... »

Ile de Pâques, 4 février 2005

Ce matin, retour à bord des équipes de reconnaissance.

A voir les sacs à dos poussiéreux qui s'entassent sur le pont, les bottes crottées de boue que l'on passe déjà au jet d'eau, et les visages harassés qui entourent ces monceaux de paquetage, je comprends que mes compagnons n'ont pas dû ménager leur peine. Les rapports exposés au cours du débriefing qui suit confirment le travail effectué et précisent ce que nous savions déjà : l'intérieur de l'île est à peu près vide. Au sud, cependant, près du sanctuaire de Tonga Riki, impressionnant par la taille et le nombre de ses *Moaï*, la première équipe a découvert un groupe de pêcheurs isolés que des échanges avec nous « enchanteraient », surtout si nous savons pêcher nous aussi – ce dont ces hommes disent ne pas douter compte tenu de ce que l'on raconte dans l'île à propos des hardis marins de *La Boudeuse* venus de l'autre bout du monde... La seconde équipe n'est pas revenue bredouille non plus ; au nord, elle s'est trouvée en contact avec des *djorgos*, ces Rapa Nui irréductibles, mi-gitans, mi-anarchistes, qui vivent à cheval, élèvent du bétail et ne se mêlent guère des affaires des autres, détestant qu'on s'occupe des leurs. Aucune route ou piste ne mène jusque dans la vallée de ces *djorgos*, mais si nous nous aventurons à pied jusque chez eux pour établir des échanges, ils nous accueilleront volontiers – surtout si nous sommes bons cavaliers et nous montrons capables de rassembler leurs troupeaux avec eux.

Quant à venir découvrir *La Boudeuse* et vivre avec son équipage, qu'ils soient pêcheurs ou *djorgos*, tous s'en disent fiers et honorés car on ne leur a jamais proposé une chose pareille...

L'expédition commence bien.

Ile de Pâques, 5 février 2005

Ce matin à l'aube, nous formons une troupe composée des marins de *La Boudeuse* sachant monter à cheval... Nous sommes six : Pothon, Chevrier, Tomasi, Marcel, Julia et moi. Objectif : explorer les zones de l'île qui n'ont pu l'être par les deux précédentes équipes. Et peut-être aller voir du côté des *djorgos* de quoi il retourne exactement... Nous déciderons en chemin.

Le soleil est à peine levé qu'une navette de « Commerson » nous emmène à terre. Là, nous nous procurons sans peine une demi-douzaine de chevaux plus ou moins rétifs, autant de selles et de couvertures, de licols et de harnais, et en fin de matinée, harnachés de pied en cap, munis de toutes les provisions indispensables, nous nous engageons dans l'intérieur de l'île, toujours à la recherche de ces délaissés de l'Histoire que sont les Rapa Nui d'aujourd'hui.

Une chose va immédiatement « m'impressionner » au sens physique du terme et ne plus me quitter de tout notre séjour : l'extraordinaire capacité du ciel à distribuer sur cette terre de l'île de Pâques une lumière sans cesse changeante : dense ou translucide, pâle comme un jour d'hiver ou triste comme un soir d'automne, puissante comme l'été ou légère comme le printemps, impalpable parfois, puissante toujours, âpre ou d'une douceur à nulle autre pareille, cette lumière n'est jamais semblable à elle-même selon le lieu, le moment, l'heure... Je ne connais guère que l'Ecosse ou Jérusalem qui puissent rivaliser avec l'île de Pâques pour le bonheur de ces nuances de lumière que le ciel est capable de donner à la terre.

L'île, volcanique en diable, ne ménage guère le pas de nos montures pourtant accoutumées à cet univers particulier ; elles ne cessent de trébucher sur les rochers, de buter dans les éboulis, d'hésiter au milieu des pierres masquées par les herbes folles poussant un peu partout. Alors, chaque fois qu'une plaine se présente à nos yeux, nous en profitons pour lancer nos chevaux au galop, fouettant leurs encolures, et nous courons ainsi ventre à terre, criant de bonheur, jusqu'à stopper in extremis, debout sur nos étriers, devant quelque muraille de roc ou un infranchissable rideau d'arbres dressés au bout de la plaine, et restant là, alors, essoufflés et heureux, avant de reprendre notre route au pas.

Les paysages sont arides, les forêts très rares – souvent récentes, formées d'eucalyptus à la croissance rapide –, les reliefs escarpés et dentelés, les cônes volcaniques innombrables, leurs cratères incontournables ; la végétation qui couvre cet univers lunaire est si rabougrie, comme consumée par le passage du temps, qu'elle ne masque rien de la puissance de ces reliefs : la pierre est maître de l'île, elle règne partout, elle domine tout ; pierre de volcan, de scories, de tuf, pierre pour géologue, pierre pour archéologue, pierre de *Moai*... Et au milieu de toute cette pierre, pas la moindre goutte d'eau. Partout elle manque : nulle rivière à l'île de Pâques. De tout temps les hommes ont dû se contenter de l'eau de pluie retenue par les barrages naturels que forment les cratères de volcans.

Les côtes de l'île sont à l'image de cette nature : sans concession, partout déchiquetées et abruptes, souvent écrasées par des falaises vertigineuses, parfois adoucies par les ondulations d'une plaine, mais toujours violentes et âpres ; et surtout – par quel miracle ? – emplies d'une émotion indéchiffrable qui prend au ventre et ne vous lâche plus.

Ile de Pâques, 7 février 2005

Trois jours ont passé... Nous rentrons maintenant, harassés par nos chevauchées, mais n'ayant connu que des moments de bonheur parfait, comme j'avais oublié qu'il pût en exister. Dans cette île, on vit encore à l'évidence – mais pour combien de temps – sans aucun des maux des sociétés modernes : pas de bruit, pas de violence, pas de pollution.

Notre expérience la plus déterminante a eu lieu au Rano Raraku. Cet ancien volcan, stupéfiant de beauté tragique, se dresse dans la partie nord-est de l'île, non loin de la mer. Du volcan, il reste deux escarpements rocheux adoucis par l'érosion ; ils s'entrecroisent en forme de croissant de lune et sur l'un de ses flancs se trouvent les anciennes carrières de *Moai* ; autrement dit, le lieu unique où les Rapa Nui d'autrefois sculptaient les statues géantes représentant leurs dieux ou leurs ancêtres divinisés. C'est de là qu'ils les transportaient ensuite vers les autels cérémoniels, les *ahu*, où ils les dressaient dos à la mer, toujours : il fallait que les *Moai* regardent les villages des hommes puisqu'ils étaient censés protéger les vivants de leur regard.

Notre arrivée au pied du volcan a été le moment d'un grand émoi : la terre était poussiéreuse et pleine du silence de cette poussière qui retombait sous les sabots de nos chevaux. Autour de nous, hormis le ciel, tout était de couleur ocre ou rouge, brun, carmin, pourpre ou violet. Un étroit canyon s'ouvrait devant nous, à peine assez large pour laisser passer nos montures. Ses flancs étaient hérissés de saillies rocheuses pointues, tranchantes. Nous avions emprunté ce canyon en file indienne, avec prudence, avançant comme dans un tunnel sinueux ; cette fois, c'était le choc des sabots dans les éboulis qu'on entendait, parfois le souffle fatigué des chevaux ; rien d'autre. Personne ne parlait et nous songions seulement à ce que nous allions trouver plus haut. Nous étions parvenus ainsi sur les rives d'un petit lac intérieur contenu dans le cratère de l'ancien volcan. Des buissons roux et quelques roseaux poussaient sur ses rives, donnant un peu de vie au spectacle fantomatique qui nous entourait.

Nous avions dressé notre bivouac non loin, allumant un feu et laissant vaquer nos chevaux entravés. Plus bas sur la pente se dressait un *Moai* d'au moins quatre mètres de hauteur. Il était semblable à tous les autres par ses formes standardisées – à l'instar des bouddhas d'Asie, les *Moai* semblaient obéir à des modèles précis laissant peu de place à l'initiative de leurs créateurs – mais la lune presque pleine éclairait cette statue d'une lueur irréelle, projetant sur le sol une ombre prodigieuse. J'avais regardé le front démesurément allongé, le nez en équerre, la bouche mince qui n'était qu'une ligne fermée pleine de dédain, les orbites vides – où prenaient place jadis des éclats de corail et des boules de tuf rouges pour figurer les yeux –, et je m'étais senti « capturé » par ce regard d'une intensité inquiétante et magnétique : pas de corps, pas même de cou, rien qu'une tête colossale, un visage d'absolue froideur. J'avais touché la pierre volcanique noire, rêche, presque friable sous mes doigts, couverte de lichens, et j'avais regardé encore longuement ce visage immobile depuis des siècles mais qui, malgré tout, semblait vivant et pensif.

Julia était envahie des mêmes sentiments et je lui avais dit, plaisantant à demi :

« Ces dieux, ou ces héros divinisés, ne sont pas des "rigolos", n'est-ce pas ? On ne devait pas beaucoup s'amuser avec eux. C'est étrange comme dans toutes les civilisations les dieux ne sont jamais "rieurs", ou très rarement.. Ils se doivent d'être impressionnants, terribles même ; il leur faut imposer la crainte... »

J'avais encore contemplé le *Moai* dressé devant nous et ajouté :

« Je me demande dans quelle mesure le gigantisme de ces statues rejoignait un réel désir de transcendance humaine...

– C'est-à-dire ? avait demandé Julia.

– Construire quelque chose de plus grand que soi, se donner pleinement à une œuvre supérieure, se dépasser dans le sublime, des choses comme ça, religieuses ou "laïques" d'ailleurs... Mais il est plus probable que – comme pour tant d'autres peuples – ce soit surtout la vanité qui ait animé les Rapa Nui dans leur volonté de sculpter des statues toujours plus hautes, à l'image de ces familles italiennes de la Renaissance qui, dans des villes comme Bologne, ne cessaient de rivaliser entre elles par la construction de tours de plus en plus grandes. Ce genre de compétition humaine n'est d'ailleurs pas achevé si j'en juge par les projets architecturaux des villes du monde les plus ambitieuses...

– C'est certain que de Shangai à Dubaï on ne sait plus quoi inventer pour se faire remarquer. Mais à titre individuel, les hommes ne font-ils pas de même ? »

J'avais ri : « Tu as raison, évidemment... Mais pour en revenir à ce *Moai*, il me fait également penser à autre chose, de plus réjouissant : la "Chanson des aventuriers de la mer" de Victor Hugo dans *La Légende des siècles.*

– Le poème que tu nous récites de temps en temps sur le pont, avec sa vision héroïco-tragique de l'existence qui a l'air de te convenir tout à fait ? Et aussi son côté dionysiaque de l'aventure... »

J'avais ri à nouveau : « Oui, celui-là même. Et plus particulièrement ce passage, tu te souviens ?

En partant du golfe d'Otrante
Nous étions trente
Mais en arrivant à Cadix
Nous étions dix

A nous dix, nous prîmes la ville ;
– Et le roi lui-même ! – Après quoi,
Maîtres du port, maîtres de l'île,
Ne sachant qu'en faire, ma foi,
D'une manière très civile,
Nous rendîmes la ville au roi.

« Quand je récite ces vers, je me sens chez moi, » avais-je ajouté. Et Julia s'était écriée en plaisantant à demi : « Finalement, tu n'es pas né à la bonne époque : tu n'es qu'un rêveur guerrier... » Puis, après un instant de réflexion, elle avait ajouté : « En tout cas, je vais essayer de bien profiter de tous ces instants ; parce que je sens déjà que c'est seulement quand toute cette aventure sera achevée et que nous serons rentrés que je m'apercevrai réellement combien ils étaient rares et presque parfaits. Et alors, je les regretterai plus que tout.

– Tu as raison, avais-je dit. Moi, je les regrette déjà au moment même où je les vis... »

La nuit avait été froide, rugueuse même ; j'avais rêvé à ces *Moai* inconcevables et imaginé la vie de leurs créateurs dans le monde absolument fermé qu'était en ce temps-là la patrie des Rapa Nui ; je m'étais dit que l'île de Pâques était alors comme un grand navire immobile avec son équipage vivant replié sur lui-même, en vase clos... J'avais songé à ce qu'avaient pu être ces lieux sacrés du Rano Raraku des siècles plus tôt, à ce qu'avait représenté cette civilisation pascuane aujourd'hui disparue jusque dans ses moindres détails culturels, quoi qu'en disent certains et quoi que fassent d'autres – car c'est bien Joseph Pacomio, le vieux chef et père de Nana qui a raison.

J'avais fini par m'endormir, enroulé dans ma couverture.

Au petit jour, nous étions partis à cheval à la recherche des anciennes carrières de *Moai*, là où gisent encore quatre cents d'entre eux... Ces carrières, nous les avions trouvées sans peine tant elles s'ouvrent dans le flanc de la montagne et sur le ciel comme un spectacle public où la désolation le dispute au tragique : ç'aurait pu être une immense cathédrale au toit effondré, peuplée de gisants d'un autre temps. Où que nous allions, nous trouvions des cavités habitées de statues imposantes de majesté, aux yeux ouverts sur le vide, mesurant pour la plupart entre quatre et dix mètres, figées à tous les stades de fabrication, comme si le travail avait cessé subitement, sous le choc d'un cataclysme. L'une de ces statues, longue de plus de vingt mètres, toujours couchée dans sa gangue de roche, à l'ombre de l'excavation qui devait la voir naître, semblait presque achevée, prête à être redressée, mais peut-être destinée à rester là, protectrice des lieux comme nombre de ces gigantesques pétroglyphes. D'autres *Moai* étaient à peine à l'état d'ébauche, d'autres encore, parfaitement aboutis, n'attendaient plus qu'à être extraits de leurs alvéoles et menés vers leurs autels cérémoniels.

Tous ces mégalithes dormaient là à tout jamais, figés par le temps si ce n'est oubliés des hommes. Car la question demeure : comment étaient-ils transportés à travers toute l'île au temps des anciens Rapa Nui ? Comment les quelque 300 *Moai* érigés sur les sanctuaires ont-ils été déplacés malgré leur poids – entre 15 et 80 tonnes ? La réponse aujourd'hui reste encore incertaine. D'après les légendes, il suffisait que les prêtres ordonnent aux statues de « marcher » pour que, grâce à leur *mana* – ces étincelles de puissance divine présentes dans certains hommes, les prêtres notamment –, elles se déplacent d'elles-mêmes vers leurs *ahu* respectifs. Ces légendes ont provoqué un déchaînement de théories toutes plus fantaisistes les unes que les autres, certaines allant jusqu'à faire appel à l'intervention d'extra-terrestres ou à l'utilisation du magnétisme terrestre... Le plus probable, en réalité, est que les Rapa Nui avaient imaginé un système de levage et de déplacement à partir de leviers, de traîneaux ou de rouleaux utilisant des cailloux associés à du bois lorsque l'île était encore couverte de forêts. Le poids des statues n'est pas si imposant qu'un système de ce genre ait pu être impossible à concevoir. Des reconstitutions de ces déplacements ont d'ailleurs été réalisées avec succès il y a quelques années à l'aide de « rails » de bois et de traverses, la pierre des statues étant protégée par d'imposants matelas de feuilles.

Pour le reste, on pense que la société Rapa Nui était déjà entrée en décadence lorsque les premiers Européens découvrirent la carrière du Rano Raraku au XVIIIe siècle – exactement dans l'état où elle est aujourd'hui. Probablement cette société avait-elle été minée peu à peu par trois facteurs convergents et liés : des guerres intestines implacables, une expansion démographique incontrôlée, et une crise climatique qui avait détruit toutes les forêts – déjà malmenées par la consommation de bois pour les feux et le « roulage » des statues.

Ces trois fléaux conjugués avaient eu raison de la civilisation Rapa Nui.

Le soir, dans ma couchette, balancé par le roulis de notre mouillage face aux *Moai* hiératiques d'Hanga Roa, je songe au symbole que le destin des Pascuans et de leur île pourrait représenter rapporté à la planète elle-même. La fin de leur monde – clos en lui-même – pourrait-elle être considérée comme une représentation en miniature de ce qui attendrait à son échelle l'humanité tout entière – close en elle-même – si elle se révélait incapable de résoudre ses problèmes d'environnement, de guerre, de démographie, de migrations ?

Ile de Pâques, 8 février 2005

J'ai rendez-vous ce matin avec un Chilien d'une quarantaine d'années, emblématique de la fascination que l'île de Pâques peut engendrer chez des hommes au départ étrangers à l'univers Rapa Nui.

Le rendez-vous a lieu au pied d'un grand *Moai* qui fait face au mouillage de *La Boudeuse* et l'homme s'appelle Carlos Salinas. Philippe Pothon l'a rencontré sur l'un des sites archéologiques. « Tu vas voir, m'a-t-il dit, c'est un drôle de type. On dirait que l'île de Pâques l'a rendu à moitié fou. Mais il est sympathique... »

De taille moyenne, trapu, l'allure débonnaire avec son visage de patricien romain légèrement empâté par l'âge, Carlos est effectivement sympathique. Et son histoire, peu commune : il est venu ici un jour comme simple touriste et n'en est jamais reparti... C'était il y a plus de vingt-cinq ans. Un coup de foudre absolu et définitif pour l'île. Devant de telles dispositions, la Corporation nationale forestière chargée de la protection des monuments Rapa Nui – une institution qui a parfois du mal à convaincre ses employés chiliens de partir en mission à l'île de Pâques, ce « trou » perdu – a aussitôt engagé Carlos. Depuis, il surveille les *Moai* – petite silhouette déambulant au pied des géants – et réprimande les touristes irrespectueux qui marchent sur les *aku* ou essaient de graver leurs initiales sur les statues...

« Je sais ce que vous êtes venus faire ici, m'annonce-t-il. Tout le monde en parle. Alors, demandez-moi ce que vous voulez, je suis à votre disposition.

– Merci, dis-je, mais pour l'instant, tout va bien.

– Tant mieux, mais je ferais n'importe quoi pour cette île.

– Ah ?

– Elle m'a ensorcelé.

– Vraiment ?

– J'ai déjà réussi à m'en aller d'ici à plusieurs reprises, naturellement ; mais chaque fois, je suis revenu. Impossible de faire autrement ; c'est à cause de la magie de cette île, vous comprenez ? Alors, faites attention, vous aussi... »

Il se retourne vers la mer, regarde un moment sans rien dire *La Boudeuse* qui roule autour de son ancre, et ajoute :

« Votre navire est vraiment beau... Il me fait rêver. J'aimerais naviguer comme vous... Peut-être qu'ainsi je pourrais m'échapper d'ici... »

Je le vois réfléchir, la tête penchée de côté, mi-ironique, mi-sérieux et conclure :

« Mais je crois bien que non, je resterai sur cette île jusqu'à ma mort. »

Je ris : « Ce sera assez tard, j'en suis certain... »

Il rit à son tour : « Merci. Je ferai de mon mieux pour ça... Mais je dois m'en aller maintenant. N'hésitez pas à venir me voir quand vous en aurez besoin. »

Il nous salue de la main et s'éloigne d'un pas tranquille vers les *Moai* alignés le long de la côte, ces *Moai* dont par une singulière ironie de l'Histoire il est devenu, lui le Chilien, le protecteur.

En regardant disparaître sa silhouette, je me dis qu'il faut bien peu de choses parfois pour faire basculer le destin d'un homme : une rencontre fortuite, un banal événement, un simple accident ; les circonstances, toujours.

Nous nous reverrons sûrement bientôt...

Peu avant la tombée de la nuit, un fort coup de vent balaye la côte occidentale de l'île de Pâques : une onde implacable venue du fin fond de l'océan. Sous le choc de cette bourrasque furieuse, nous chassons sur notre ancre de plus de 400 mètres... Nous voilà bientôt drossés à la côte comme un vulgaire fétu de paille. Fort heureusement, les hommes de quart ont donné l'alarme dès les premiers signes de dérapage et nous surveillons notre course vers les rochers sans trop d'appréhension, espérant que l'ancre finisse par « raccrocher » d'elle-même quelque part sur le fond. Mais rien ne vient... Finalement, à moins d'une encablure de la côte, je me résous à remonter notre mouillage sous une pluie diluvienne qui lacère nos cirés ; aussitôt après, nous venons à crocher de notre ancre de miséricorde par vingt mètres de fond sur sable et coraux morts.

Si nos expéditions terrestres avaient pu détourner notre attention des dangers de la mer, nous voilà prévenus : un mouillage sauvage sur des côtes connues pour leur hostilité reste un mouillage périlleux...

Et la précarité de notre condition demeure une réalité. Il s'en faudrait d'un rien pour que tout bascule, pour que notre tour du monde échoue...

Consigne est donnée aux quarts de veille de redoubler de vigilance.

Ile de Pâques, 9 février 2005

La navette de *La Boudeuse* dépose ce matin quatre d'entre nous dans la petite crique d'Hanga Roa : Philippe Pothon, Stéphanie Pélissier – qui en attendant de monter son second film participe comme tout le monde aux expéditions –, Julia Du Rietz et moi-même. Objectif du jour : découvrir à quoi peut bien ressembler une écologiste au pays des Pascuans...

Car il en existe au moins une... Connue sous le sobriquet de Piru, elle habite non loin du Rano Raraku et de ses carrières à ciel ouvert ; elle a – dit-on – deux obsessions auxquelles elle se consacre nuit et jour : celle de la nature et celle de l'ancienne culture Rapa Nui... C'est par Nana – personnage de tempérament semblable – que nous avons appris son existence.

En début de matinée, nous sommes devant la maison de Piru, sorte de petite fermette traditionnelle, entourée de jardins et de plantations : aucune autre habitation n'est visible à des kilomètres à la ronde ; l'impression d'être sur la lune tant la lande rocheuse est silencieuse, sans le plus petit bout de mer pour l'agrémenter : un parfait endroit de méditation pour un ermite ou un reclus...

Nous nous faisons connaître par quelques appels et une femme apparaît sur le pas de la porte principale : imposante, massive, la quarantaine, vêtue comme un homme, la tête enturbannée d'un foulard laissant dépasser des cheveux noirs, longs et drus, les traits énergiques, le regard plein de force ; elle s'avance vers nous en balançant ses bras comme un petit soldat en guerre :

« Je vous attendais, lance-t-elle de loin en français ; Nana m'a prévenue... Alors comme ça, vous vous intéressez aux Rapa Nui ? Et pas aux *Moai* comme les touristes ?

– Ça étonne tout le monde, dit Julia. Mais c'est exact. Pourquoi pas d'ailleurs ?

– C'est vrai, parlons des Rapa Nui alors... »

Piru nous installe sur des coussins dans une pièce qui fait office de salon : partout des sculptures sur bois, des étagères supportant des effigies, des dossiers emplis de photos de l'île de Pâques, des livres consacrés aux *Moai*... Nous comprenons vite que Piru s'est donné une mission dans l'existence, une « mission impossible », mais à la mesure de son caractère : récupérer dans tous les musées du monde les têtes de *Moai* emportées autrefois par les expéditions scientifiques occidentales... A commencer par la tête d'Hotu Matua, le premier roi Rapa Nui.

« C'est la plus importante de toutes, nous dit-elle : il faut qu'on retrouve en premier lieu la tête de notre ancêtre commun. C'est le but numéro un de ma vie, vous comprenez ? Mais où est cette tête ? Mystère ! En plus, elle ne peut pas être petite comme certaines statues d'aujourd'hui. Elle doit être énorme... »

Julia dit : « Certainement. Et comment ça se passe quand on veut récupérer les *Moai* qui se trouvent à l'étranger ?

– Ah, j'ai pas mal de bagarre avec les musées, évidemment. Mais j'avance. Tenez, regardez ces photos, elles font partie d'un inventaire des *Moai* qui ont été emportés de l'île. Prenez celui-là, par exemple, il est en Belgique. J'ai écrit au directeur et je lui ai dit : "Bon, il faut que cette statue retourne chez nous, c'est une richesse très importante pour notre peuple, c'est notre dieu. Il faut que vous nous rendiez ce que vous nous avez volé..."

– Et quelle a été la réponse ? » demande Stéphanie.

Piru soupire : « Aucune évidemment, mais je continue. »

J'imagine un instant la tête des directeurs de musées du monde entier ahuris par les courriers comminatoires de la harpie que doit être Piru quand elle veut quelque chose. Ils doivent la prendre pour une folle...

Julia questionne encore : « Puisque vous connaissez bien ces histoires de *Moai*, je m'interroge sur un autre point : beaucoup de statues portent des oreilles très allongées. Il y a un mystère là-dessous, non ? Des légendes racontent qu'autrefois, deux tribus occupaient l'île et se faisaient sans cesse la guerre : les "longues oreilles" contre les "petites oreilles". C'est à cause de leur rivalité que la décadence des Pascuans aurait commencé.

– Ça, ce sont les histoires du film de Kevin Costner... ! s'exclame Piru. C'est de la blague, c'est Hollywood... En réalité, il y avait juste la coutume pour certains Rapa Nui de s'agrandir les oreilles, c'est tout.

– C'est donc bien Alfred Métraux qui a raison, dis-je; il écrit dans le récit de son expédition de 1934 : "L'île de Pâques aurait pu être appelée la 'Terre des hommes aux longues oreilles'. Les indigènes que décrivent les premiers navigateurs avaient le lobe de l'oreille largement perforé pour y introduire un lourd ornement en vertèbres de requin ou en bois. Cette mode se perdit à l'époque où la civilisation indigène disparut, et les derniers vieillards aux oreilles perforées moururent au début de ce siècle. Les indigènes attribuèrent à juste titre aux 'hommes aux longues oreilles' la construction des monuments de leur île et expliquèrent la décadence dans laquelle ils étaient tombés par l'extermination des 'longues oreilles' par un peuple aux 'petites oreilles'. Ce thème mythique est donc récent et l'on ne doit pas en conclure que les indigènes modernes sont les descendants d'envahisseurs qui firent la guerre aux 'longues oreilles'."

– C'est bien cela, conclu Piru en rangeant ses dossiers. Il avait raison... Mais assez parlé; maintenant, on va manger. Et demain, je vous emmènerai dans le cratère du volcan Rano Kao, juste au sud d'Hanga Roa. C'est là que je cueille mes plantes médicinales.

– Ah, dit Julia, vous êtes guérisseuse aussi ?

– Evidemment. Mais surtout, j'enseigne cette science aux jeunes gens que ça intéresse. Comme on faisait autrefois. Demain, j'emmènerai mon neveu. Les plantes que je cueille peuvent servir à guérir toutes les maladies, vous savez... »

J'affirme pieusement ne pas douter d'une telle certitude...

Ile de Pâques, 10 février 2005

En milieu de journée, nous sommes au pied du cratère du Rano Kao. L'ancien volcan est un spectacle à lui tout seul, d'une beauté vénéneuse et envoûtante. Large de plusieurs centaines de mètres, il contient l'essentiel des réserves naturelles d'eau de pluie de l'île de Pâques. Ses flancs sont abrupts, pleins d'éboulis, couverts d'une végétation basse et dense qui gêne la marche. Mais rien n'arrête Piru ; suivie de son neveu apeuré, elle se jette dans les fourrés, se fraie un chemin, dégringole la pente, descend jusqu'aux rives du lac. Là, elle se met à remuer les bosquets autour d'elle, creusant et arrachant toutes sortes de tubercules et de racines, le souffle court, marmonnant des mots sans suite, chantonnant parfois, tendant ses prises à son neveu qui les entasse dans le sac apporté à cet effet. Je regarde cette tornade féminine sans mot dire, impressionné par sa débauche d'énergie...

Bientôt, Piru se dit satisfaite : « Remontons, j'ai ce qu'il me faut.

– Et maintenant ? dis-je.

– Maintenant ? Le reste est secret... Cette médecine des plantes, c'est celle des Rapa Nui. Vous ne croyez quand même pas que je vais vous la révéler ! »

Je me disais bien aussi que du passé tout le monde ne pouvait pas faire table rase comme le gouverneur...

Ile de Pâques, 11 février 2005

Nombre des cavaliers *djorgos*, rencontrés à Hanga Roa ou dans ses abords immédiats, sont devenus des amis au fil des jours, mais nous n'avons toujours pas établi de contacts réels avec les plus représentatifs d'entre eux, ceux repérés lors de nos premières reconnaissances.

Aujourd'hui, avec mon frère Eric, Christine Chevrier et Philippe Pothon, nous nous sommes donné pour objectif de gagner à pied le nord de l'île et la région d'Hanga o Teo, territoire de ces « *djorgos* parmi les *djorgos* » qui font tout pour préserver leur isolement.

Nous quittons la côte sous un soleil dru noyant la terre de cette lumière si propre à l'île de Pâques que l'on ne sait jamais si, notant ce qu'elle est à un moment, on ne va pas la voir aussitôt se transformer en son contraire...

Nous emportons des sacs à dos bien pourvus, tout le nécessaire pour des couchages de fortune et des rations de nourriture à satiété.

Nous avançons d'abord à la boussole, en file indienne droit devant nous, escaladant plus que marchant, en quête du premier sentier qui irait dans la bonne direction.

Nous ne tardons pas à croiser l'un d'eux, étroit et caillouteux. Sans doute doit-il servir aux vaches et aux chèvres qui paissent un peu partout en semi-liberté. Nous l'empruntons sans hésiter; bientôt, nous grimpons à travers des amoncellements de rochers volcaniques poreux et noirs comme de la suie; après maints détours, nous parvenons sur un surplomb d'une beauté vertigineuse, dominant l'océan depuis de hautes falaises au pied battu par la mer. Sur l'horizon, le bleu clair du ciel marque une ligne très nette avec le bleu profond de l'océan : une ligne d'une grande pureté, mince et noire comme un trait de pinceau de vieille estampe chinoise. Un vent léger court dans le silence alentour, caressant les pierres. Nous restons un moment immobiles et pensifs à contempler ces espaces naturels desquels émane une étrange et profonde harmonie. Je dis à mon frère :

« Je ne sais pas si nous allons trouver des *djorgos* plus au nord; et si nous en trouvons, je ne sais pas ce qu'ils vont nous raconter au juste. Mais je sais que s'ils nous disent refuser chez eux les choses du monde extérieur parce qu'ils aiment leur pays tel qu'il est, je pourrais comprendre ça...

– Moi aussi, répond Eric... J'ai rarement vu une île aussi prenante par sa beauté et la vérité de sa nature. »

Nous repartons dans ces espaces désertiques et parvenons en milieu de journée sur des sommets arrondis d'où la mer est moins visible; nous redescendons ensuite vers l'océan et finissons par longer la côte depuis de nouvelles falaises aussi impressionnantes que celles découvertes le matin.

C'est alors qu'a lieu la rencontre la plus inattendue de cette aventure : celle de Don Quichotte et de Sancho Pança... Du moins de leurs avatars modernes...

Je marche en tête de notre petite colonne lorsque je les vois soudain surgir au détour du sentier : deux cavaliers à l'allure si anachronique pour les lieux – et en même temps si caractéristique – qu'ils me semblent tout droit sortis du roman de Cervantès...

Le premier de ces cavaliers – Don Quichotte – est un vieil homme filiforme, la peau striée de mille rides et veinules, les bras nus, vêtu de vêtements rapiécés ; il est coiffé d'un feutre sans plus aucune couleur précise d'où dépassent de longs cheveux mal peignés qui descendent de part et d'autre d'une barbe grise aux poils entremêlés. Au milieu du visage brillent des yeux ahuris protégés par de grosses lunettes à montures. Le second cavalier – Sancho Pança – est un jeune garçon rondelet au visage étonné, à peine mieux vêtu que son compagnons d'un short et d'un tee-shirt. La croupe de leurs chevaux croule sous de gros ballots, des entassements de gamelles diverses et des paquetages à peu près indéfinissables.

Nous ne sommes pas même parvenus à la hauteur de ces deux apparitions que Don Quichotte nous lance de loin, comme si c'étaient nous les extraterrestres :

« Holà ! Mais de quelle planète venez-vous donc ? »

Interloqué par cette étrange question au milieu de nulle part, je réplique de loin :

« De quelle planète ? Mais de France ! Enfin, de la planète *La Boudeuse*, si vous préférez, le grand voilier français... »

Nous nous rapprochons et le vieil homme répond d'un air entendu :

« Ah oui, on m'en a parlé. Mais votre mission, qu'est-ce que c'est exactement ?

– Notre mission ? dis-je. Eh bien, disons pour résumer que c'est de rencontrer les gens...

– Ah ! rencontrer les gens... Mais pour quoi faire ? Pour les tuer ou pour autre chose ? Parce qu'il y a plusieurs façons de rencontrer les gens, n'est-ce pas ? La première c'est pour les tuer, la deuxième pour les voler, et la troisième...

– Pour les manger... », le devance Christine croyant bien faire mais confondant en espagnol les mots « connaître » et « manger »... »

Don Quichotte et Sancho Pança éclatent de rire. Je rectifie aussitôt :

« Excusez le quiproquo ! La troisième raison, c'est pour les connaître, bien entendu...

– Non, ça c'est la quatrième, s'amuse Don Quichotte, puisque la troisième vous avez dit que c'était pour les manger... Mais assez plaisanté : vous venez de loin à ce que l'on raconte ; alors, comment s'est passé votre voyage ?

– Très bien », dit Eric.

Cette réponse lapidaire semble plonger le vieux cavalier dans des abîmes de réflexion ; il regarde mon frère d'un air vaguement incrédule – comme s'il venait de lui annoncer l'inexistence sur terre des moulins à vent –, gratte sa barbe d'une main dubitative et tourne la tête pour observer tour à tour Pothon et moi, comme cherchant par quel insondable mystère un périple aussi long que le nôtre peut se trouver résumé en aussi peu de mots. Christine finit par lui demander :

« Et vous, que faites-vous exactement ?

Devant une question aussi directe, il se penche vers elle et la scrute avec intensité, les yeux rendus comme fous par la loupe de ses grosses lunettes. Brusquement, il s'exclame en français :

« Cela fait trois mois que je suis là !

– Vous parlez notre langue ? dis-je, incrédule.

– Mais je viens de France, répond Don Quichotte ravi de son effet. J'ai passé la moitié de ma vie sur le plateau du Larzac, figurez-vous. A la grande époque... »

Nous éclatons de rire à notre tour... La situation est pour le moins cocasse : si on m'avait dit que je rencontrerais un jour à l'autre bout du monde un vieil anarchiste Rapa Nui venu prêter main-forte à ses collègues français en un temps où j'étais encore à l'école, j'aurais eu peine à le croire.

J'interroge Don Quichotte, reprenant la question de Christine : « C'est très bien tout ça, mais que faites-vous en ce moment ?

– Je rentre chez moi ! J'ai fait le vagabond pendant trente ans tout autour du monde, vous savez. C'est assez ! Je suis vieux aujourd'hui et il est temps que je retourne sur ma terre. L'île de Pâques, c'est mon pays. Et le garçon que vous voyez à côté de moi sur son cheval, c'est mon fils... En ce moment, on cherche des os de vaches...

– Des os de vaches ? s'étonne Christine, interloquée.

– Oui, on en fait collection... Je plaisante ! En réalité, ça nous sert à fabriquer toutes sortes d'objets... On gagne notre vie comme ça. Nous sommes sculpteurs sur os, si vous préférez. Alors, des ossements, on en a plein nos sacs.

– Incroyable ! dis-je.

– N'est-ce pas ? Mais il faut que nous poursuivions notre route maintenant, il est tard… Avant cela, je vais chanter pour vous. Il faut toujours chanter pour ses nouveaux amis. »

Aussitôt dit, il se retourne sur sa selle, ouvre l'un des baluchons attaché sur la croupe de sa monture et en extrait une énorme mâchoire de vache… Après l'avoir coincée sous son bras, il entreprend de la tambouriner du poing en entamant une mélopée de son cru : en s'entrechoquant à chaque coup, les dents de vache produisent un son de crécelle qui, ajouté aux vibrations provoquées par les deux bords de la mâchoire, crée le plus invraisemblable instrument de musique qu'il m'ait été donné d'entendre depuis longtemps… Continuant de chanter et de jouer, Don Quichotte talonne les flancs de sa monture, salue amicalement à la ronde et, suivi de son fils Sancho Pança, s'éloigne sur le sentier avant de disparaître derrière la première crête, me laissant au cœur un sentiment étrange fait d'un mélange de stupéfaction et de mélancolie…

Nous reprenons notre route sous le soleil et dans les cailloux. Une heure ne s'est pas écoulée que nous parvenons au pied d'une longue falaise abrupte couverte d'éboulis : un spectacle lunaire. A l'autre bout de la falaise, nous apercevons cependant la mer qui s'étend le long d'un vaste plateau; à l'extrémité de celui-ci se dresse ce qui ressemble bien à un « ranch ». De loin je distingue des enclos faits de rocs et de branchages, de nombreuses vaches qui paissent entre ces barrières, un parc à chevaux, un corps de bâtiment modeste constitué d'une maison massive au toit en pente et d'un appentis. Des palmiers poussent un peu partout, presque incongrus au milieu de cette aridité.

Nous longeons la base de la falaise et arrivons devant le ranch. Le meuglement des vaches est assourdissant. Nous levons une barrière, pénétrons dans les enclos à la recherche d'une présence humaine : personne. Nous posons nos sacs sous un palmier, poursuivons nos investigations, appelant autour de nous, les mains en porte-voix. Toujours rien. Notre présence finit par affoler les chevaux qui se mettent à piétiner le sol, hennissant, soulevant une poussière lourde et entêtante qui n'en finit plus de retomber.

Cette agitation produit tout de même un résultat : alors que nous ne nous y attendions plus – nous résignant à considérer les lieux comme momentanément inhabités –, un homme jaillit de sous les rochers qui bordent la partie du ranch donnant sur la mer : de taille moyenne, la peau cuivrée, torse nu, vêtu d'un pagne porté sur un jean, la tête enturbannée d'un invraisemblable couvre-chef fait d'un vieux tee-shirt noué autour du front, il porte sur son visage un air illuminé d'ermite en mal de civilisation... L'homme saute de rocher en rocher, court vers nous tel un diable, finit par nous étreindre entre ses bras puissants, s'écriant :

« Holà ! *amigos*, vous êtes les marins français, c'est bien ça ? Magnifique. J'ai vu vos amis la dernière fois ; ils m'ont dit que d'autres marins viendraient sûrement un jour mais je me demandais s'ils n'étaient pas fous... Si j'ai bien compris, vous voulez vivre avec moi, c'est ça ? Et qu'en échange, je vienne voir comment vous vivez chez vous ? Pas de problème : c'est une bonne idée et ça m'amuse...

– Nous resterons juste quelques jours pour cette première fois, dis-je.

– C'est comme vous voulez, mugit le *djorgo* dont la surexcitation semble être une seconde nature. Il ne faut s'ennuyer de rien dans la vie. Je m'appelle José... »

A mon tour je fais les présentations et examine José plus attentivement : son visage tanné possède des contours nets et effilés comme ceux d'une médaille antique. Il me fait songer à un personnage d'affiche des années 50 pour films d'Indiens hollywoodiens... A coup sûr, il aurait fait sensation dans une superproduction de John Ford avec comme rôle titre celui d'un chef apache du genre de Cochise... Il doit avoir moins de quarante ans. Parfaitement emblématique de ces cavaliers Rapa Nui qui un peu partout dans l'île font profession de vivre libres et sans attaches.

« Mettez vos sacs dans la maison, propose-t-il.

Nous transportons nos effets à l'intérieur et installons nos couchages en un tournemain au milieu d'un bric-à-brac d'objets usuels. A l'évidence une maison de célibataire...

Nous voilà prêts. Un jeune garçon surgit sur ces entrefaites.

« C'est mon neveu, annonce José. Il apprend le métier et s'appelle Pablo ; ça lui fait du bien de quitter de temps en temps Hanga Roa pour venir ici. Il va suffisamment à l'école comme ça... »

La nuit approche, nous nous installons à l'extérieur autour d'une table de fortune dressée sous un avant-toit de tôle. A peine José apprend-il notre intérêt pour l'avenir de son île qu'il s'écrie, toujours aussi exalté :

« Vous savez le plus grave ? Non ? Les Chiliens veulent construire une route qui viendrait jusqu'ici... Vous vous rendez compte ? Elle passerait là-haut sur la falaise. Nous, les jeunes du village, nous ne sommes pas du tout d'accord avec ce projet. »

Je m'étonne : « Mais pourquoi les Chiliens veulent-ils cette route ?

– Qui peut savoir ? Ils doivent être fous ! Complètement fous. Si on laisse faire ces gens, ils détruiront nos paysages et notre terre. Oui, toute la force de la terre va s'en aller s'ils font cette route. Et puis, beaucoup d'étrangers pourront venir jusqu'ici... Ce n'est pas bon. Cette route est une mauvaise chose.

– Tu en es sûr, José ? demande Eric.

– Mais oui ! Qui passera là-haut, d'ailleurs ? Des machines, des machines, des machines... Voilà qui passera vraiment. Alors que sur cette terre, il faut aller à pied ou à cheval, en moto à la rigueur... Ouvrir cette partie de l'île à tout le monde, ce n'est pas bon. Il n'y aura plus de culture, plus d'histoire. Terminé ! C'est très simple à comprendre... »

José rumine encore un instant et conclut :

« La route ne doit pas passer. »

Hanga o Teo, 12 février 2005

Eric et Pablo s'entraînent au lasso devant un enclos, cherchant à se capturer mutuellement. Pablo est d'une adresse redoutable et se moque ouvertement d'Eric : à chacun de ses lancers mon frère se retrouve prisonnier, les bras serrés autour du corps par le lasso. Très vite cependant il parvient à rendre la pareille au jeune Rapa Nui qui se retrouve ligoté à son tour ; dès lors, Pablo change d'attitude, rit de moins en moins, finit par témoigner à Eric un respect certain, teinté d'étonnement.

« Qu'il attende aussi de voir comment on monte à cheval, grommelle mon frère. On va lui montrer de quoi on est capables... »

Je ris en moi-même et dis : « C'est toujours comme ça dans ces sociétés. Si on veut s'intégrer chez des chasseurs, mieux vaut être bon chasseur, chez des guerriers, bon guerrier, chez des cavaliers, bon cavalier, et ainsi de suite... Quand ce n'est pas tout cela en même temps... On n'échappe pas à cette forme de déterminisme viril des sociétés archaïques, mon vieux. Ceux qui le croient se trompent et s'abusent eux-mêmes. Naturellement, je me borne à constater un fait, pas à porter un jugement de valeur... »

Je songe en même temps au long monologue de José hier à propos de la route, à cette volonté dont font montre lui et les siens de protéger leur culture en empêchant la venue du monde extérieur chez eux ; je ne suis guère surpris d'y déceler une vision de « l'étranger » classique dans toutes les sociétés du monde, fort banale même. Si l'on se borne là aussi à constater les faits et rien qu'eux, libre d'esprit et débarrassé de tout dogmatisme, de tout aveuglement idéologique, de toute idée reçue, de toute doctrine quelle qu'elle soit, ne voit-on pas un certain nombre de choses assez simples d'un point de vue conceptuel ? Ne voit-on pas que quelles que soient la taille, la puissance ou la nature intrinsèque d'une société, « l'étranger » y est vu et vécu de manière générale comme « positif » lorsqu'il est en nombre restreint, de manière « neutre » lorsqu'il est en nombre plus important, et comme une « menace » pour l'identité du groupe dès qu'il atteint un certain « seuil numérique » de présence – seuil à dominante essentiellement psychologique ou fantasmatique et donc extrêmement variable d'une société à l'autre sur la planète, mais néanmoins bien réel ? L'étranger n'est-il pas vu également comme une menace si son niveau « d'intervention » ou de « revendication » est disproportionné par rapport à sa légitimité admise ou au poids de ses effectifs ? Tous ces paramètres ne sont-ils pas interdépendants et ne s'entremêlent-ils pas de manière infiniment complexe mais pour former en définitive la trame principale des rapports entre membres de sociétés différentes et entre membres différents d'une même société, générant des lois qui en sont le reflet ? A cet égard, l'examen attentif des lois de l'ensemble des pays du monde concernant « l'étranger » n'autorise-t-il pas à reconnaître que la plupart des pays occidentaux sont législativement très en avance sur les autres du point de vue de leur éthique propre ?

Pour finir dans ce questionnement aussi ravageur que désenchanté : toutes les sociétés sur terre ne sont-elles pas xénophobes à un degré ou un autre – que cela plaise ou non ? Et ne le sont-elles pas d'autant plus que leur identité est forte ou construite historiquement par opposition à « l'autre » ? De tout cela, ne ressort-il pas également que si l'on veut être bien accueilli dans une société étrangère, mieux vaut y arriver en petit nombre et avec modestie ? N'est-on pas moins bien reçu en nombre important ou en se comportant comme si l'on était chez soi ? La plupart des Occidentaux qui s'émerveillent de l'hospitalité dont ils ont pu bénéficier au milieu de populations traditionnelles n'oublient-ils pas qu'ils ne faisaient que passer ? S'ils avaient voulu rester, est-ce que ça n'aurait pas été une affaire autrement ardue ?

Assis contre un muret, José et moi devisons toute la matinée. Ce *djorgo* sans manières superflues, naturel comme peu d'hommes le sont en société, dont le seul souci semble être de réellement vivre libre et sans entraves, est pour moi de plus en plus attachant. A l'écouter, je me dis qu'il a quelque chose du Diogène de l'Athènes antique, assenant depuis son tonneau à un public ébahi ses anathèmes cyniques pour ensauvager la vie. Avec de grands gestes « dionysiaques », la voix gutturale et passionnée, il me dit ainsi tout le bonheur qu'il éprouve à vivre dans la nature, à labourer, planter, faire lui-même sa nourriture, tout le plaisir qu'il trouve à respirer un air pur et frais comme celui de son ranch, sans se préoccuper de quoi que ce soit d'autre et surtout pas de ce que l'on pense de lui... « C'est ça mon "système" à moi », ne cesse-t-il de répéter. Alors, quand je lui dis pour plaisanter que l'île de Pâques étant la plus isolée des îles du monde et sa maison la plus isolée de toutes celles de l'île de Pâque, il est par conséquent l'homme le plus isolé du monde, il rit encore plus fort et s'écrie : « Tant mieux alors !... Parce que j'aime cet endroit d'Hanga o Teo plus que tout. C'est ainsi, je n'y peux rien. J'aime cette terre, c'est là où je vis, je la défendrai toujours. J'aime cette vallée parce qu'elle m'appartient, tu comprends ? Elle me vient de mes ancêtres, c'est pour ça qu'elle est à moi, c'est mon héritage, c'est mon sang. Personne ne peut me la prendre. Je ne l'abandonnerai jamais... » Mais quand je veux en savoir davantage sur ce lien qu'il établit entre possession et amour d'une terre, lorsque je lui demande si l'on peut aimer une terre quelconque sans en être propriétaire, si même l'inverse est possible, et encore s'il pense qu'un étranger peut aimer un pays davantage qu'un homme qui y est né, il m'interrompt, un peu agacé, pour dire : « La valeur de l'homme, c'est sa terre. Sans terre, il n'y a pas d'homme, il n'y a rien... » Et il ajoute, quelque peu énigmatique : « L'homme naît dans le vent, pas dans la terre. » Puis, il conclut le plus simplement du monde par une échappatoire : « Assez parlé maintenant. Tout ça est trop compliqué ; il faut se nourrir : je vais pêcher avec Pablo. Attends-nous ici avec tes amis... »

Je le vois disparaître vers la mer, quelque peu dépité par ses faux-fuyants. Mais ainsi vont les choses... Je prends le parti de l'attendre en allant reconnaître les environs. Je selle l'un des chevaux sortis de son enclos – au moins, dans ces parages, la chose est-elle naturelle – et pars au galop dans la plaine. Je suis de retour une heure plus tard, juste comme José revient au ranch un seau à la main :

« On a attrapé cinq poissons pour ce soir, *amigo*, me lance-t-il joyeusement en me montrant le contenu du seau. Rien qu'avec une ligne et un hameçon : c'est pas mal, non ? En tout cas, on va bien manger.

– Si tu veux, je t'aide à cuisiner, propose Christine.

– Parfait, alors. J'allume le feu, je mets une grille dessus et tu t'occupes de faire griller les poissons. »

Aussitôt dit, José attise les cendres qui couvait dans l'âtre disposé devant la maison et Christine se met à l'ouvrage. Bientôt, nous mangeons attablés dehors sur des pierres, parlant des chevaux que José achète et vend pour son élevage.

« Comment fais-tu ? demande Pothon qui filme la scène.

– C'est très simple, affirme José. Mais des chevaux, je ne pourrais pas vous en vendre à vous...

– Ah ! s'étonne Christine, d'un regard désarmant de ses yeux bleus. Mais pourquoi ? »

José éclate de son rire d'homme des bois :

« Parce que vous êtes des amis, évidemment. Je ne pourrais pas vous rouler... Je t'explique : quelle est la première chose à faire pour vendre ? C'est de bien regarder l'acheteur, non ? Il faut savoir s'il a beaucoup de “billets” dans sa poche, tu comprends ? Bon... Ensuite seulement tu peux faire ton prix. Si le type a de l'argent, tu vends très cher, c'est simple. Voilà comment on fait ici... »

Pablo, qui écoutait en dépiautant un poisson, relève les yeux et dit avec une innocence feinte :

« A Santiago [1], les chevaux valent plus cher qu'ici. Ils ont de meilleures races là-bas. Si on voulait vraiment faire des affaires, c'est dans la capitale qu'il faudrait aller... »

Interloqué, José me prend à témoin :

« Regarde ce petit con ! Il est à peine né et il croit déjà en savoir plus que les anciens sur ce qu'il faut faire et ne pas faire...

– C'est partout comme ça, lui dis-je d'un air moqueur. Sur la terre entière... Quand tu étais plus jeune, je suis sûr que tu faisais comme Pablo avec ton oncle ou ton père...

– Ah, c'est vrai, concède José en secouant la tête. Je croyais tout savoir mieux qu'eux... Alors, buvons à notre jeunesse... »

Longtemps plus tard, alors que la nuit est déjà tombée, nous poursuivons notre conversation à l'intérieur de la maison, installés tous les cinq autour d'une lampe tempête. José fume une grosse cigarette roulée et, sans aucune fausse pudeur, se souvient des femmes qu'il a aimées.

« Il y a même eu une Française, finit-il par avouer.

– Ici ?

– Oui, elle était venue visiter notre île. Ensuite, elle est retournée chez elle, à Tahiti. Un mois après, elle est revenue et m'a dit : “Eh, mon ami, viens avec moi si tu veux.” J'ai répondu : “Pourquoi pas, p'tite mère ? Allons-y !” Voilà comment c'est arrivé. C'est comme ça, la vie ! »

1. Capitale du Chili continental.

Hanga o Teo, 13 février 2005

L'aube pointe à peine que des clameurs d'homme heureux me tirent de mon sommeil. Dehors, au milieu du mugissement désordonné des vaches et des chevaux qui hennissent, José, vêtu d'un simple caleçon, les cheveux noués en queue de cheval, se douche au tuyau alimentant l'eau de l'abreuvoir. Hurlant son bonheur d'homme libre sous le soleil et dans la nature, parmi les montagnes et au bord de la mer, il s'asperge copieusement, éclaboussant tout ce qui passe autour de lui, grognant de plaisir autant que ses bêtes : une belle image d'animal sauvage. Je plains les Chiliens chargés de la construction de la route... À lui seul, José doit être plus redoutable que trente-six associations écologiques réunies...

« Holà ! Patricio, m'apostrophe-t-il quand il m'aperçoit. On se lave et à cheval tout de suite, mon vieux. On va ramener dans leurs enclos toutes les vaches qui sont encore dans la plaine au pied de la falaise ! »

J'acquiesce sans un mot, au moins aussi heureux que lui. Nous enfilons nos pantalons, nos chemises, guère plus, et nous voilà bientôt sur nos montures sellées en trois mouvements, le ventre vide – mais qu'importe ici –, quittant le « ranch » au grand galop vers les groupes de vaches dispersées un peu partout ; devant nous, le jeune Pablo fait tournoyer un lasso au-dessus de sa tête en poussant de grands cris.

Toute la matinée est un bonheur de cow-boy à l'ancienne : hurlements lancés à tue-tête pour rassembler les bêtes, ruses destinées à empêcher les plus récalcitrantes de s'échapper, volte-face à cheval afin de prendre à contre-pied les plus malignes, courses éperdues qui nous laissent essoufflés ; et tout cela au milieu des cailloux volcaniques qui parsèment l'herbe rase manquant rompre le jarret de nos montures à tout instant.

Nous rentrons écumants de sueur comme nos chevaux, emplis d'une harmonie parfaite avec ce qui nous entoure.

« C'est ça mon “système”, me confie José en éclatant de rire tandis que nous dessellons nos montures. Je vis à ma manière à moi, tu comprends ? Et c'est tout... Ma manière à moi et à personne d'autre... »

Je demande, mi-sérieux, mi-plaisantant : « C'est le secret du bonheur à ton avis ?

– Je ne sais pas, mon vieux. Tu me jugeras comme tu veux, mais mon "système" c'est de ne m'occuper de personne, juste de vivre comme je veux...

– Je ne te jugerai pas. Mais en ce qui me concerne, j'aime bien m'occuper de ce qui n'est pas moi...

– *Hombre*, tu es plus fou qu'un *djorgo*, alors ! »

Ile de Pâques, 14 février 2005

Nous sommes rentrés à Hanga Roa juste avant la nuit et, tôt ce matin, l'avion de Santiago nous amène deux membres d'équipage supplémentaires, venus en renfort de Paris : le docteur Michel Lanza – solide retraité mais nouveau dans le groupe – qui assurera le poste de médecin du bord en attendant l'arrivée de Ségolène Château à Tahiti, et François Lépine, ancien de la jonque et ami de longue date. Quoique « matelot sans spécialité » – comme il aime à se qualifier lui-même ironiquement –, François Lépine est avant tout l'un des plus fidèles soutiens de *La Boudeuse*, toujours présent dans les coups durs. Nous nous sommes connus lorsqu'il dirigeait un important cabinet ministériel, puis, plus longuement, lorsqu'il est devenu préfet de région en Bourgogne. Quand ses responsabilités actuelles de dirigeant d'une grande entreprise publique lui en laissent le temps, il attrape le premier avion pour venir prendre son poste habituel de matelot. Sa simplicité et sa modestie forcent l'admiration de tous à bord.

Et les échanges intellectuels s'en trouvent renforcés...

En début d'après-midi, Henrique, le gouverneur, nous autorise à suivre les débats du gouvernement local. Le sujet du jour est d'importance puisqu'il a trait à une sorte de « loi d'orientation » concernant l'avenir du peuple Rapa Nui et sa protection face à l'immigration...

C'est avec un intérêt absolu que je m'apprête à découvrir en temps réel et en direct ce que peuvent être les problèmes d'immigration dans une île aussi petite et aussi isolée que la patrie des Pascuans – surtout après mes conversations inachevées avec José le *djorgo* –, encore que le problème de l'immigration en tant que tel concerne désormais la totalité des peuples du monde compte tenu de l'allure exponentielle à laquelle se sont développés les mouvements migratoires ces dernières décennies : avec leurs cohortes de problèmes entrecroisés, entre malentendus, incompréhension, racisme, souci légitime d'identité, xénophobie...

Il est 14 heures lorsqu'une dizaine d'hommes d'âges divers – certains très jeunes –, et une seule femme, pénètrent dans la grande salle de conférences du gouvernorat. Tous prennent place en silence de part et d'autre de la grande table de bois qui occupe le centre de la salle ; je comprends bientôt que les représentants du gouvernement chilien sont installés d'un côté, les membres du gouvernement local de l'autre. Pas de costumes, pas de cravates, tout le monde porte des chemises à fleurs ou des chemisettes d'été. L'ambiance paraît bon enfant de prime abord, plus difficile quand s'ouvrent les débats. C'est l'un des représentants chiliens qui prend la parole le premier ; son discours commence par un rappel préliminaire des bonnes intentions de son pays :

« Cela fait plus de vingt ans, dit-il avec conviction, que l'île de Pâques est sous juridiction Rapa Nui, la vôtre donc. C'est une juridiction qui tient sa légitimité de la "loi indigène" par laquelle le gouvernement chilien a donné aux Pascuans le droit de négocier avec lui. Mais vous me demandez à moi, représentant du gouvernement central, d'aller dire aux gens de Santiago qu'ils sont la cause de toutes les impérities de l'île, qu'ils sont inefficaces, menteurs, incapables, et encore plein de choses du même genre... Parce que c'est, en résumé, ce qu'il y a dans votre rapport d'activité. C'est comme si vous disiez qu'il faut nous insulter pour qu'on vous écoute ! »

Je vois Henrique laisser passer l'orage, silencieux, la tête à demi penchée. Il sait que le représentant chilien n'a pas tout à fait tort : même si les Rapa Nui ne possèdent la nationalité chilienne que depuis 1966, la loi interdit tout investissement étranger sur l'île depuis 1979 et, hormis le gouvernement, nul ne peut acheter de terres s'il n'est pascuan d'origine. Une indéniable protection de l'identité Rapa Nui qui s'apparente à une forme étatique de « discrimination positive ». Henrique finit par faire un signe discret à l'un de ses adjoints qui prend la parole :

« Revenons à notre problème, dit celui-ci ; la question est : quel va être l'avenir du peuple Rapa Nui ? Or, les propositions du gouvernement central à ce sujet ne sont pas aussi nettes qu'il le faudrait. » L'homme tapote un dossier placé devant lui et ajoute : « Là-dedans on parle effectivement de l'île et de ses habitants ; mais on ne dit pas si ces habitants peuvent être américains, anglais, japonais, chiliens, ou tout ce qu'on veut. Qui voulons-nous protéger ? Ce n'est pas clair. Alors, en tant que représentant Rapa Nui, je dis qu'il y a un problème avec l'immigration.

– C'est exact, poursuit un jeune Pascuan aux cheveux retenus en chignon. D'une certaine manière, le gouvernement central doit considérer le contrôle de l'immigration comme faisant partie de notre autonomie. Si d'un côté nous avons un droit de regard sur la gestion du développement de l'île, nous devons aussi en avoir un sur la régulation de l'immigration. »

La discussion se poursuit une heure durant sur cette question du contrôle de l'immigration par les Pascuans eux-mêmes et non par les Chiliens. L'enjeu est limpide en réalité : le gouvernement de Santiago veut que tous les Chiliens puissent s'installer où bon leur semble sur la totalité du territoire national, île de Pâques comprise. Les Pascuans de leur côté – terrorisés par l'énorme déséquilibre démographique entre eux et les continentaux – veulent inclure ces derniers dans la catégorie des « immigrés », voire des étrangers, et donc les empêcher de s'installer dans l'île.

A la fin de la réunion, Henrique me dit avec une certaine forme de fatalisme mais beaucoup de détermination :

« Cette affaire est sérieuse ; nous devons réellement réguler nous-mêmes l'immigration, qu'il s'agisse d'étrangers ou de Chiliens continentaux. Nous n'avons pas le choix. Ici, même si nous le voulions, nous ne pourrions pas même accueillir 50 000 personnes. Nous sommes déjà 4 000 et la place manque pour vivre, avoir du travail, trouver des ressources ; c'est pour cela que nous devons contrôler l'immigration. Il ne s'agit pas de discrimination, mais de protection de notre culture, de notre langue, de notre identité en définitive. Nous ne voulons pas devenir une minorité dans notre propre patrie en accueillant de plus en plus de gens de l'extérieur, quels qu'ils soient. »

Le soir même, Nana fait montre d'une conviction identique lorsque je lui parle du problème :

« Si on laisse venir trop d'étrangers ici, fait-elle d'un air navré, ils finiront par être plus nombreux que nous. Notre grand problème, c'est que nous sommes trop peu de Rapa Nui. Nous ne pouvons pas laisser notre terre ouverte en grand. C'est comme ça... »

Tous les Pascuans m'avoueront en fin de compte la même chose. Et je devrai me rendre à l'évidence : le problème de « l'étranger » et le thème contigu de la différenciation « eux/nous », voire celui de la discrimination « ami/ennemi », sont dans le mouchoir de poche de l'île de Pâques aussi « consistants » que n'importe où ailleurs dans le monde. Peut-on en conclure que s'il existe une inquiétude humaine universelle – identique chez tous les peuples de la terre, de la minuscule île de Pâques au vaste empire chinois –, c'est bien celle qui tourne autour de la représentation de « l'autre » ? Peut-on constater en même temps que cette inquiétude est à la source de pensées partout semblables sur la « dangerosité » des hommes, générant des solutions partout similaires sur le « vivre ensemble » ou son contraire, solutions généralement sans originalités, sans surprises, dépourvues de vrais résultats pour infléchir le cours naturel des choses ?

Sans doute. Alors, si l'on peut discerner un champ de réflexion philosophique et de travail politique à repenser entièrement pour l'avenir, c'est bien celui-là...

Après les fatigues de la réunion du gouvernement local, Henrique doit affronter les doléances de ses administrés. Il les reçoit en audience dans un rituel bien rodé auquel il nous autorise encore à assister – et je suis particulièrement intéressé de comprendre maintenant quelles peuvent être les relations des Pascuans avec leur gouverneur, un Rapa Nui comme eux, mais travaillant pour le gouvernement chilien...

La salle d'audience est vaste, moderne, dotée de splendides murs en pierre de taille, de drapeaux encadrant le portrait du président de la République, d'une grande table en bois parfaitement verni, de sièges confortables.

Deux jeunes gens entrent, accompagnés d'un huissier : l'un est torse nu, l'autre en chemisette, le premier coiffé à la rasta, le second les cheveux ébouriffés. A l'évidence, le protocole est réduit à sa plus simple expression ; mais comme chacun se connaît ici, on ne fait pas de manière. D'ailleurs, nous commençons à prendre conscience du « Clochemerle » que constitue aussi l'île de Pâques, avec ses ragots et ses rumeurs, ses médisances et ses cancans, ses commérages de toutes sortes et de toutes natures, comme dans n'importe quel village de n'importe quel pays – voilà bien encore quelque chose d'universel...

Les deux jeunes s'assoient près du gouverneur. Ils ont une requête à formuler et le font sans détour : ils aimeraient découvrir le Chili mais n'en ont pas les moyens... Les vols réguliers coûtent une fortune et les bateaux sont rarissimes. Henrique est leur gouverneur, à lui de trouver une solution.

Henrique hoche la tête, manifestement pas étonné ; il ouvre un calepin, se met à écrire. Je regarde par-dessus son épaule et lis en espagnol : « Demande de deux billets d'avion sur la ligne militaire chilienne pour le mois de février 2005. » Il inscrit ensuite les noms des deux jeunes gens et signe ; ça n'a pas l'air plus compliqué que cela... Les deux garçons remercient poliment, prennent le papier, se lèvent et s'en vont. Le gouverneur me dit d'un air à la fois touchant et désarmant :

« J'ai toujours eu un rêve, un rêve frustré : celui d'aller à l'étranger pour étudier d'autres langues, connaître des cultures différentes, m'enrichir en tant que personne. Je n'ai pas eu cette chance, j'étais orphelin. Mais c'est ce que j'ai toujours voulu pour les jeunes de l'île : qu'ils partent ailleurs – si Dieu le veut – s'enrichir d'une autre culture, d'une autre langue et reviennent faire profiter l'île de leur connaissance. »

Voilà, me dis-je, un discours contradictoire avec ce que j'ai entendu le matin même à propos de « l'immigration », et en même temps parfaitement non contradictoire et complémentaire.

Même au bout du monde les choses compliquées ne deviennent pas simples...

Ile de Pâques, 15 février 2005

A quelques kilomètres des flancs du Rano Raraku parsemé de ces *Moai* endormis à tout jamais, vit l'un des meilleurs pêcheurs de l'île de Pâques. Comme beaucoup de Rapa Nui, il porte un surnom – Vicky –, et nous avons découvert son existence lors de nos toutes premières reconnaissances. Vicky a la soixantaine passée, une moustache blanche fournie et un ventre rebondi. Du temps de sa jeunesse, il était un grand défenseur de l'identité Rapa Nui au côté de Joseph Pacomio, le père de Nana.

Comme la plupart des pêcheurs, Vicky vit très isolé, dans une petite masure bâtie sur un bout de côte désertique. Mais Vicky a deux particularités. La première est qu'il porte en lui une vieille blessure existentielle : son rêve n'était pas d'être pêcheur mais sculpteur, comme les anciens Rapa Nui. La seconde est que sa maison se trouve face à l'un des sanctuaires les plus célèbres de l'île, celui de Tonga Riki : un *ahu* sur lequel sont alignés côte à côte quinze magnifiques *Moai* d'une dizaine de mètres de hauteur, autrefois jetés bas et aujourd'hui replacés sur leurs piédestaux. De la maison de Vicky on ne voit qu'eux, comme si à travers le temps ils continuaient de protéger le vieux pêcheur de leur regard, ainsi qu'ils le faisaient jadis pour ses ancêtres.

Depuis plusieurs jours, nous rendons visite à Vicky, notamment Jacques Petit et Denis Fabre – tous deux pêcheurs réputés de *La Boudeuse*. Aujourd'hui, je les rejoins pour découvrir un peu mieux ce personnage débonnaire mais puissant qu'est Vicky.

« Comme je suis tout le temps sur l'eau, confesse-t-il à regret à mon arrivée, je n'ai plus le temps de m'occuper des *Moai*. Pourtant, j'aimerais en sculpter encore, en bois... C'est dommage... Avec le temps, j'oublie ces choses importantes. »

Il soupire, remonte sa ceinture sur son ventre : « Mais allons pêcher, dit-il en riant ; après tout, la mer nous attend... »

Nous descendons au petit débarcadère ensoleillé qui se trouve au bas de sa maison, enchâssé au milieu d'une crique étroite ; nous prenons place dans une barque à moteur qui a connu de meilleurs jours, Vicky saisit la barre et nous quittons la crique vers la haute mer. Un jeune garçon nous accompagne : comme José le *djorgo* ou Piru l'écolo, Vicky le pêcheur emmène toujours avec lui un adolescent afin de lui transmettre son savoir.

Le Rapa Nui nous explique bientôt, tel le héros du *Vieil Homme et la mer* d'Hemingway, qu'il navigue en fonction d'amers situés le long de la côte et connus par lui de longue date ; ils l'amènent à tout coup sur les zones de pêche les plus favorables, elles aussi repérées depuis longtemps, peut-être des générations.

Une demi-heure ne s'est pas écoulée que Vicky stoppe son moteur et se prépare à mouiller. Je constate avec un certain effarement qu'il utilise une grosse pierre en guise d'ancre : il noue une corde autour et amarre l'autre extrémité à la barque. C'est tout. Puis il propulse la pierre à l'eau d'un élan de tout son corps. Devant mon air étonné, il sourit :

« Ça marche aussi bien qu'une vraie ancre. Tu vas voir que pour les hameçons c'est pareil ! »

Effectivement, je remarque un lot de cailloux gros comme la main entassés à l'arrière. Notre « ancre » à peine mouillée, le jeune garçon, aidé de Fabre et Petit, découpe à la machette quelques menus poissons apportés en guise d'appâts. Cela fait, Vicky attache les morceaux autour des pierres avec du fil de pêche agrémenté d'une série de hameçons.

« C'est très artisanal, commente-t-il. Mais c'est comme pour l'ancre, ça fonctionne parfaitement ; nos ancêtres pêchaient ainsi, alors pourquoi pas nous ?

– Je veux bien, dis-je ; mais comment fais-tu exactement ?

– Une fois que la pierre est bien entourée de morceaux de poissons, on la lance à l'eau en déroulant le fil de pêche. Quand la pierre est à la profondeur voulue, on tire le fil très fort et on la retire ; c'est comme ça qu'on fait... »

Joignant le geste à la parole, Vicky jette à l'eau une première pierre, laissant courir le fil de nylon entre ses doigts puissants. Moi qui suis tout sauf pêcheur, je doute avoir compris quoi que ce soit à cette drôle de technique mais ne dis rien de plus par amour-propre ; d'autant que Fabre et Petit imitent Vicky comme s'ils avaient fait cela toute leur vie...

Moins d'une minute après, le vieux pêcheur ramène un premier poisson au bout de sa ligne improvisée. Mes camarades ne sont pas en reste et, avec une aisance déconcertante, remontent à leur tour deux belles pièces, longues comme l'avant-bras.

« Ça marche, hein ! » se réjouit Vicky.

L'instant d'après, il jette au fond de la barque la plus grosse prise du moment :

« C'est une *seriale*, annonce-t-il avec jubilation. Et ce n'est pas fini... »

Effectivement : quelques minutes plus tard, c'est un vrai thon qui mord à l'appât et secoue la ligne dans des bouillonnements d'écume qui étincellent sous les éclats de lumière du soleil ; il faut tous les efforts de Vicky pour ramener ce poisson à bord et l'assommer. Après quoi, manifestement satisfait, le vieux pêcheur récupère son « ancre », se rassoit à la barre, lance le moteur et remet le cap vers sa maison. Je demande :

« On ne pêche pas davantage ?

– Pour quoi faire ? Il y a largement de quoi manger pour ce soir, non ? »

Je souris en moi-même. J'aurais dû m'attendre à une réponse de ce genre. Quelqu'un comme Vicky ne pêche pas pour commercer ou accumuler. Quelle drôle d'idée ! S'il pêche, c'est juste pour les nécessités du moment. Comme tous les Pascuans que nous commençons à bien connaître, Vicky aime vivre au jour le jour ; ça lui donne le sentiment d'être davantage libre et heureux que s'il se faisait prévoyant à l'image des gens précautionneux dont l'étincelle de vie s'est éteinte depuis longtemps en eux. Il me dit : « J'aime vivre comme je le fais. Et j'aimerais que rien ne change dans notre île ; qu'elle soit toujours libre, que l'on continue à y connaître la paix et à y manger sans problèmes. De toute manière, s'il n'y a plus rien à manger, on peut toujours pêcher, n'est-ce pas ? Et puis de toute façon, demain est un autre jour... C'est ainsi qu'il faut penser... »

Je ris et me souviens de ce que m'a certifié quelques jours plus tôt Carlos Salinas, le Chilien protecteur des *Moai* – un homme qui, malgré son amour de l'île ou peut-être à cause de lui, ne semble être dupe de rien : « Les Pascuans sont vraiment des experts pour vivre dans le présent... Vous savez pourquoi ? Parce que s'ils pensaient trop au futur, ça leur gâcherait le moment présent... C'est ce qu'ils croient en tout cas...

– Et vous, quelle est votre opinion ? » avais-je demandé.

Carlos s'était mis à sourire : « Peut-être ont-ils raison ; peut-être ont-ils tort... »

Et il avait haussé les épaules d'un air entendu.

7

A l'ombre des géants

Je reste de longues heures chez Vicki le pêcheur à contempler l'alignement des *Moai* de Tonga Riki, stupéfiants par leur profondeur méditative et la puissance qu'ils dégagent en dépit de leur immobilité. Leur magnétisme est indubitable. Il me semble que ces quinze statues géantes pourraient symboliser à elles seules l'histoire de la civilisation Rapa Nui ; qu'elles disent mieux que tout discours ce qu'a pu être ce peuple polynésien au temps héroïque de ses migrations – il y a quinze siècles sans doute –, au temps de son apogée – il y a un millénaire peut-être –, au temps de son déclin – au XVIe siècle probablement...

Cela a fini par me fasciner : toute cette longue histoire sur une île aussi petite dont personne n'avait entendu parler avant qu'elle ne soit « découverte » par Roggeveen le Hollandais... Une histoire « endogène », « endémique » presque, tant elle a eu lieu en « circuit fermé » pendant 1 500 ans...

Il a fallu beaucoup de temps et de travail aux ethnologues, archéologues, linguistes et autres spécialistes pour reconstituer l'histoire des Rapa Nui et comprendre ce qu'avait pu être leur société. On sait aujourd'hui – grâce à la traduction d'un chant traditionnel – que Hotu Matua, le roi légendaire qui découvrit l'île, eut six fils. Lorsqu'il mourut, ils se partagèrent le royaume ; c'est ainsi que naquirent six « clans », les *mata*, qui avec les générations devinrent rivaux et finirent par s'épuiser dans des guerres intestines. Cependant, il y avait toujours un roi pour l'ensemble de la population – issu du clan des Honga, celui des descendants du fils aîné de Hotu Matua – et la société Rapa Nui demeurait très hiérarchisée, avec une noblesse, un clergé, des chefs de guerre, un petit peuple constitué de pêcheurs, de sculpteurs et d'agriculteurs. Tout en bas se trouvaient les esclaves capturés au cours des guerres.

Comme dans la plupart des sociétés polynésiennes, le roi détenait sa légitimité du *mana* qui était en lui, cette étincelle de puissance divine que lui avaient léguée ses ancêtres. L'action du roi consistait à entretenir les meilleures relations possibles avec les dieux afin de protéger le peuple des catastrophes naturelles et autres fléaux menaçant les humains, telles la sécheresse ou les maladies.

Les Rapa Nui vivaient dans un réseau très serré de tabous guidant chaque moment de leur existence. Ils croyaient à une multitude de dieux d'importance diverse mais qui régentaient leur vie quotidienne ; il fallait sans cesse rendre grâce à ces divinités par toutes sortes de rites, de prières et de sacrifices.

Au XVIIIe siècle, à l'arrivée des Européens, les *mata* étaient au nombre de dix, regroupés en deux alliances. Chaque *mata* était constitué d'un grand nombre de familles élargies, descendant chacune d'un ancêtre commun. C'est au niveau de ces familles que les *ahu*, les autels cérémoniels, prenaient sens en tant que lieux de culte et de sépulture ; chaque famille édifiait son sanctuaire. La taille de ces derniers, comme le nombre de *Moai* érigés sur l'*ahu*, était proportionnelle à la puissance et au prestige de la famille qui le détenait et l'entretenait. Les compétitions entre lignages étaient donc monnaie courante d'où, sans doute, le gigantisme progressif des statues.

Les sanctuaires étaient le plus souvent construits le long de la côte, parallèlement au rivage. Parfois leur alignement obéissait à des préoccupations plus astronomiques : certains autels étaient ainsi dressés perpendiculairement au lever du soleil lors des solstices, sans que l'on sache très bien pourquoi.

Ces *ahu* et leurs statues impressionnèrent vivement le grand Cook qui en dit dans son journal : « Le travail n'est pas inférieur à celui des meilleurs ouvrages de maçonnerie que nous avons en Angleterre. On n'y emploie aucune sorte de ciment et pourtant les joints sont extrêmement serrés et les pierres sont mortaisées et enserrées les unes dans les autres avec beaucoup de savoir-faire. »

Si au moment de l'arrivée de Cook peu de *Moai* demeuraient debout, c'est que les Rapa Nui avaient pour coutume lors des guerres qu'ils menaient les uns contre les autres d'humilier les vaincus en détruisant leurs *ahu* et en jetant à terre leurs *Moai*. Il fallait donc sans cesse bâtir et reconstruire, sans cesse sculpter de nouvelles statues dans la roche volcanique des carrières à ciel ouvert du Rano Raraku...

Compte tenu de la taille de l'île et de la démographie des Rapa Nui, on imagine combien la pression humaine sur la terre a dû être terrible à certaines périodes. L'île de Pâques n'est guère fertile, sans cesse balayée par des vents salins, brûlée par l'ardeur du soleil. On y cultivait de nombreuses plantes vivrières comme la patate douce, la banane, la canne à sucre ou l'igname, mais avec difficulté, souvent dans des enclos spécialement aménagés pour retenir l'humidité et protéger les plantes des intempéries. Comme gibier de chasse, il n'y avait guère que des oiseaux et s'il y eut des forêts à une époque, elles se raréfièrent très vite. De surcroît, la pêche n'offrait guère de ressource, aucune barrière de corail ne permettant l'existence d'un lagon poissonneux comme dans d'autres régions de Polynésie. Dans ces conditions difficiles, la propriété des terres était vitale à la survie des clans Rapa Nui ; elle obéissait à des règles très complexes et rigides, sources de conflits permanents. Chaque famille avait ses maisons regroupées devant son *ahu* et était détentrice d'une parcelle de terrain qui, d'un côté, accédait obligatoirement à la mer, et de l'autre à des ressources essentielles comme les roseaux poussant dans les cratères des volcans, les grottes qui servaient parfois de logement troglodyte, ou encore les carrières de statues du Rano Raraku. L'île était ainsi divisée en une multitude d'étroites bandes de terrain dont la mosaïque parut incompréhensible aux premiers Européens...

La vie était donc dure chez les anciens Pascuans. Le cannibalisme rituel était d'usage sans doute courant dans la caste des guerriers, ainsi que les sacrifices humains. Les ressources de l'île étant ce qu'elles étaient, on habitait dans des maisons rudimentaires dont les plus communes, construites en joncs et branchages, ressemblaient à des bateaux la coque retournée en l'air. On vivait presque nus, à peine habillés de cache-sexe en écorce battue et les corps des hommes comme ceux des femmes portaient des tatouages indiquant leur rang social.

Reste la grande question de l'écriture des Rapa Nui... Si un mystère demeure à l'île de Pâques, c'est bien celui-ci. Jusqu'à une date récente, on considérait que les Pascuans n'avaient jamais eu d'écriture. Mais en 1864, le frère Eugène Eyraud – premier missionnaire à s'installer dans l'île – signale dans une de ses lettres l'existence « dans toutes les cases [de] tablettes de bois ou [de] bâtons couverts de caractères hiéroglyphiques. Ce sont des figures d'animaux inconnus dans l'île, que les indigènes tracent au moyen de pierres tranchantes ».

Ces tablettes portent le nom de *kohau rongo rongo* – canne de chantre – et l'ancienneté de « l'écriture » qu'elles portent est très controversée par les spécialistes. Vingt et une de ces tablettes ont été recensées et authentifiées à ce jour, ainsi qu'un bâton et quelques ornements pectoraux portant les mêmes « glyphes » faits de caractères géométriques, anthropomorphes et zoomorphes, représentant des animaux et des plantes de l'île ainsi que des parties du corps humain ou des objets de la vie quotidienne. La lecture de ces tablettes – dite « boustrophédon à inversion alternée » – s'effectuait de bas en haut et de gauche à droite. Les signes étant inversés une ligne sur deux, il fallait retourner la tablette à la fin de chaque ligne... C'était sans doute fort incommode mais il y avait dans chaque clan pascuan des écoles où cette écriture était enseignée par des spécialistes qui psalmodiaient les chants associés à ces tablettes.

Aucune preuve n'a été apportée de l'existence d'une grammaire associée à ces glyphes, ni même qu'ils constituent entre eux des phrases entières et cohérentes. Peut-être ces glyphes n'étaient-ils qu'un moyen mnémotechnique destiné à retenir les traditions orales scandées par les récitants.

Quoi qu'il en soit, tous les essais de déchiffrement ont échoué à ce jour.

Le soir même, je suis de retour à Hanga Roa. Comme me l'a demandé Vicky, je passe chez sa fille. C'est là que se trouvent les sculptures sur bois qu'il réalise à chaque moment de sa vie qu'il peut voler au destin. Je suis étonné : Vicky innove ; il ne se contente pas de reproduire les modèles stéréotypés de l'ancienne sculpture pascuane ; il taille dans le bois des scènes de mer originales, des personnages nouveaux, des tableaux de vie qui appartiennent à son imaginaire. Il est lui-même.

« Mon rêve, m'a-t-il confié, ce serait d'avoir un peu d'argent ; alors, je n'irais plus pêcher. Je consacrerais ma vie à sculpter le bois. Ce serait cela le bonheur complet pour moi... Accomplir ma vocation. Même à mon âge. »

Ile de Pâques, 16 février 2005

La journée commence par un spectacle proprement hallucinant. Comme cela arrive une fois par mois environ, un paquebot de croisière jette l'ancre devant Hanga Roa ; sa manœuvre à peine achevée, il déverse sur l'île à une cadence industrielle et par vagues successives quelque mille passagers... Le ballet des canots à moteurs du paquebot, tous chargés à ras-bord de touristes, va être ininterrompu pendant des heures. Cet assaut donné à l'île – car il s'agit pratiquement de cela – nous mobilise la moitié du jour tant il nous semble caricatural et emblématique.

Avant même l'arrivée des premières navettes, je me poste au débarcadère avec Philippe Pothon, Christine Chevrier, Julia et mon frère Eric. Nous en croyons à peine nos yeux : le quai, habituellement vide, déborde maintenant de tentes emplies d'étals croulant sous des amas de colifichets, des monceaux de bibelots, des breloques de toutes sortes, sans parler de mille autres babioles du même genre – comme des *Moai* en porte-clefs ou des statuettes fabriquées à la chaîne. J'admire avec un ébahissement sans borne cette pacotille d'un autre âge ; c'est comme si par une sombre ironie de l'Histoire, l'arroseur se trouvait arrosé, les Rapa Nui d'aujourd'hui servant aux descendants des Occidentaux d'autrefois l'équivalent des verroteries que leurs pères eurent à connaître en leur temps...

Partout sur le quai des Pascuans blasés et moqueurs brandissent des pancartes proposant des prix de taxis imbattables, des excursions uniques et des visites exceptionnelles. La poste locale a déplacé deux de ses agents avec tampons, cartes postales, liasses de timbres et enveloppes spéciales pour un service immédiat et sans fatigue. Les banques ne sont pas en reste, leurs employés sont là aussi, dollars et pesos à la main, prêts à tous les échanges...

Lorsque nous arrivons, le silence règne encore. On entend juste au loin les moteurs des navettes. Le bruit se rapproche, les canots apparaissent, avancent vers le débarcadère, accostent. Le premier groupe de passagers débarque, engoncés dans des gilets de sauvetages orange, vêtus de chemises à fleurs, de shorts de toutes tailles, de sandalettes claquantes, harnachés d'appareils photo et de caméras, tous habillés du même uniforme de vacances, tous équipés du même sac vert offert par leur croisiériste. Il y a là toutes les nationalités mais surtout le gros contingent classique des troupes touristiques : Américains, Européens, Japonais.

A peine leurs accompagnateurs leur ont-ils retiré les gilets de sauvetage que de jeunes Pascuanes accortes leur offrent une fleur à chacun en guise de bienvenue. Après quoi, les passagers se ruent sur les souvenirs de pacotille, achetant en dollars tout ce qui se peut acheter. J'ai rarement observé une telle avidité : les sacs plastique transparents des vendeurs, accrochés aux étals, sont bientôt bondés de billets de banques.

« On dirait des sauterelles fondant sur une récolte ! commente Christine, interloquée.

– Je crois que c'est pire, » dit Pothon. Et avisant un organisateur, il demande : « Mais combien sont-ils ?

– Aujourd'hui, assez peu... 1 000 environ.

– Ce n'est pas beaucoup effectivement, rétorque Julia, ironique... Ils restent longtemps ?

– Une journée. Le bateau part ce soir.

– Une journée ? Mais qu'est-ce qu'ils vont faire ?

– Visiter l'île, évidemment. » L'homme énumère sur ses doigts : « Les sanctuaires importants, les *Moai*, la carrière de statues, la capitale Hanga Roa, les boutiques de souvenirs, le musée... toutes ces choses-là. Il faut faire vite, n'est-ce pas ?

Nous n'avons que quelques heures et il ne faut rien manquer, nos clients seraient furieux ; ils ont payé cher, surtout les Japonais.

– Je pense bien, dis-je, abasourdi.

– Qu'est-ce qu'on fait, demande Pothon, on les suit ?

– On les suit. »

De l'autre côté du débarcadère, une file ininterrompue de bus et de cars attend les touristes ; ils s'engouffrent à l'intérieur, agitant des ombrelles, étalant de la crème solaire sur leurs bras et leurs visages hâlés ; les bus démarrent dans des concerts de klaxons, disparaissent au premier tournant, aussitôt remplacés par d'autres bus et d'autres cars semblables qui se remplissent à la même allure, disparaissent de la même manière, encore remplacés par d'autres cars, puis d'autres encore dans un manège incessant...

« On va avoir le tournis, dit Julia.

– Un vrai tourbillon, ajoute mon frère Eric.

– Prenons la voiture de Nana et allons à Tonga Riki, propose Pothon ; on retrouvera les touristes là-bas. »

Aussitôt dit, aussitôt fait. Ce que nous découvrons une heure plus tard devant l'alignement des *Moai* préférés de Vicky le pêcheur est à l'image de ce qui a précédé : un morceau d'anthologie. Des guides pressés, tout juste polis, harcèlent les passagers à peine descendus des cars. Dans un tourbillon de cris et d'apostrophes, ils les rassemblent comme les chiens de bergers le font des moutons d'un troupeau, empêchant la moindre bête de s'éloigner de la harde. Cela achevé, ils entraînent leurs ouailles devant l'autel cérémoniel, les regroupent dos aux *Moai*, les alignent en rang ; pas le temps de s'éterniser devant les statues, il faut d'abord mettre en boîte la photo souvenir, cette preuve absolu de l'action accomplie et par là même premier objet d'importance à rapporter chez soi : les appareils passent de main en main, dix, vingt, trente, quarante, chacun patiente, plaisante, le guide appui sur tous ces boutons les uns après les autres, fatigué, grommelle un peu, se ravise ; enfin toutes les photos sont prises. Un autre groupe de touristes qui attendait avec impatience se précipite déjà vers l'esplanade de l'*ahu*, bouscule le premier groupe, le remplace, tout recommence, d'autres cars arrivent encore, c'est l'embouteillage, la surchauffe industrielle... Alors, on laisse maintenant les touristes patienter à l'intérieur des véhicules plutôt que sous l'ardeur du soleil, on les presse ensuite de se dépêcher, d'accélérer le mouvement, de se hâter, de ne plus traîner, et tout continue comme dans une farandole de manège enchanté...

« Partons, dis-je au bout d'un moment, vaguement démoralisé. On en a assez vu ; ces gens-là sont incroyables ! Ils ont à peine pris le temps de regarder les *Moai*... Si ces derniers pouvaient s'exprimer, j'aimerais savoir ce qu'ils diraient de ces touristes et de l'imposture dont ils sont victimes... Mais assez parlé, je vais aller voir ce qui se passe à l'aéroport. Nana m'a appris que des touristes débarquaient aussi par avion aujourd'hui. »

Je ne perds pas de temps en route et arrive dans les délais pour assister à l'arrivée des touristes en question : à l'évidence ils appartiennent à la catégorie des « individuels », plus policés et moins stéréotypés. Le spectacle qu'ils offrent à l'aéroport me donne tout de même à penser que des « gens », quelque part, se sont donné le mot pour « rationaliser » le commerce des *Moai*, manifestement fort lucratif. Mais ce commerce profite avant tout aux enseignes touristiques fortement structurées et organisées – européennes et américaines pour la plupart. Il laisse peu de chances aux « artisans » Rapa Nui comme Nana. Avec une réelle consternation, je vois celle-ci se démener pour tenter de remplir sa petite auberge : installée dans un cagibi qui donne sur le hall à passagers, elle harangue les arrivants pour leur proposer ses chambres, ses déjeuners familiaux, son ambiance de bonne auberge d'un autre temps. Sans grand succès : la plupart des touristes ont réservé à l'avance des forfaits complets, comprenant visites guidées, hôtels de bonne facture et restaurants standardisés. Rien de dépaysant, que du rassurant... Après mille efforts, c'est à peine si Nana recrute un client. Et encore ; un jeune routard qui marchande son séjour comme un maquignon de foire...

« La compétition est trop rude, soupire Nana. Je n'ai pas les moyens de lutter contre les gros voyagistes étrangers. On est trop petits, nous les Pascuans... Heureusement que mon père ne voit pas tout ça... »

Je m'en vais trouver Henrique le gouverneur qui me dit : « Que voulez-vous, le tourisme est la grande affaire de l'île aujourd'hui. C'est notre principale source de devises, loin devant toutes les autres. On peut le condamner ou l'approuver, on ne peut pas l'empêcher... Mais ce problème n'a rien à voir avec celui de l'immigration. Les touristes ne restent pas. Ils dépensent et s'en vont. La moyenne de leur présence est de trois jours... »

Plus tard, Julia, Pothon et moi discutons avec nos autres amis Pascuans de cette problématique du tourisme. Carlos le Chilien nous dit :

« Quand même, ces gens des paquebots, ce sont les pires : cinq heures pour visiter l'île, ce n'est pas très respectueux. Je vis ici depuis vingt-cinq ans et je considère que je ne connais toujours pas l'île de Pâques. Alors, ce genre de visite éclair... »

Nana, qui n'en est pas à une contradiction près, ajoute :

« J'ai du mal à remplir les chambres de mon auberge mais, malgré tout, je pense que ce ne serait pas une bonne chose s'il y avait trop de touristes : parce qu'ils changent ce qu'il y a dans la tête des Rapa Nui, surtout des jeunes. Ce n'est pas toujours bon ce qui vient de l'extérieur... C'est comme ça que la drogue commence à arriver... »

Je demande : « La drogue ?

– C'est encore peu de chose, temporise Nana ; il ne s'agit pas de drogues dures, mais de marijuana, par exemple. Elle arrive avec les touristes... Et puis il y a l'alcool et la violence. On ne connaît pas vraiment ça ici, mais ça débute, comme partout. »

Julia dit : « Alors, un jour, il y aura de la violence à l'île de Pâques, de la délinquance, de la criminalité ?

– C'est bien possible, si on laisse les choses continuer comme ça...

– En ce qui me concerne, lance José le *djorgo* d'un geste magnifique, je n'ai pas peur de tout ça. Les touristes, je m'en fiche complètement ; je m'occupe de moi-même et c'est bien suffisant... Je pense de la manière suivante : si tu ne m'embêtes pas, je ne t'embête pas. Si tu veux vivre comme tu veux, vis comme tu veux ! Voilà c'est tout...

– Moi, je suis partisan de laisser entrer un maximum de touristes », dit Vicky.

Pothon demande, étonné : « Pourquoi ? »

Vicky éclate de rire : « Mais parce que ça nous rapporterait davantage d'argent, voyons... »

18 heures : Je prends un peu de repos sur le pont central de *La Boudeuse*, fumant une cigarette tandis que le soleil couchant incendie l'horizon de lueurs pourpres. D'Hanga Roa me parviennent des rumeurs de kermesse et de musique : la Tapati. Nous sommes arrivés à l'île de Pâques au moment exact où commençait cette grande fête imaginée par des responsables Rapa Nui il y a quelques années pour régénérer progressivement leur culture : quinze jours durant chaque mois de février, toute l'île chante, danse, s'affronte au cours de joutes sportives traditionnelles, rivalise dans toutes sortes de concours. Jusqu'à présent, nous avons observé de loin les différentes étapes de cette Tapati, tels les concours de lancers de javelot ou les courses en pirogue, dubitatifs quant à leur intérêt réel pour ce qui est de la culture traditionnelle. Une sorte de grand chapiteau a été dressé devant la plage principale d'Hanga Roa, des groupes de musique locaux – mais tout ce qu'il y a de plus moderne – s'y produisent chaque soir sous des projecteurs de boîtes de nuit et tout cela a un relent de folklore. Le vieux chef Pakomio ne cesse de fulminer contre cette supercherie et, jusqu'à présent, je m'en suis plutôt tenu à l'écart.

Ces derniers jours cependant, en allant « flairer » ce qui se passait autour de cette Tapati, je me suis dit qu'au-delà de ses indubitables aspects touristiques, elle était quelque chose de plus qu'une simple mascarade : un concentré de tous les fantasmes culturels des Rapa Nui d'aujourd'hui. Et cela, c'était intéressant...

Ce soir, donc – quoique exténué par le rythme étourdissant dans lequel les touristes nous ont entraînés tout le jour –, j'ai décidé d'aller voir de quoi il retourne ; plus exactement, d'engager Julia et Christine à accepter l'invitation qu'elles ont reçue de participer au concours de peintures corporelles qui va avoir lieu sous le grand chapiteau entre les différents clans d'Hanga Roa... Nos amis Rapa Nui ne comprennent pas que nous restions à l'écart de la Tapati ; notre participation les rassurera.

« Mais si on va là-bas, s'inquiète Christine, ils vont nous peindre tout le corps.

– Et il faudra sûrement qu'on les peigne à notre tour, ajoute Julia ; on n'y connaît rien...

– Bah, dis-je, c'est une expérience pas plus différente que de pêcher avec Vicky ou d'aider José à ramener ses troupeaux à cheval, non ? »

Je me garde d'ajouter qu'à mon avis, tous ces Rapa Nui, femmes comprises, ont aussi invité Julia et Christine par curiosité : pour voir de plus près une blonde et une rousse, surtout aux yeux bleus et si jeunes... Mais Julia et Christine s'en doutent évidemment depuis longtemps...

« Eh bien, allons-y, finit par dire Julia ; de toute façon, on apprendra sûrement des choses intéressantes. »

A la tombée de la nuit, les deux filles rejoignent Piru l'écolo sous la grande tente. A l'intérieur, elles découvrent une cinquantaine d'hommes et de femmes en train de se peinturlurer des pieds à la tête de toutes les couleurs existantes et de tous les motifs de décoration possibles et imaginables – losanges, arabesques, arborescences, soleils dardant ses rayons, lunes en croissant, cercles et demi-cercles, pointillés, figures stylisées de lézards, d'oiseaux, de poissons. A cela s'ajoutent toutes sortes de parures... En fin de compte : impressionnant. Mais en même temps, ce délire de couleurs et de plumes, ce foisonnement pour tout dire « tropical » de coiffes, de bracelets, de colliers, cette exubérance et cette frénésie de strass jettent en moi le sentiment vaguement gênant que chacun laisse libre cours à son imagination sans guère se préoccuper d'authenticité culturelle. De fait, l'antique civilisation Rapa Nui ayant complètement disparu, nul ne sait au juste comment les Pascuans d'autrefois peignaient leurs corps, chantaient ou dansaient ; alors, on réinvente tout. Et le résultat de cette réappropriation culturelle est parfois inattendu pour ne pas dire surréaliste. A contempler la mascarade que cela peut engendrer, je comprends le vieux chef Pakomio : comment pourrait-il avaliser quoi que ce soit dans ces débordements qui ont aussi tout du galimatias ?

Je m'en ouvre à Piru l'écolo – à moitié nue, peinte en rouge des pieds à la tête, seins, visage, bras et jambes parcourus de lignes blanches – tandis qu'autour de nous on se met à danser à la manière sensuelle de vahinés d'images d'Epinal – seins nus et volcaniques parés de plumes froufroutantes, jupes de raphia autour des reins – et que des hommes s'emparent de Julia et de Christine pour peindre leurs visages – le reste est une autre affaire...

Finalement, Piru m'affirme qu'à ses yeux, la Tapati est une chance pour l'avenir de l'île, car ce qui importe aux Rapa Nui d'aujourd'hui, ce peuple déraciné sur sa propre terre, ce n'est pas la vérité d'une culture à jamais disparue, mais l'illusion qu'elle peut renaître différemment. Alors, ajoute-t-elle, il faut laisser libre cours à l'imagination des jeunes Pascuans ! Et tant pis si des anciens comme Pakomio ne comprennent rien à cette modernité incontournable : ce sont des « traditionalistes », peut-être même des « réactionnaires », au mieux des « conservateurs »...

A bien y regarder de près, on appelle aussi cela un conflit de générations.

Même à l'île de Pâques, tout au bout du monde...

Ile de Pâques, 17 février 2005

A l'aube, branle-bas de départ sur *La Boudeuse*...

A partir d'aujourd'hui, nous voulons offrir à nos amis Rapa Nui davantage que les simples séjours à bord qu'ils ont connus jusqu'à présent : aussi partons-nous pour un tour complet de l'île de Pâques... Quelque chose que même des Pascuans ont rarement l'occasion de se voir proposer...

Naturellement, Nana, Henrique ou Vicky ont battu le rappel de leurs familles et de leurs amis qui eux-mêmes avaient toutes sortes d'amis voulant profiter de l'occasion... Résultat : Julia a un mal fou à comptabiliser les passagers qui arrivent dans toutes sortes d'embarcations quand ils n'ont pas trouvé place dans nos navettes... Finalement, je lui conseille d'y renoncer devant la cohue qui encombre le pont. « Grâce à Dieu, lui dis-je, l'île est minuscule et j'ai prévu quelques escales. Nous pourrons sûrement débarquer du monde en cours de route ; à commencer par ceux qui ne manqueront pas de se plaindre du mal de mer... »

Bientôt nous relevons notre mouillage dans le crissement métallique du moteur du guindeau ; cela fait, nous envoyons nos basses voiles sous les yeux ébahis des Pascuans, puis toutes les voiles supérieures ; pour le coup, nos amis n'ouvrent plus la bouche et observent avec une admiration manifeste le ballet des gabiers dans les vergues et la chorégraphie des matelots sur le pont, rythmés par les coups de sifflets et les ordres lancés dans le porte-voix. Le plus intéressé par cette agitation parfaitement réglée est Vicky le pêcheur. La manœuvre terminée et le navire lancé dans sa course, cap au sud, il a vite fait de mettre son neveu à la barre en lieu et place de Christine Chevrier, timonier de quart ; il entreprend alors sans complexe la formation du gamin sous le regard dubitatif des lieutenants et de Nicolas Clérice qui préfère rester assis sur le coffre de barre, prêt à intervenir... Vicky houspille bientôt son neveu : « On ne regarde pas la barre, mais l'avant du bateau, allez... Ce n'est pas compliqué, c'est comme une voiture... » Mais le meilleur survient lorsque Jacques Petit et Denis Fabre sortent les lignes de pêche et les hameçons des coffres de la dunette.

« Tu nous as emmenés pêcher, dit Jacques à Vicky, maintenant c'est à notre tour de te montrer comment on fait sur ce bateau.

– C'est très classique, précise Denis. Rien de sorcier.

– Et ça marche très bien, ajoute Jacques. Entre Cayenne et Panama, on a attrapé pas mal de poissons. »

Vicky regarde d'un air méfiant la ligne de pêche que lui tend Denis, bien lovée autour de son support de bois. Il vérifie le gros hameçon, s'étonne des couleurs vives du leurre et finit par laisser tomber, goguenard :

« Si j'utilise un truc pareil près de la côte, je ne vais rien manger ce soir ; je vais mourir de faim. Votre ligne, elle est faite pour les navigations en haute mer...

– Il faut essayer, insiste Jacques, c'est au moins aussi valable que la technique que tu nous as apprise avec tes pierres. »

Joignant le geste à la parole, il dévide la ligne sur près de cent mètres à l'arrière de *La Boudeuse* comme il en a l'habitude. Il ne reste plus qu'à attendre. Vicky arbore la moue du connaisseur à qui on ne la fait pas et, autant le dire de suite, la nuit viendra sans qu'aucun poisson ait mordu à l'appât...

Nous en sommes là de ces échanges techniques et culturels lorsque nous parvenons à la hauteur d'un îlot rocheux particulièrement important dans la mythologie pascuane : Motu Nui. Long d'à peine quelques centaines de mètres, il est de forme lenticulaire, bordé de falaises peu engageantes, recouvert d'une végétation rase et austère. Deux îlots plus petits l'encadrent : Motu Iti et Motu Kao Kao.

C'est sur Motu Nui que se déroulait autrefois la principale fête religieuse des Rapa Nui, celle de « l'homme-oiseau » – Tangata Manu en langue pascuane. Cette fête mettait en compétition les différents clans de l'île à travers leurs chefs de guerre représentés par des « héros ». Chaque année, en août, ces derniers s'élançaient à la nage vers l'îlot de Motu Nui, distant de plus d'un mille de la côte, équipés de flotteurs en jonc à l'intérieur desquels ils avaient entassé un maximum de nourriture. La traversée était dangereuse et tout le monde n'arrivait pas dans l'île : la mer était infestée de requins et le vent se levait souvent en tempête.

Les choses sérieuses commençaient sur le *motu*. Les concurrents devaient attendre la ponte des hirondelles de mer qui venaient nicher dans l'île à cette époque de l'année et s'emparer d'un œuf. Le premier qui en rapportait un intact sur la côte obtenait le titre glorieux d'« homme-oiseau ».

L'attente pouvait durer des semaines ; les candidats dormaient dans de petites grottes, surveillant les hirondelles, parcourant l'île à la recherche de leurs nids, sans cesse à l'affût. Leurs chefs patientaient sur la côte dans un petit village cérémoniel appelé Orongo où se déroulaient en même temps une multitude de cérémonies et de prières en faveur des différents « héros » qui se disputaient le titre d'« homme-oiseau ».

Le vainqueur devenait à l'égal du roi un homme-dieu pour une période d'une année ; avec à la clef tous les avantages attachés à ce statut.

Puis tout recommençait l'été suivant.

Je fais mettre en panne à une encablure de Motu Nui.

Le navire stoppé, nous descendons « Commerson » du bossoir arrière et le ramenons à la coupée tribord ; nous allons envoyer dans l'île une équipe élargie : Pothon, Clusan, Delzenne, Chevrier, Petit, mon frère Eric.... Consigne leur est donnée d'explorer l'île en détail. Juste pour le plaisir : aurons-nous une autre occasion dans notre vie de revenir dans cet îlot du bout du monde chargé de symboles ?

Je suis le débarquement à la jumelle. L'île est battue par les vagues et n'offre aucun havre sûr. Comme d'habitude, Fabre s'en tire de main de maître : ses camarades acrobatiquement déposés, il éloigne le canot des éperons rocheux qui saillent de la côte et attend sagement au large. Au même moment, l'équipe entreprend l'escalade des petites falaises menant au centre du *motu*. Une fois là, elle se divise en plusieurs groupes pour explorer l'île à la recherche des grottes où les Rapa Nui dormaient jadis pendant la compétition de l'« homme-oiseau. » Ils trouvent sans peine une demi-douzaine d'entre elles au milieu des hirondelles de mer et de la multitude d'autres oiseaux qui nichent là, hors d'atteinte de qui que ce soit. Dans l'une de ces grottes, Petit et Delzenne découvrent des ossements humains – peut-être ceux d'un compétiteur mort de faim il y a bien longtemps – et, plus loin, des sculptures d'« homme-oiseau » gravées à même la roche. Plus loin encore, ils tombent sur des représentations du dieu Maké-Maké, peintes en rouge sur les parois. Maké-Maké était la divinité suprême des anciens Pascuans et le créateur des humains. Les Rapa Nui le figuraient souvent sous la forme d'un homme à tête d'oiseau.

Longtemps plus tard, mes compagnons reviennent à bord, très excités par leurs découvertes ; mais Nana, sarcastique, joue les rabat-joie : « C'est une chose très connue, ces sculptures dans les grottes... Des pêcheurs qui vont parfois dans l'île m'en avaient parlé.

– Bah, dis-je, quelle importance en réalité ? Nous ne sommes pas archéologues... Moi aussi, je connaissais l'existence de ces sculptures par des livres. Mais ce qui importait, n'était-ce pas de les trouver par nous-mêmes ? D'être confrontés physiquement à elles ? De voir ce que tout cela valait ? Et que ce soit le résultat d'un effort, d'un désir, d'une part de ce que nous sommes ?

– C'est exactement ça, approuve Christine. Sinon à quoi bon voyager ? Tout ce qu'on ne connaît pas par soi-même est à découvrir...

– Pour être “complet”, dis-je, il faudrait maintenant tirer quelque chose de personnel et de durable de cette expérience du Motu Nui – comme de toute expérience d'ailleurs –, c'est-à-dire un enseignement ou une création quelconque : en un mot être “ fécond ”. C'est à mes yeux le plus important. Sinon, à quoi bon ? On ne reviendrait d'un voyage qu'avec des anecdotes...

– Mais qu'est-ce que tu veux faire exactement ? » me demande Nana.

Je ris : « Oh, je parlais en règle générale. Je voulais dire par là que, pour moi, toute aventure, toute expérience n'a d'intérêt pour un homme que s'il se rend capable d'en faire la transmutation en quelque chose d'autre, qui soit l'expression de ce qu'il est. En somme, que les expériences de la vie lui servent à créer ses valeurs personnelles, des valeurs qui n'appartiennent qu'à lui et à personne d'autre. Mais pour rester plus terre à terre, Nana, je vais tirer de notre “expérience” au Motu Nui au moins une scène à ma manière pour notre film et quelques lignes dans mon livre – juste de quoi chanter ma musique personnelle –, et c'est déjà beaucoup. Mais j'aurais pu aussi bien utiliser cette expérience pour un roman, par exemple...

– On va bientôt passer la pointe sud-ouest de l'île, m'interrompt Jacques Petit.

– Merci, camarade. Tu poursuis à vue en épousant le contour de la côte et tu fais régler les voiles pour la nouvelle allure. »

Un quart d'heure plus tard nous sommes bâbord amure sur une route à peu près nord-est et continuons ainsi, le silence revenu sur la dunette. En fin d'après-midi, nous virons de bord lof pour lof afin de repartir au nord-ouest. Nous longeons cette fois la partie septentrionale de l'île de Pâques dont les côtes sont aussi peu engageantes que ce que nous avons déjà vu ailleurs. Je conçois sans peine combien les anciens navigateurs rechignaient à relâcher ici : non seulement ce pays était à l'écart de toutes les routes de navigation mais ses côtes n'offraient vraiment aucun abri. Comme de surcroît l'eau et les vivres étaient rares, il fallait avoir de bonnes raisons pour venir dans ces parages...

La nuit tombe comme nous sommes en vue de la seule plage de l'île de Pâques : Anakena, devant laquelle nous jetons l'ancre. C'est là que Hotu Matua, l'ancêtre de tous les Rapa Nui, aurait abordé il y a quinze siècles ; là aussi que débarquèrent longtemps plus tard les équipages de Cook puis de La Pérouse ; ici encore que descendent un certain nombre de nos amis pour rentrer chez eux...

Ile de Pâques, 18 février 2005

L'aube nous révèle Anakena. La baie dans laquelle est enserrée la plage ne doit pas mesurer plus de trois cents mètres de large ; le sable est d'une blancheur éclatante ; à la jumelle, je distingue la lisière d'une forêt, des bouquets de palmiers plantés ici ou là, et surtout la silhouette caractéristique d'un sanctuaire dressé juste derrière la plage.

Nous mettons un canot à l'eau et débarquons à une demi-douzaine, marchant droit vers le sanctuaire. Six *Moai* se dressent sur la plate-forme de l'ancien lieu sacré, coiffés du *pukao*, ce cylindre de tuf volcanique rouge représentant la coiffure des hauts dignitaires Rapa Nui. Ces six *Moai* – les derniers qui nous contempleront du haut de leur grandeur passée – me paraissent plus impressionnants que tous ceux observés jusqu'alors ; à l'exception des colosses de Tonga Riki, peut-être.

Je reste un long moment à observer leurs visages immobiles.

Nous rembarquons bientôt pour achever notre tour de l'île de Pâques ; le ciel est serein, nous devisons sur le pont avec les Rapa Nui restés avec nous ; pour la plupart ils découvrent les côtes de leur île comme ils n'en ont jamais eu l'occasion.

Le soir même – magie des petites îles –, nous sommes de retour à Hanga Roa.

Pour y apprendre le décès du vieux chef Joseph Pakomio, père de Nana et antique gardien de la culture Rapa Nui.

Mort d'une gangrène foudroyante à la jambe.

Ile de Pâques, 19 février 2005

L'enterrement du vieux Pakomio a lieu ce matin. Quelques-uns de l'équipage accompagnent Nana en pleurs dans la petite cathédrale d'Hanga Roa et se massent dans le fond de la crypte, discrètement. Tous nos amis pascuans sont là, le public semble consterné. Henrique le gouverneur prie à genoux près de l'évêque.

Il y a d'abord la messe, puis l'oraison funèbre, quelques discours entrecoupés de sanglots, enfin un groupe d'anciens qui entonne le chant des morts, âpre et lugubre : un chant dont je n'oublierai pas la puissance émotionnelle de longtemps : l'île enterre le vieil homme avec sans doute l'impression que c'est l'une des dernières voix de la réalité Rapa Nui qui s'est éteinte. Six hommes soulèvent le cercueil avec respect, l'emportent à l'extérieur. Avec ce corps qui s'en va, c'est une page de l'histoire de l'île de Pâques qui se tourne définitivement, l'un de ses derniers remparts qui s'effondre face à l'avenir...

Dans les rues de la ville silencieuse, où le chant des morts est repris en chœur par la foule, nous entamons la lente marche qui doit mener le corps de Joseph jusqu'à sa dernière demeure, selon les termes consacrés.

« C'était quelqu'un, le vieux Pakomio, dit Vicky, venu tout droit de sa cabane de pêcheur. Il était rude, n'est-ce-pas ? Il aimait la bagarre ; surtout avec les autorités chiliennes. Il leur criait tout le temps dessus, des choses comme : "L'île est à nous ! Pas à vous..." Et il me disait toujours : "Tu dois taper du poing sur la table quand tu parles avec un Chilien..." »

Je découvre bientôt que par le plus grand des hasards – ou par un signe du destin ? – le cimetière où va être inhumé le père de Nana se situe juste devant *La Boudeuse* au mouillage... En voyant nos mâts et nos vergues apparaître au fur et à mesure de notre approche, je sens quelque chose d'indéfinissable se nouer au milieu de mon ventre et je songe à ce que le vieux Joseph nous disait lors de notre arrivée : « Tout est faux désormais ; il n'y a plus rien de vrai... »

Le cortège s'immobilise dans le fond du cimetière, devant la mer. L'évêque prononce quelques mots apaisants, les derniers, le cercueil est descendu dans la fosse, toutes les têtes se baissent comme une forêt d'arbres ployée par le vent et un immense silence s'installe sur nous tous. Puis les pleurs s'en vont diminuant, la foule se disperse peu à peu, le chant des morts s'éteint à son tour.

La fille de Joseph jette une poignée de terre sur le cercueil de son père et tout est dit.

Le soir même, dans le jardin de son auberge, près d'une tête de *Moai* où nous avons pris l'habitude de nous installer pour deviser en paix, j'aborde sans détour avec nos amis Rapa Nui la question de la mort, seule interrogation à coup sûr « universelle ».

Le premier à prendre la parole est Carlos le Chilien : « Personnellement, je n'ai pas peur de mourir, dit-il avec un sourire. Par contre, j'aimerais – comme tout le monde, je crois – partir en ayant accompli toutes les choses pour lesquelles j'ai été mis au monde. Je me dis que si j'y parviens, alors je pourrai mourir en paix... »

José le *djorgo* n'est pas loin de penser la même chose avec, de surcroît, des accents qu'Epicure ou Lucrèce n'auraient pas reniés, sans doute : « Pourquoi aurais-je peur de la mort ? me demande-t-il d'un air hautain. La mort, c'est quelque chose de normal, mon vieux. Si je devais la sentir, alors, oui, j'aurais peut-être peur ; mais comme on ne la sent pas, pourquoi la craindre ? Si je devais avoir peur de quelque chose, ce serait plutôt de toi, mon ami ; j'ai peur des vivants, moi, pas de la mort... »

Henrique, le gouverneur, sourit de tout cela. Il est croyant, catholique, et sa réponse est sans surprise : « Je sais bien que je vais mourir un jour... et je ne suis pas inquiet de cela. Le moment viendra où il faudra bien aller dans l'autre vie. Alors, il faut juste être optimiste et croire que l'autre vie sera meilleure... »

Ile de Pâques, 20 février 2005

C'est non loin de la maison de Vicky et du sanctuaire de Tonga Riki avec ses quinze *Moai* endormis, que se déroule aujourd'hui l'une des plus extravagantes épreuves sportives de la Tapati : celle de vitesse sur troncs de bananiers... Quelque chose qui n'a probablement rien à voir avec ce que pratiquaient les anciens Pascuans mais qui semble bien s'être installé dans la culture de leurs descendants...

Ayant appris l'affaire, je décide d'aller assister au spectacle par pure curiosité. Tomasi, Marcel, Pothon, Julia et moi, prenons le parti de gagner les lieux à cheval. Une bonne moitié de l'équipage nous rejoindra ensuite. Nicolas Clérice apportera son nécessaire à peinture en prévision des scènes inusitées auxquelles nous risquons d'assister.

Après une longue chevauchée, nous parvenons au pied d'une colline très pentue couverte d'herbes. Des centaines de spectateurs se pressent déjà alentour comme à la kermesse : des marchands de saucisses et de limonades ont installé des étals un peu partout au milieu de la végétation et à l'ombre des quelques arbres qui ont bien voulu pousser là.

Nous attachons nos chevaux à des barrières et patientons près d'eux. Sur la pente de la colline en forme de tremplin pour compétition de saut à ski, deux haies de spectateurs sont déjà en place, de part et d'autre de la « piste » sur laquelle les concurrents vont s'élancer.

« La pente est rude, me dit Pothon d'un air goguenard. Ils sont bien capables de se casser quelque chose... »

Je demande : « Tu sais comment se passe cette épreuve ?

– Non, mais on va le savoir très vite. Regarde ! »

Un homme vient d'apparaître au sommet de la colline, peinturluré des pieds à la tête, survolté, bondissant, dansant presque... Il brandit un drapeau Rapa Nui pour attirer l'attention du public et tient entre ses jambes une sorte de radeau très étroit constitué de troncs de bananiers liés ensemble : le premier des concurrents !

La foule massée au bas de la colline applaudit à tout rompre et hurle des encouragements ; les spectateurs alignés le long de la piste ne sont pas en reste ; la cacophonie est complète.

Là-haut, le premier compétiteur cesse subitement de gesticuler. Il se penche vers le sol, d'un coup de reins s'allonge à plat dos sur son « radeau », saisit une corde passée à l'avant, la place entre ses jambes, s'y cramponne comme un cavalier sur un cheval de rodéo. Deux hommes surgissent derrière lui et entreprennent de le pousser dans la pente de plus en plus vite, de plus en plus fort, jusqu'à le lâcher d'un seul coup. Le silence se fait alors instantanément, chacun retient son souffle ; l'homme sur son radeau accélère encore... Sa gigantesque glissade commence pour de bon...

Le radeau saute sur les bosses de la piste d'une manière diabolique, manque désarçonner son cavalier dix fois, se démantibuler vingt fois, mais par un de ces miracles incompréhensibles de l'existence, il continue à dévaler la pente à toute allure, accélérant même sans cesse, impossible désormais à arrêter, chuintant dans l'herbe rase avec un bruit de tuyau de gaz en folie... Les cris de la foule ont repris, haletants ; les spectateurs le long de la piste applaudissent au passage de la fusée humaine qui fonce devant eux au ras du sol et finit par « atterrir » au bas de la colline, miraculeusement indemne... Un haut-parleur annonce en crépitant le temps de la descente, l'homme se relève, tout secoué, ses amis se précipitent vers lui, l'embrassent, l'emportent sous les ovations de la foule... Mais déjà il est oublié : un autre candidat vient d'apparaître au sommet de la colline, moulinant des mains pour attirer l'attention. A son tour, il se jette dans la pente sur son radeau de bananiers, le silence revient... L'homme fonce, accélère, accélère encore, accélère de plus en plus et à mi-course « explose » dans les débris de son radeau disloqué par les chocs de la course... Le corps du malheureux rebondit dans l'herbe comme un pantin désarticulé, s'arrête tout cabossé sur le bas-côté... Les organisateurs se précipitent, le retirent en hâte de la piste sous les railleries et les quolibets, et l'infortuné s'en va en se tenant les reins, semblable à un vieillard perclus de rhumatismes ou à quelque ivrogne titubant d'allégresse...

Trente concurrents succèdent à ces deux premiers, offrant tour à tour les plus belles glissades de l'année et les plus beaux carambolages du jour. Je me prends au jeu et finis par regarder tout cela avec un plaisir enfantin. Ces diables de Pascuans ne savent plus quoi inventer pour se divertir... Cependant, avec l'écoulement des heures et la répétition des scènes, la foule finit par se lasser du spectacle et ce dernier se retrouve en fin de compte dans la foule elle-même où se côtoie toute l'île dans un foisonnement de parasols et de robes à fleurs...

Enfin le jour tombe et le haut-parleur annonce le vainqueur – un grand gaillard torride qui n'a pas moins de trois femmes pendues à son cou... Le public s'égaille presque aussitôt, les concurrents malheureux se donnent rendez-vous pour l'année prochaine – sans rancune, c'est juré – et nous remontons sur nos chevaux qui piaffent d'impatience.

Ile de Pâques, 21 février 2005

Nous avons décidé de quitter l'île de Pâques demain. Quatre semaines de notre vie se sont déjà écoulées dans le mouchoir de poche de ce caillou perdu au fin fond du Pacifique et d'autres aventures nous attendent du côté des Tuamotu en Polynésie française. De toute façon, il faut bien se décider à partir un jour...

En attendant, nous reprenons la mer pour Anakena – « la » plage de l'île – à la demande de nos amis Rapa Nui ; une dernière fois, ils veulent vivre avec nous les joies de la navigation à bord de *La Boudeuse*, ressentir encore cet isolement serein et magnifique que procure la mer – même proche des côtes –, cette intériorisation si favorable à l'introspection, aux confidences, à tout ce qui permet des relations humaines débarrassées des scories artificielles de la société.

« Paré à envoyer la misaine !

– Paré !

– Envoyez !... Timonier, la barre dessous et plein vent arrière... Sur l'avant, paré à envoyer les huniers !

– Paré !

– Envoyez ! »

La Boudeuse ouvre bientôt les flots devant nous de toute la puissance de son étrave.

Nous nous sentons si bien dans ce nouveau voyage autour de l'île de Pâques avec tous nos amis Pascuans que je pose une dernière et ultime question, très personnelle : quel rêve forment-ils pour leur île ?

« Moi, dit Vicky le pêcheur, le principal rêve que j'ai, c'est qu'on continue à vivre heureux sur notre terre, comme maintenant. Ce serait déjà beaucoup...

– Je suis de cet avis, affirme Henrique le gouverneur. Mais j'ajouterai qu'il faut aussi que ce soit en conservant notre culture. Sinon, à quoi bon ? C'est le vœu que je forme pour nous tous.

– Je suis bien d'accord, approuve Nana : d'abord préserver notre identité. C'est pour ça que je vais faire la même chose que mon père : lutter pour les jeunes Rapa Nui.

– C'est très bien, grogne José le *djorgo*. Mais la route que veulent faire les Chiliens, qu'est-ce qu'on en fait ? Moi, je dis qu'elle ne passera pas chez moi. Jamais. Parce qu'elle ne me sert à rien. »

Et Carlos de conclure : « Je vois que tout le monde est d'accord et c'est bien normal : cette île est comme un grand amour. En ce qui me concerne, un amour que je ne peux pas oublier, et encore moins quitter... »

Ile de Pâques, 22 février 2005

Dans la matinée nous levons l'ancre d'Anakena et rejoignons Hanga Roa. Une fois de plus. Par beau temps et bon vent, belle mer et bonne espérance...

Second et dernier voyage autour de l'île de Pâques...

Puis nous allons dire partout adieu aux amis restés à terre : grandes embrassades, longues tapes dans le dos, promesses sincères de se revoir un jour, de se donner des nouvelles, de revenir sûrement.

Je retourne sur mon navire heureux de partir découvrir de nouvelles terres, malheureux de quitter cette île « magnétique » et ses hommes attachants, fragments d'une humanité partout la même, sans cesse différente, toujours ambiguë – capable du meilleur comme du pire, sans doute –, mais du moins en avons-nous vécu le meilleur, ici à l'île de Pâques.

8

En passant par les Gambier

A bord de *La Boudeuse*, tout est paré ; le gasoil a été embarqué la veille après vingt rotations épuisantes en canot depuis la côte – 6 000 litres courageusement pompés à la main par l'équipage, faute de quai, Nicolas Clérice et Denis Fabre en tête – et l'avitaillement a été assuré par Eric et Christine Chevrier. Les cales sont pleines de tout le nécessaire pour une longue traversée.

Alors, les regrets du départ s'estompent dans l'excitation de l'avenir et de ses promesses, de l'inconnu que tout futur porte en lui, surtout lorsqu'on le provoque – dans tous les sens de ce terme. Il ne reste plus désormais que cette unique question forgée par l'aventure : que va-t-il bien pouvoir nous arriver maintenant ? Et cette certitude volontariste : « Tout ce qui nous arrive est bon... »

Sur le pont, je fredonne ce vieil air de jeunesse, mille fois chanté depuis trente ans : « La route vers l'inconnu est toujours bienvenue... »

Il est 14 heures lorsque nous relevons notre mouillage et que le lieutenant de quart inscrit au journal de bord : « *Ancre à poste.* »

Trois longs coups de sirène, tristes et gais à la fois, retentissent à la corne de brume : nos adieux à l'île de Pâques et à ses hommes.

Frémissement de bonheur : ce qui devait être accompli a été accompli. Et il reste encore beaucoup à accomplir.

Nous partons et je songe à ce vers quoi nous allons courir désormais par le biais de nouveaux « peuples de l'eau ». Un mythe encore, à la fois étrange et « moderne », doux et amer : le mythe « des mers du Sud »... Né de la découverte de Tahiti par Bougainville au XVIIIe siècle, ramené par lui en Europe et propagé partout par ses récits, ce mythe improbable, multiplié par l'imaginaire collectif occidental, fit surgir l'idée étrange pour l'époque que le bonheur pouvait exister sur terre et qu'il se trouvait dans les îles du Pacifique. Sans doute parce que de l'autre côté de la mappemonde, à l'opposé de l'Occident, tout semblait meilleur qu'ailleurs : les hommes, le climat, la vie pour tout dire. Mais paradis pour qui ? Pour les Européens qui ne faisaient que passer dans ces îles ou pour les Polynésiens qui y vivaient depuis toujours ?

Et qu'est devenu ce mythe aujourd'hui ?

Pour tenter de répondre à ces questions, j'ai l'intention de mener une succession d'expéditions à travers tout le Pacifique, sur des milliers de kilomètres, pendant au moins une demi-année. Je compte « traverser » ainsi tous les noms qui portent au rêve et à la poésie du divers et du lointain : Tuamotu, Marquises, Cook, Samoa, Fidji, Tubuai, et jusqu'aux terres françaises de Wallis-et-Futuna. Et voir ce qu'il en est de ce « mythe des mers du Sud ». Comme à notre habitude, nous partagerons la vie des habitants les plus isolés et leur ferons partager la nôtre autant que faire se peut. Surtout, nous leur poserons partout et chaque fois deux questions très simples : votre île vous est-elle un paradis ? Voudriez-vous vivre ailleurs ? Et en chaque lieu, je me poserai à moi-même la seule interrogation qui vaille dans un tel voyage : le paradis se trouve-t-il ici ?

Désormais, nous faisons route plein ouest vers l'archipel des Gambier *via* la mythique île de Pitcairn où deux siècles plus tôt vécurent cachés du reste du monde les fameux « révoltés du Bounty ». Depuis les Gambier, simple escale technique, nous gagnerons les innombrables atolls des Tuamotu. C'est dans cette poussière d'îles perdues que débuteront nos recherches des communautés humaines les plus isolées de l'océan Pacifique, là que recommenceront pour de bon nos nouvelles aventures...

La mer est là, devant l'étrave de *La Boudeuse*, se prolongeant jusqu'à l'infini de l'horizon ; je me sens plein d'une satisfaction et d'une joie incomparables comme chaque fois que je vogue vers cet horizon envahi par la tentation irréelle qu'il faudrait l'atteindre et le dépasser...

Le rythme des quarts a repris : rigoureux, rassurant, carcéral. Il me laisse toujours aussi peu de temps personnel, tout dévoué que doit être un capitaine à son navire, à son équipage, à sa mission ; tout préoccupé qu'il doit être à donner l'exemple, sans cesse et en toute chose, pour avoir une chance d'être suivi sans avoir à commander : grandeur et servitude du métier. Surtout en un temps où s'étiole la culture de l'exemple et de l'admiration, de l'honneur et de l'abnégation. Mais je n'ai pas trop à me plaindre pour un capitaine de navire : le règlement des problèmes humains du bord est mince comparé à ce qui se passe ailleurs. Le volontariat, qui préside aux engagements, établit déjà un tri très net entre les candidats à l'aventure ; mais le bénévolat suscite d'autres aspérités, comme l'amateurisme, qu'il faut bien raboter. Les exigences de professionnalisme, de rigueur – de « style » même – ne sont pas toujours comprises en tout temps et par tout le monde, et s'usent avec la routine, l'habitude ou ce que nous appelons entre nous le « copinage » – pour ne pas parler de la confusion intellectuelle entre vacances et aventure, laisser-faire et liberté... Rien que de très habituel, en somme. Des recadrages de discipline sont parfois nécessaires de la part des responsables ou de moi-même afin que *La Boudeuse* ne se dégrade pas en un banal navire de plaisance et que la solidarité prévale sur un « état de nature » qui verrait la guerre de « chacun contre chacun », mais tout cela est peu de chose en fin de compte. Ainsi va la vie sur un grand voilier de toute façon, dans le chaudron potentiel de la vie en huis clos et en milieu confiné pendant de longues périodes, d'hommes et de femmes sélectionnés aussi pour leur force de caractère.

Le travail a recommencé dans les tréfonds de la salle de montage avec Stéphanie Pélissier, toujours aussi déterminée et efficace qu'au temps de notre navigation entre Cayenne et Panama... Mais la pression est moindre cette fois : nous avons du temps jusqu'à Tahiti et Philippe Pothon nous a fourni près de quarante heures d'images, souvent magnifiques, toujours parfaites, et c'est un bonheur maintenant que de les transformer en une histoire, « notre » histoire, celle qui restera, puisqu'un film ne peut jamais tout raconter – et même, se doit de tout raconter différemment de la linéarité du vécu afin d'être « lisible » et compréhensible dans une unité de temps limité qui oblige à aller à l'essentiel... Ce constat que tout ne peut être dit du « vécu » est récurrent à chaque nouveau montage d'un film. A l'époque de mes expéditions en Nouvelle-Guinée, en Amazonie et au Nagaland avec le grand Martial, je m'étais employé à évaluer quel pourcentage de notre « vécu » pouvait se retrouver dans nos films : 10 % maximum, avais-je conclu, tant il est impossible à une caméra d'être présente à tout instant et surtout aux moments de vie difficiles et dangereux, pénibles ou délicats, c'est-à-dire quand l'aventure est la plus forte. Alors, pour compenser cette immense lacune, le récit cinématographique a inventé ses lois propres, draconiennes, qui obligent à « distordre » l'image pour rattraper la réalité, à refondre l'histoire pour rendre compte de sa vérité. Ce pourquoi les livres resteront toujours, à mes yeux, supérieurs aux films pour rendre compte d'un vécu. Mais même dans les livres, des choix s'imposent sans cesse entre ce qui vaut la peine d'être raconté et ce qui ne le vaut pas. Tout dire, c'est noyer l'essentiel dans l'accessoire.

Les journées filent tels des météores tant la vie du bord m'accapare, tant la navigation et les manœuvres occupent le reste de mon temps. Malgré cela – et peut-être à cause de cela –, je ressens le besoin d'affiner dans mon journal une vieille tentative de définition de « l'esprit d'aventure » qui me tient à cœur depuis vingt ans au moins et que je traîne de livre en livre, de journaux de bord en journaux personnels, l'affûtant avec persévérance, jamais satisfait, la polissant ici, la précisant là, la ciselant ailleurs, toujours comme je peux mais sans cesse avec délectation... Une définition de l'esprit d'aventure sans laquelle de toute manière un récit comme celui du périple de *La Boudeuse* serait incomplet à mes yeux, sauf à accepter de n'être qu'une simple succession d'événements.

Alors, j'écris un soir, entre deux quarts, dans la fièvre qui est la mienne, la dernière mouture de cette tentative de définition :

Il faut se garder de confondre « l'esprit d'aventure » avec l'aventure elle-même. Ce sont deux notions aussi proches par la sémantique qu'éloignées par la fonction. L'aventure en tant que telle peut se comprendre comme un mode de vie ou un type particulier d'action. Pour ce qui est de son utilité, elle n'a, du fait de sa signification propre et de son importance intrinsèque, aucune justification à donner. Elle est une valeur autosuffisante. La seule chose dont elle ait éventuellement à rendre compte, c'est le niveau de « puissance » qu'elle procure à la vie – car telle est sa fonction première à n'en pas douter. Pour le reste, elle est proche de l'art par ce que j'appellerais son « inutilité absolument utile ».

En tant que telle cependant, et malgré son « poids », l'aventure n'a jamais joué de rôle social fondamental dans les sociétés humaines.

« L'esprit d'aventure » est autre chose : une vision « libérée » du monde qui ose agir sur la vie pour la rendre plus féconde. C'est pourquoi l'esprit d'aventure a habité toutes sortes d'hommes différents, de Livingstone à Galilée en passant par Platon ou Emiliano Zapata. Il a toujours été l'élément moteur des sociétés.

Cette affirmation peut sembler exagérée. C'est simplement que l'esprit d'aventure n'a jamais été analysé pour ce qu'il était vraiment. D'où l'importance d'une prise de conscience à son égard dans nos sociétés actuelles en quête de repères et de réponses aux crises qui les secouent.

*Selon moi, l'esprit d'aventure tient en quatre vertus – au sens grec d'*arété*, principe d'excellence des choses : le désir de découverte, l'acceptation du risque, le besoin de liberté, l'aptitude au non-conformisme compris comme potentialité de remise en cause de l'ordre du monde. Toutes les autres qualités qui, a priori, semblent relever de l'esprit d'aventure, tels le courage, la curiosité, la force de caractère ou encore le goût de l'effort, sont en réalité les moyens de mise en œuvre de ces quatre vertus. Ce sont elles, mises ensemble, qui produisent aussi bien Kant que Marco Polo. Associer le plus sédentaire de nos philosophes à l'un des plus entreprenants de nos explorateurs-marchands ne doit* *pas surprendre. Ce qui les sépare est moins fondamental que ce qui les rassemble par la conjonction des vertus de l'esprit d'aventure : fusion de la pensée et de l'action engendrant la création, action toujours adéquate à la pensée et pensée conduisant toujours à l'action.*

Cette importance de l'esprit d'aventure est masquée dans notre société occidentale car celle-ci demeure marquée par la dualité entre matière et esprit. La notion d'aventure se trouve donc cantonnée au seul registre des activités physiques, qualifiées de mineures, tandis que le concept d'esprit est réservé aux seules activités intellectuelles, considérées comme nobles. Il n'existe pas de passerelles entre aventure et esprit. Un obstacle intellectuel empêche de les penser ensemble. Si l'existence d'un esprit d'aventure est admis, c'est généralement pour le réserver aux seuls aventuriers. De surcroît, la notion d'action n'est pas conceptualisée avec les deux facettes qui la composent en réalité. Etre un homme d'action signifie toujours agir dans le domaine physique. Agir dans le domaine intellectuel ou artistique relève d'une autre fonction. Là non plus il n'y a pas de perméabilité. Pourtant, la peinture de La Joconde *par Léonard de Vinci et la découverte de l'Amérique par Christophe Colomb se situent sur un plan similaire d'action et de création. C'est le même type d'homme qui a produit l'un et l'autre.*

Pendant longtemps, associer aventure et esprit a relevé au mieux de la hardiesse sportive d'aventuriers mystiques, au pire de l'imposture mentale d'intellectuels égarés.

Il est temps de se débarrasser de ces idées reçues. L'esprit d'aventure traverse l'histoire des hommes et s'incarne dans l'ensemble de leurs activités. On peut le trouver en art comme en science, en politique comme en littérature, dans l'exploration comme dans le sport. Il est à la source de tout ce qui a été nouveau. Pour que l'homme franchisse les étapes de son évolution, progresse, découvre, se libère, invente, se révolte, bref pour qu'il aille toujours un peu plus loin et devienne davantage homme, il a toujours fallu que l'esprit d'aventure souffle sur lui.

Il n'est jamais simple de percevoir cet esprit chez ceux qui le possèdent. Pensée et action n'ont pas obligatoirement le même poids au sein de l'esprit d'aventure et ses quatre vertus ne s'y trouvent pas forcément en égale quantité. Il arrive même qu'elles se condensent toutes dans la seule pensée, démultipliant celle-ci. Le type d'action qui en résulte est alors entièrement hors du champ physique. Mais l'action est bien là. C'est le cas le plus fréquent dans l'histoire des idées.

Pour l'avenir, la place que nous réserverons à l'esprit d'aventure conditionnera la nature de notre société et son niveau de liberté réel. A cet égard, c'est la capacité au risque qui fera sans doute le plus défaut. Cette capacité s'appuie toujours sur un certain mépris du confort et de la sécurité, aussi bien intellectuel que physique. Or, chacun le voit bien, notre société glisse chaque jour davantage sur la pente d'une recherche éperdue de sécurité.

Contrairement à ce que l'on croit souvent, c'est le besoin de sécurité qui mène les hommes depuis qu'ils existent, bien plus que l'argent, le sexe, le pouvoir ou les passions. Qu'une société ait la capacité à assurer le plus de sécurité possible à ses membres est un bien en soi. Nul ne songerait à le contester. Ce qui fait problème, c'est le lien toxique qui existe souvent entre liberté et sécurité. Il est malaisé d'augmenter l'une sans diminuer l'autre. Dans bien des domaines, nous ne sommes déjà plus, en droit, autorisés à prendre des risques. L'homme occidental vit ligoté dans un maquis inextricable de règlements qui le contraignent à la sécurité et lui ôtent toute liberté de choix. Même dans des activités anodines comme celles de plein air, en mer ou en montagne, l'examen attentif des règlements produits année après année montre qu'on ne pourra bientôt plus s'y déplacer que sous la chape pesante d'une sorte de big brother *invisible et d'autant moins critiquable qu'il se veut bienveillant pour nos vies. Il ne s'agit pas de remettre en cause les compétences que l'on oblige chacun à acquérir dans ces domaines. Il s'agit de constater la tendance fantasmatique vers le risque zéro comme on parle pour la guerre du zéro mort. Et c'est autre chose : une conception du risque liée à la valeur de plus en plus suprême accordée à la vie conçue en tant que quantité et non qualité.*

Autre chose ces dernières années ajoute son poids à ce tableau : le lent délitement – par l'invasion de la « valeur argent » – des principes qui rassemblaient les hommes en communautés capables de partager des buts communs et un destin collectif; des principes qui étaient des valeurs accessibles à tous – solidarité, sens du sacrifice, goût du bien public, plus simplement encore : courage, abnégation, fraternité – et parvenaient à former malgré bien des défauts, des failles et des infortunes diverses, un ensemble éthique à peu près cohérent, ciment indubitable des hommes en société, support essentiel de toute entreprise qui pouvait aller de l'avant et nécessitait la présence de l'esprit d'aventure sous une forme ou une autre.

Le délitement de cet ensemble, de plus en plus visible dans ses effets sociaux et l'émergence des pensées dominantes, est bel et bien le résultat d'un glissement inexorable des valeurs « immatérielles » qui fondent l'homme dans sa spiritualité laïque ou religieuse, vers un matérialisme général dont l'envahissement est sans égal dans l'Histoire. Si l'un des principaux étalons de la réussite humaine a toujours été l'argent, il en existait d'autres jadis, provenant du savoir, du politique, de la science ou de l'art, qui compensaient ses dérèglements. D'une certaine manière, ils tenaient l'argent en laisse. Aujourd'hui, à l'exception du référent argent, tous les modèles de réussite traditionnels sont en voie de disparition. L'instituteur, le soldat, le curé, le maire, l'infirmière et tant d'autres, sont débordés de tout côtés par la puissance de l'argent ajoutée à la confusion qui s'est installée dans les esprits entre réussite sociale et vie réussie ; l'argent n'est plus tenu à distance de ce qu'il peut corrompre ; l'affairisme remplace le goût d'entreprendre et le souci de salubrité publique laisse la place à la gangrène du corps social ; l'exemple collectif donné aux hommes s'appelle lucre, âpreté au gain, rapacité ou profit à tout prix. On en mesurera demain les effets dévastateurs...

L'argent-roi est sans doute une vieille lune ressassée. Il s'installe néanmoins et réellement comme modèle de réussite, pire, comme finalité ultime des motivations humaines, non plus comme moyen dans le but d'autre chose de supérieur à lui. L'argent est, à ce titre, lui-même détourné de la fonction constructive qui pouvait être la sienne.

Les marchands sont dans le temple et les hommes chargés de les chasser, les politiques, manquent à cette fonction élémentaire ; c'est sans doute leur première faillite et la ruine du modèle qu'ils pouvaient représenter.

Dans ces conditions générales, pas d'étonnement à ce que l'esprit d'aventure déserte peu à peu nos cités occidentales après vingt-cinq siècles de présence aussi active qu'invisible. Et cela au moment même où il semble s'épanouir dans les civilisations qui nous entourent. Ce déséquilibre est dangereux. Nous devons nous demander si la « modernité » à laquelle nous sommes parvenus n'est pas en train de laminer définitivement l'esprit d'aventure du fait de son matérialisme outrancier et d'une conception de la vie dénaturée.

Et nous devons nous demander de quelle manière résister. Car sans esprit d'aventure, cet autre nom de la liberté, comment pourrions-nous continuer à être vraiment nous-mêmes ?

Océan Pacifique oriental, 25 février 2005

Trois jours de mer plein ouest.

Les conditions générales sont exécrables. Inscrit au journal de bord à la case « observations » : « *Compte tenu des mauvaises conditions météo et des paquets de mer que nous embarquons, faisons bosser les ancres, fermons les portes étanches au vent, ferlons doublement les basses voiles sur leurs bômes, arrimons partout.* »

Il pleut la moitié du jour ; un temps breton sans le froid. Nous atteignons néanmoins aujourd'hui le point géographique de ce tour du monde où notre isolement sur la mer est le plus grand. Rien d'autre n'indique cet endroit qu'un point au crayon sur une carte de papier. Car pour le reste tout est semblable autour de nous sur le vaste océan.

Etrange sensation, donc... Purement intellectuelle et intérieure.

Mais n'est-ce pas d'abord cela l'aventure ?

François Lépine s'est brûlé la paume d'une main en laissant filer un cordage au cours d'une manœuvre. Stoïque, il passe aux soins de Michel Lanza notre médecin, sans se plaindre d'un mot.

Océan Pacifique oriental, 27 février 2005

Les menus ennuis techniques inhérents à un navire sont revenus troubler l'ordre des choses de notre univers quotidien : fuites d'eau sur les circuits de plomberie – obligeant à ramper dans les fonds du bateau pour détecter leurs origines – et génératrice bâbord qui recommence à monter inexplicablement en température. En outre, le frein d'arbre d'hélice – sorte d'étau à manivelle qui permet de bloquer l'arbre lorsque nous sommes sous voiles afin d'empêcher toute cavitation freinant notre course – donne des signes de faiblesse. Nous sommes contraints de le renforcer par du cordage – le plus solide que peut nous procurer le bosco : prions pour que cela tienne malgré la pression de l'eau sur les quatre énormes pâles de l'hélice...

Delzenne est au travail dans la fournaise de la salle des machines. Quand je descends l'aider, je me fais l'effet d'un glaçon fondant au soleil...

Malgré tout, sentiment de plénitude de vie, même et surtout pour les petites choses composant ma vie de tous les jours : lover un cordage sur son cabillot, monter au quart sous les étoiles et le silence, préparer un café dans la solitude de la nuit, allumer la veilleuse complice de ma couchette pour lire... Régulièrement, sans prévenir, des éclairs de bonheur me traversent grâce au vécu de ces choses de trois fois rien.

Océan Pacifique oriental, 1er mars 2005

Au journal de bord : « *16 473 milles parcourus depuis la France, ce jour à huit heures. Depuis le départ de l'île de Pâques, pas le moindre navire en vue, pas de poissons dans l'étrave, rien au bout de nos lignes, un seul oiseau perché sur nos vergues. Sensation de vide immense. La grande houle du Pacifique nous envoie bord sur bord.* »

Cette houle bien marquée rend chaque membre de l'équipage égal devant la mer. Car en temps ordinaire, une bordée est toujours favorisée, celle qui dort sous le vent ; du fait de la gîte constante, les hommes de cette bordée se retrouvent confortablement calés contre la coque tandis que ceux dormant au vent ont tendance à basculer vers la coursive et doivent sans cesse se retenir des pieds et des mains – choses qui deviennent de toute façon des réflexes inconscients, même en dormant... Si la gîte est trop forte, les hommes au vent doivent même installer les bâches antiroulis destinées à les empêcher de se retrouver par terre en enveloppant le bord libre des couchettes. Ils se calent alors dans cette bâche comme les hommes sous le vent le font contre la coque et tout va mieux... Quoi qu'il en soit, il est difficile de dormir à plat – sur le ventre ou le dos – en cas de gîte constante, et sur le côté quand le navire roule. En ce qui me concerne, je me replie en chien de fusil à contre-gîte et me mets sur le dos au roulis...

Selon l'orientation du vent, il y a donc toujours un bon et un mauvais sens pour dormir, mais aussi de bonnes et de mauvaises cabines, connues de tous ; le pire est sans doute d'être logé dans la cabine la plus à l'avant ou dans celle la plus à l'arrière. Au tangage – moins fréquent que le roulis sur un grand voilier –, c'est là que les mouvements du bateaux sont les plus amplifiés et que cela cogne et frappe le plus dur... Un simple calcul mathématique montre que les meilleures places sont celles situées au centre du navire et les plus basses sur l'eau – c'est-à-dire celles proches du centre de gravité et du centre de carène.

On retrouve des problèmes identiques pour les repas dans le carré salle à manger. Quand le bateau gîte beaucoup, mieux vaut être placé sur l'une des banquettes sous le vent : on ne craint alors pas grand-chose, le dos bien calé contre la cloison. En revanche, le malheureux en face de soi, sur sa chaise, a lui le ventre à moitié écrasé contre la table ; mais le plus mal loti reste toutefois le malchanceux placé dans son dos, sur une chaise également ; celui-là doit se retenir à sa propre table pour ne pas tomber à la renverse et c'est bien la pire des positions. De toute façon, dans à peu près tous les cas il faut se caler avec les pieds, se retenir d'une main et manger de l'autre – tout en maintenant en place verres, assiettes, plats, bouteilles, couverts et autres ustensiles de même espèce, malgré l'aide des fargues qui ont été disposées sur les tables pour les cloisonner. Cet exercice représente une gymnastique tout à fait impressionnante dans les cas extrêmes. Naturellement, les contorsions nécessaires pour y parvenir demandent une grande expérience, mais les capacités humaines d'adaptation étant ce qu'elles sont, cette expérience s'acquiert très vite : question de survie... Cependant, quoi qu'on fasse, quand la mer bouge beaucoup, les vols planés de marins à travers le carré deviennent tout à fait épatants, les chutes de chaises, fréquentes, les envolées de plats, innombrables, les dégringolades de piles d'assiettes dans la cuisine, presque la norme, et il faut prendre patience... Ajoutons pour finir que chacun a sa ma propre de se contorsionner pour conserver un minimum de stabilité, voire de dignité, et que certains ont élaboré des techniques tout à fait singulières pour y parvenir mieux que d'autres. Quand cela va vraiment mal – c'est-à-dire quand tout est sens dessus dessous dans le navire – j'en connais qui, sans plus aucun souci du regard de leur capitaine, s'amarrent carrément à leur table avec un solide cordage pris au râtelier du roof central...

Le roulis du jour qui nous envoie méchamment d'un bord sur l'autre met donc tout le monde à égalité comme toujours dans ces circonstances : il n'y a plus que de mauvaises places pour dormir, manger, lire ou travailler. D'autant que ce roulis est provoqué par une houle sournoise – dont l'ampleur est réduite juste ce qu'il faut pour endormir la méfiance – et bien traître car elle envoie à intervalles irréguliers des coups de roulis intempestifs, aussi violents qu'imprévisibles.

Alors, tout valdingue à table et dans le navire...

A la nuit, nous naviguons encore sous misaine et huniers comme un vaisseau fantôme dans l'obscurité.

Océan Pacifique oriental, 2 mars 2005

Septième jour depuis notre départ d'Hanga Roa. Mauvais temps toujours ; les grains de pluie ne cessent de nous laminer les uns après les autres, sans rémission, éreintant l'équipage. A tour de rôle, nous passons huit heures par jour trempés malgré les cirés, l'eau s'infiltrant dans les moindres interstices du col ou des manches, défiant toute étanchéité. La houle n'arrange rien à notre inconfort ; nous affrontons maintenant des creux de quatre mètres venant sur notre arrière. Il arrive alors que la mer déferle sur la dunette, me donnant la mesure des possibilités d'une fuite vent arrière en cas de typhon : il faudrait amarrer le timonier à sa barre tel Ulysse à son mât...

Malgré tout, nous avançons bien et un premier contact radio est établi avec l'île de Pitcairn à 18 h 08. A la nuit tombée, nous apercevons quelques lumières à l'horizon, flageolantes et tremblotantes comme de minuscules lueurs de vie prêtes à s'éteindre et mourir au moindre souffle de vent. Un nouveau grain passe, déversant toute l'eau du ciel sur nos têtes et les petites lumières au loin s'évanouissent.

Deux heures avant minuit nous sommes à 2 milles dans l'est de Pitcairn. Nous engager à la recherche d'un mouillage sûr dans l'obscurité et sous cette pluie serait faire montre d'une imprudence inutile. Nous manœuvrons donc à tout carguer dans la mâture après nous être mis sous le vent de l'île; les gabiers montent ensuite serrer les voiles sur leurs vergues et tout est dit pour ce jour.

Nous attendrons le lever du soleil pour repartir.

Ile de Pitcairn, 3 mars 2005

A 7 h 20, nous approchons précautionneusement de l'île au moteur; Pitcairn se dresse majestueuse dans la grisaille du petit jour, à peine plus grande qu'un cailloux pathétique jeté dans l'immensité océane, mais résistant depuis des millénaires à la furie des vagues lancées contre lui. La mer est d'un bleu profond, le ciel lavé à grande eau des scories de la nuit. J'aperçois une côte déchiquetée, de petites falaises fort peu amènes au premier abord. Le centre de ce gros rocher est dominé par plusieurs sommets pointus surplombant d'étroits vallons boisés où je distingue quelques habitations : l'ensemble me fait songer à quelque vallée alpestre en miniature autour de laquelle on aurait ajouté la mer...

Les « Instructions nautiques » précisent qu'une soixantaine d'habitants peuplent ces lieux particulièrement perdus. Tous descendent des anciens mutins du *Bounty* à l'exception de quelques officiels de la Couronne britannique dont l'île dépend.

J'imagine ce qu'ont dû ressentir ces mutins en découvrant Pitcairn. L'île, totalement déserte à l'époque, n'était inscrite sur aucune carte. Au moins durent-ils se dire que nul ne viendrait les chercher ici; même si des navires venaient à passer au large par le plus grand des hasards, qui pourrait penser que des hommes aient choisi pour refuge des lieux aussi inhospitaliers ?

On était en janvier 1790 et le *Bounty* venait de vivre une inconcevable aventure. Son capitaine s'appelait William Bligh ; il était de ces marins exceptionnels mais tyranniques que produisaient les marines des pays européens en un temps où les officiers se souciaient encore assez peu de leurs hommes. Bligh avait navigué avec Cook comme maître d'équipage et l'amirauté britannique l'avait chargé de gagner Tahiti afin d'y charger une cargaison de fruits d'arbres à pain destinée aux Antilles. Le célèbre naturaliste Joseph Banks avait convaincu le roi George III que ce fruit, de consommation courante chez les Tahitiens, pourrait certainement s'acclimater en Amérique et servir à nourrir les esclaves des colonies anglaises de cette région.

Bligh était donc parti vers Tahiti sur le *Bounty* avec ses 42 hommes d'équipage par la route la plus courte, celle du cap Horn : voyage terrible où les tempêtes avaient succédé aux brimades du capitaine pour ce qui peut paraître à terre des peccadilles mais prend des proportions dévastatrices en mer, comme la disparition de rations de fromage – dont le vol est, de surcroît, injustement attribué – ou le remplacement du pain par des citrouilles immangeables afin d'économiser les vivres.

Puis le *Bounty* était parvenu aux abord du cap Horn ; tardivement pour la saison, en avril. En ce début d'hiver austral, les tempêtes commencent à être constantes et le passage de plus en plus difficile. Un mois durant, Bligh et son équipage s'acharnent à tenter de franchir le cap au milieu des vents contraires, des bourrasques épouvantables descendant des reliefs de la Patagonie, manœuvrant mille et mille fois dans une mer démontée, pompant jour et nuit tant leur navire fait eau. En vain. Bligh finit par renoncer : pour gagner Tahiti, il ne reste plus au *Bounty* qu'à prendre le long chemin de l'océan Indien par le cap de Bonne-Espérance et la Tasmanie. Une route dure et implacable pour l'époque.

Après dix mois de traversée, le *Bounty* touche enfin Tahiti. L'ambiance est exécrable à bord ; l'inflexibilité de Bligh sur les moindres détails de la vie quotidienne a dressé la moitié de l'équipage contre lui. La mutinerie gronde. Mais tout tient encore grâce aux habitudes de la discipline et à l'esprit de loyauté de la plupart des marins.

Au cours des six mois suivant, Bligh fait collecter des milliers de plants d'arbre à pain ; ils sont conservés dans des pots spéciaux prévus à cet effet et placés dans l'entrepont du navire. Le 4 avril 1789, tout est enfin paré et le *Bounty* lève l'ancre. Mais dès le début de la traversée, Bligh traite ses hommes avec moins d'égards que les précieuses plantes qu'il rapporte en Angleterre, réservant à ces dernières l'essentiel de l'eau disponible à bord. Le 28 avril, l'un des officiers, du nom de Fletcher Christian, n'y tient plus et passe à la postérité en menant par surprise une mutinerie victorieuse avec seulement 11 hommes, les autres demeurant fidèles à Bligh – vraisemblablement par crainte des châtiments qui, en ce temps-là, étaient infligés aux mutins. Bligh est débarqué en pleine mer dans une chaloupe de 7 mètres de long avec 18 des membres de l'équipage – les autres restant réquisitionnés pour la manœuvre du *Bounty*.

Le capitaine Bligh ne périt pas dans l'épreuve ; il réussit l'exploit impressionnant de mener son canot surchargé jusque dans l'île de Timor à près de 7 000 kilomètres de là, en 41 journées de navigation. Sans perdre un homme...

De son côté, le *Bounty*, après de multiples péripéties – dont la moindre ne fut pas de retourner à Tahiti pour tenter de s'y installer –, reprend la mer en quête d'une île déserte pour échapper à la Royal Navy lancée à ses trousses. Fletcher Christian n'est plus alors accompagné que de 8 des mutins et de 17 Tahitiens dont 11 femmes.

Après une interminable navigation dans des mers inconnues, Fletcher découvre Pitcairn par le plus grand des hasards ; il décide d'y installer une colonie et brûle le *Bounty* le 23 janvier 1790 afin de ne laisser aucune trace derrière lui...

Deux cent quinze ans plus tard, nous nous trouvons à l'endroit exact où Fletcher et ses compagnons débarquèrent, le seul possible sur ce caillou battu par la mer. Il porte aujourd'hui – cela va sans dire – le nom de Bounty Bay. Il s'agit d'une crique d'une centaine de mètres de courbure, bordée d'un petit quai de pierre sur lesquels les vagues déferlent. C'est pourtant là que déchargent à leurs risques et périls les bateaux qui viennent ravitailler l'île quelques fois l'an. On parle aussi de navires de croisière qui, désormais, feraient escale à Pitcairn – je n'ose imaginer qu'ils soient de la taille de ceux abordant l'île de Pâques ; de toute façon, on ferait tenir avec peine trois cents personnes sur cette île...

Nous jetons l'ancre à quelques encablures de la baie et sommes aussitôt pris dans un roulis aussi démoniaque qu'inattendu : nous allons jusqu'à embarquer de l'eau par-dessus la lice... Soit 40° de gîte au moins à chaque mouvement de bascule. J'ai rarement vu cela... Mais la houle est une constante ici, nous dira-t-on ; et toujours de grande ampleur...

Malgré l'inconfort déstabilisant de ce mouillage, je décide de rester vingt-quatre heures, le temps de parcourir l'île à pied et de découvrir par nous-mêmes ce qu'ont pu devenir les descendants des mutins du *Bounty*. Il y a vingt-cinq ans, alors que je me trouvais à bord du fameux cargo *Île de lumière* dans le Pacifique occidental – juste après avoir servi à sauver les *boat people* de Pulau Bidong en mer de Chine méridionale avec Bernard Kouchner –, j'avais eu l'occasion de faire halte à l'île de Norfolk au nord-est de l'Australie, où avaient été installés – souvent de force – une partie des descendants des mutins de Pitcairn. Histoire sans doute de ne pas les laisser tous ensemble. J'avais découvert des hommes et des femmes aux comportements étranges, agités de tics, débitant des phrases souvent sans suite, portant tous les stigmates de la consanguinité.

Excepté le quart de garde, tout l'équipage est mis à terre en deux rotations de « Commerson ». Le canot danse comme une allumette sur les vagues et demande comme souvent toute l'adresse de Fabre pour ne pas se retourner dans les rouleaux qui déferlent sur la baie, mais tout le monde arrive à bon port...

Puis, nous nous dispersons dans l'île. Pour ma part, soucieux du mouillage incertain de *La Boudeuse*, je grimpe sur une hauteur et observe les évolutions de mon navire. Elles sont si impressionnantes dans la houle, terriblement hachée, que je demande à Philippe Pothon d'immortaliser en image cette danse folle ; malgré la distance, je sens le gréement souffrir comme une âme en peine, les mâts de flèche et de hune prêts à se désarticuler si je les laissais trop longtemps dans cette souffrance imposée par la mer : mais sans doute est-ce un effet de mon imagination. La mâture de *La Boudeuse* est d'une solidité sans égale, tenue par près de cinquante haubans, bas-haubans et autres galhaubans. Avant que quelque chose puisse rompre tout cela...

Avec Julia, Christine Chevrier, François Lépine et Michel Lanza, notre médecin, nous empruntons des sentiers aussi pentus que tortueux pour parvenir à Adamstown, la seule « agglomération » de l'île : en fait, une demi-douzaine de maisons de bois de style colonial, presque coquettes, une église, l'ensemble aligné en carré autour d'une place au sol de terre bien plat – une gageure ici. L'une des maisons est la salle de réunion du conseil municipal et des représentants de la Couronne britannique – trois personnes à ce qu'il semble –, une autre sert de bureau de poste et l'on y trouve un nombre confortable de timbres à l'effigie du *Bounty* et de ses révoltés, une autre maison encore est utilisée comme musée de l'île et retrace l'histoire, somme toute étonnante, des parias qui peuplèrent cet endroit autrefois et en firent ce qu'il est aujourd'hui.

Un charme suranné règne sur ces lieux perdus, dominés par la luxuriance tropicale de la végétation, marqués par le silence. Des lieux en réduction : quelques heures de marche suffisent à en faire le tour.

La curiosité nous pousse jusqu'au petit cimetière de l'île dont les tombes solitaires sont dispersées parmi de hautes herbes sauvages, tristes et lugubres, sur les hauteurs qui dominent la mer. Sans réelle surprise, je constate que toutes les pierres tombales portent le nom de Fletcher – seuls les prénoms varient – ou celui d'Adams, le dernier survivant des mutins, découvert par le baleinier *Topaz* au hasard d'une escale en 1808. Adams vivait alors avec 10 femmes et une multitude d'enfants...

Nous continuons notre découverte de Pitcairn. Les habitants croisés ici ou là, prévenus de notre arrivée, nous saluent sans affectation et nous invitent presque tous à déjeuner ou dîner, à prendre un café et à deviser des choses du monde, ce que nous leur accordons bien volontiers – si je vivais ici à longueur de vie, sans doute serais-je moi aussi affamé de rencontres... Nous demandons chaque fois avec curiosité : « Qui vient ici ? », et on nous répond invariablement : « Des navigateurs de passage, parfois quelques paquebots de croisière attirés par le mythe de nos ancêtres, le reste du temps des bateaux de ravitaillement plus ou moins réguliers, avec leurs officiels obligés ; rien d'autre... »

Tous ces gens s'appellent aussi « Fletcher » ou répondent au nom d'un de ses marins ; tous disent descendre en ligne directe des anciens révoltés et je constate avec une certaine épouvante que, comme leurs frères rencontrés jadis à Norfolk, un certain nombre de ces malheureux portent sur le visage des signes évidents de consanguinité... A la moindre phrase un peu trop longue, au moindre effort de concentration un tant soit peu prolongé, une succession impressionnante de tics horribles contractent leurs pauvres figures...

Ile de Pitcairn, 4 mars 2005

Nous levons l'ancre en milieu de journée, laissant Pitcairn et ses hommes à leur destin, continuant vers l'ouest et le soleil couchant.

L'archipel des Gambier est à quatre jours de mer tout au plus.

Le temps est calme, le vent faible, le ciel dégagé. Mais rien ne dure en ce bas monde : quelques heures se sont à peine écoulées que nous trouvons devant nous une mer démontée, creusée par un vent si violent que je dois à nouveau donner l'ordre de verrouiller les portes étanches et de fermer les tapes d'acier protégeant les hublots de roofs, de crainte que ces derniers n'explosent sous la violence des lames.

Bientôt, *La Boudeuse* me semble comme attaquée au canon chaque fois qu'une muraille d'eau s'écrase contre la coque dans un bruit de bombardement suivi de vibrations diaboliques.

Nuit très dure pour les hommes de quart.

Océan Pacifique Sud, 5 mars 2005

Météo identique à hier, mer terriblement désordonnée, grains, pluie et tonnerre incessant.

Tenir bon et attendre...

Encore deux jours et nous devrions parvenir aux Gambier...

Fichu Pacifique !...

Océan Pacifique Sud, 6 mars 2005

Le baromètre remonte nettement, le vent mollit, la mer s'apaise ; au petit matin, nous pêchons une magnifique dorade coryphène... Bon signe pour l'avenir, continuent à dire certains...

Hélas, je n'ai guère le temps de me réjouir. Un message de Paris vient gâcher ce tableau : Vincent Trousseau, qui assure toujours avec vaillance le travail ingrat de la base arrière, m'avertit que notre dossier auprès des affaires maritimes à propos du statut administratif du navire et de son équipage n'a toujours pas avancé d'un pouce, bloqué par sa nature particulière face à l'inextricable maquis des réglementations, directives, décrets et autres textes de lois qui s'opposent à tout cas particulier, toute exception, tout changement. L'affaire traîne depuis l'achat de *La Boudeuse* en Suède en 2003, c'est dire... Tout notre malheur vient de ce qu'en France n'existe aucune réglementation spécifique pour les grands voiliers traditionnels et encore moins pour les gens de notre espèce... A partir de là, nous sommes des sortes d'ovnis inclassables et donc gênants. Depuis trois ans nous ne demandons pourtant qu'à battre pavillon français et à travailler bénévolement sur un navire professionnel, le nôtre. Si peu de chose... Mais c'est encore trop ; les textes ne prévoient rien en ce sens ou s'y opposent dans des défenses corporatistes d'un autre âge. Alors, si l'on ajoute au blocage de ces textes l'inertie consubstantielle à l'administration, les freins bureaucratiques de toutes sortes et de toutes natures, la volonté égalisatrice qui veut tout « passer à la toise » pour que rien ne dépasse et surtout aucune tête, la crainte générale du « changement » en tant que tel, la mauvaise volonté de beaucoup de fonctionnaires – par envie et jalousie ? –, enfin la terreur qu'inspire la manipulation du concept même de risque, on comprend sans peine que l'immobilisme soit assuré... Ainsi, depuis notre départ de France, naviguons-nous dans le provisoire administratif et le dérogatoire permanent.

Je renvois un message rassurant à Vincent, disant en substance : « Courage, nous finirons par y arriver, tout cela n'est que du papier après tout... »

Puis, afin de garder l'âme en paix, je vais prendre dans la bibliothèque de ma cabine le livre que je sais adéquat à ces circonstances : *De la démocratie en Amérique* de Tocqueville. Je cherche le passage correspondant le mieux à notre situation et le trouve au chapitre VI du tome II, intitulé : « Quelle espèce de despotisme les nations démocratiques ont à craindre ». Je choisis les extraits les plus significatifs et les retranscris dans mon journal personnel afin de servir à ceux qui, d'aventure, ignoreraient encore la dimension visionnaire de ce grand classique datant de 1835...

Il semble que si le despotisme venait à s'établir chez les nations démocratiques de nos jours, il aurait d'autres caractères : il serait plus étendu et plus doux, et il dégraderait les hommes sans les tourmenter (...) L'espèce d'oppression dont les peuples démocratiques sont menacés ne ressemblera à rien de ce qui l'a précédée dans le monde (...) Les anciens mots de despotisme et de tyrannie ne conviennent point. La chose est nouvelle (...) Je vois une foule innombrable d'hommes semblables et égaux qui tournent sans repos sur eux-mêmes pour se procurer de petits et vulgaires plaisirs, dont ils emplissent leur âme. Chacun d'eux, retiré à l'écart, est comme étranger à la destinée de tous les autres : ses enfants et ses amis particuliers forment pour lui toute l'espèce humaine ; quant au demeurant de ses concitoyens, il est à côté d'eux, mais il ne les voit pas ; il les touche et ne les sent point ; il n'existe qu'en lui-même et pour lui seul, et, s'il lui reste encore une famille, on peut dire du moins qu'il n'a plus de patrie (...) Au-dessus de ceux-là s'élève un pouvoir immense et tutélaire (...) Il pourvoit à leur sécurité, prévoit et assure leurs besoins, facilite leurs plaisirs, conduit leurs principales affaires, dirige leur industrie, règle leurs successions, divise leurs héritages ; que ne peut-il leur ôter entièrement le trouble de penser et la peine de vivre (...)

Après avoir pris ainsi tour à tour dans ses puissantes mains chaque individu, et l'avoir pétri à sa guise, [il] étend ses bras sur la société tout entière ; il en couvre la surface d'un réseau de petites règles compliquées, minutieuses et uniformes, à travers lesquelles les esprits les plus originaux et les âmes les plus vigoureuses ne sauraient se faire jour pour dépasser la foule ; il ne brise pas les volontés, mais il les amollit, les plie et les dirige ; il force rarement d'agir, mais il s'oppose sans cesse à ce qu'on agisse ; il ne détruit point, il empêche de naître ; il ne tyrannise point, il gêne, il comprime, il énerve, il éteint, il hébète, et il réduit enfin chaque nation à n'être plus qu'un troupeau d'animaux timides et industrieux, dont le gouvernement est le berger.

J'ai toujours cru que cette sorte de servitude, réglée, douce et paisible, dont je viens de faire le tableau, pourrait se combiner mieux qu'on ne l'imagine avec quelques-unes des formes extérieures de la liberté.

Mangareva, archipel des Gambier, 7 mars 2005

A l'aube, j'engage *La Boudeuse* dans le chenal d'entrée de l'atoll de Mangareva – le plus grand des Gambier – apparu sur notre radar au milieu de la nuit ; la mer est redevenue amicale, le spectacle autour de nous, splendide : tout est partagé entre la luminescence des eaux coralliennes et le foisonnement luxuriant de la végétation couvrant les îles alentour.

En milieu de matinée, nous parvenons en vue de Rikitea, la petite capitale de l'archipel où je compte faire une brève escale technique avant de gagner les Tuamotu pour le début de notre quête du « mythe des mers du Sud ».

Nous mouillons face à la ville par 18 mètres de fond, sable et coraux de mauvaise tenue. Il faudra se méfier des courants et des humeurs du vent...

Un quart d'heure plus tard, les autorités locales montent à bord afin d'effectuer les formalités d'usage : pour la première fois depuis longtemps, ce sont des gendarmes en short et chemisette.

Nous sommes bien de retour en France...

9

Ces hommes du paradis

Rikitea, archipel des Gambier, 8 mars 2005

A 13 h 15 précisément, nous manquons perdre notre navire dans les récifs de l'atoll de Mangareva...

Par la faute du responsable de quart qui a failli à ses plus élémentaires devoirs de vigilance. Cela arrive, même chez nous...

Je suis descendu dans ma cabine depuis un quart d'heure environ, notre déjeuner à tous achevé, lorsque j'entends mon frère Eric hurler à l'extérieur d'une façon si épouvantable que, sans chercher à comprendre, je me précipite dans la coursive, grimpe à toute allure vers le roof central, débouche sur le pont et là... Horreur et damnation ! Toute ma vie je me souviendrai de la vision qui me saute à la gorge – si l'on peut s'exprimer ainsi : l'arrière de *La Boudeuse* ne se trouve plus au milieu du lagon comme je l'avais paisiblement laissé en gagnant ma cabine, mais à moins de vingt mètres des hauts récifs qui bordent la côte !

A l'évidence, nous avons dérapé sur le sable, lentement, sans doute depuis un moment, traînant notre ancre sur le fond du lagon. Et la personne de garde ne s'est aperçue de rien...

Mais l'heure n'est pas aux supputations : je bondis vers la dunette, arrache la bâche de protection des instruments moteur et enclenche le démarreur de ce dernier en priant le ciel pour que tout fonctionne comme d'habitude au quart de tour... Le vrombissement qui suit atténue les battements de mon cœur : brave moteur, rien n'est perdu ! Je jette un coup d'œil dans mon dos : nous sommes maintenant presque à toucher la muraille du récif… Je dispose au mieux de quelques secondes avant que la catastrophe ne soit définitive ; alors sans égard pour la procédure de réchauffement du moteur, sans me soucier du positionnement exact de l'ancre et de la chaîne sous la coque, je pousse la manette « en avant toutes » et arrache le navire à son glissement mortel. Je sens courir sous mes pieds les vibrations terribles provoquées par la tension de la chaîne et de l'ancre sur lesquels le navire s'arcqueboute dès que je me mets à « remonter à contresens », mais je poursuis sans pitié, traçant à coup sûr un énorme sillon dans le sable du lagon : l'essentiel, c'est de s'éloigner le plus vite possible du danger.

Quelques minutes plus tard, j'estime que nous sommes à distance de sécurité :

« Le bosco et les matelots de quart au poste avant, on remonte le mouillage ! »

La manœuvre s'engage dans une fièvre à peine retombée. L'équipage est encore sous tension après ce qui vient d'arriver. Une fois l'ancre à poste, je déporte le navire d'une demi-encablure sur tribord et nous mouillons à nouveau en culant afin de « faire tête » solidement…

Cela fait, je souffle un peu.

« Il était moins une, me dit Jacques Petit qui m'a rejoint sur la dunette ; ça n'aurait jamais dû arriver…

– Je sais…

– Il faudrait remettre quelques pendules à l'heure, ajoute Christine Chevrier, approuvée par Eric et les anciens.

– Je sais. »

Je convoque le responsable du quart : il n'en mène pas large, fait pitoyable figure. S'ensuit un dialogue particulièrement significatif sur les problèmes que je dois parfois résoudre avec certains nouveaux engagés qui ont tendance à confondre amateurisme et volontariat, traînant de surcroît derrière eux quelque vieux et vague problème avec les notions d'autorité ou de discipline.

« On a dérapé, dis-je. Ce sont des choses qui arrivent et ce pour quoi on maintient une garde vigilante. Mais, en l'occurrence, si Eric n'était pas monté sur le pont par hasard, nous serions maintenant irrémédiablement échoués sur les récifs... Et c'en serait fini de notre expédition ; sans parler des vies humaines qui auraient pu être perdues. Pourquoi n'as-tu pas donné l'alerte ? Où étais-tu ?

– Dans ma cabine, je suis désolé...

– Dans ta cabine ? Mais que faisais-tu ?

– Je lisais... Désolé...

– Tu lisais au lieu de monter la garde ? En d'autres temps, n'importe quel capitaine t'aurait fait pendre haut et court à la basse vergue de misaine pour une faute aussi grave... Pourquoi n'étais-tu pas sur le pont, comme le requiert la sécurité la plus élémentaire pour la sauvegarde du navire et surtout celle de tes camarades ? Il faisait trop chaud sous le soleil, peut-être ? Ce sont les consignes de toute façon ; tu les connaissais, tu devais les appliquer. Pourquoi ne l'as-tu pas fait ?

– Je pensais qu'elles étaient exagérées...

– Ah ! Parce que, en plus, tu estimes posséder les compétences pour en juger... À 23 ans, même pas encore breveté de quoi que ce soit et surtout sans aucune expérience... Je comprends que certains parlent de la "suffisance de ton insuffisance" et grondent en ce moment... Si un navire doit tourner comme une horloge, c'est que l'existence de son équipage est en jeu. Et cela depuis qu'il existe des navires sur les mers... »

Je reste stupéfait par ce mélange de sottise, de certitude de soi et d'innocence naïve que je mets sur le compte de l'âge mais aussi de mon indulgence lors de fautes précédentes ; elles étaient moins graves et je n'avais pas voulu les sanctionner. Le règlement du bord ne comporte volontairement aucune punition – contrairement au code pénal et disciplinaire de la marine marchande qui devrait être le nôtre. Par choix intellectuel et humain, ce règlement de *La Boudeuse* fait avant tout appel à l'intelligence et à la bonne volonté de chacun puisque tout le monde est volontaire et se doit d'être solidaire ; mais j'en mesure souvent les limites. Je dis :

« Tes camarades sont sacrément en colère. Davantage que moi sans doute. La confiance qu'ils pouvaient mettre en toi a été prise en défaut. Ils auront du mal désormais à dormir tranquilles quand tu seras de veille. Ils ne sont donc pas près à pardonner pareille défaillance ; elle aurait pu leur coûter beaucoup si ce n'est la vie... Alors, je vais profiter de l'occasion pour effectuer un recadrage général des petits relâchements que j'ai constatés chez les nouveaux embarqués comme toi. Ce qui s'est passé aujourd'hui est – au moins – un signal d'avertissement du destin. Ne pas en tenir compte serait de l'inconscience. Qu'en penses-tu ?

– C'est juste.

– Parfait, car je ne voudrais pas que tu considères que rien de grave, au fond, n'a eu lieu puisque la situation est sauve. Ce serait un jugement a posteriori tout à fait dommageable pour l'avenir... Moi, j'ai " charge d'âmes ", vois-tu, et je ne peux pas considérer les choses sous cet angle. De plus, je suis comptable du succès de nos missions, toi tu ne l'es, éventuellement, que de toi-même ; tu saisis la différence ?

– Je crois...

– Alors, tu vas personnellement piquer la cloche pour un briefing immédiat sur le pont central. »

Le briefing en question est sans ambiguïté. Même si je ne débarque pas sur-le-champ le fautif du jour comme le voudrait l'usage et comme le réclament les cadres du bord, je « serre les boulons » partout, pour toute chose et pour tout le monde.

Une fois de plus, je me fais la réflexion que *La Boudeuse* est un laboratoire des comportements humains tout à fait hors norme, par-delà bien et mal...

Une heure plus tard, nous sommes à nouveau prêts pour affronter les épreuves futures de ce tour du monde.

Rikitea, archipel des Gambier, 11 mars 2005

Rappelé par ses obligations, François Lépine nous quitte par le petit aérodrome local et nous l'abandonnons à regret – avant de nouvelles aventures sans doute. Peu après, nous récupérons l'écrivain Alain Borer venu tout droit de Californie où il réside. Borer – solidement bâti de corps et la tête bien faite – possède avec un naturel désarmant l'humour le plus caustique que je connaisse à l'ouest des montagnes

Rocheuses... En un tournemain, il installe cet esprit dans les carrés de *La Boudeuse* et une nouvelle forme de dérision pour les choses du monde se met soudain à irriguer les conversations. Grand spécialiste de Rimbaud et écrivain surréaliste, Borer ne se prend pas au sérieux et aime que cela se sache... Comme Chaliand précédemment, il renforce l'expédition pour écrire l'un des livres de nos aventures autour du monde, celui consacré au « mythe des mers du Sud » que nous allons désormais interroger.

Au coucher du soleil, nous fêtons sur le pont les 26 ans de Julia. Elle rayonne de plaisir, entourée de tout l'équipage qui la félicite pour la constance de son travail : déjà cinq années qu'elle est investie dans le projet de *La Boudeuse...*

Rikitea, archipel des Gambier, 13 mars 2005

Une semaine s'est écoulée depuis notre arrivée, calme et apaisante, nécessaire sans doute après les quinze jours de mer que nous venons de vivre et en prévision de ce qui nous attend encore.

Mais il est temps de repartir.

A 15 heures, le mouillage est remonté et nous engageons *La Boudeuse* dans la passe ouest de Mangareva ; elle nous mène avant la nuit en sécurité hors du lagon. Une fois en haute mer, je mets le cap à l'ouest nord-ouest en direction du groupe des îles Actéon, qui appartient aux Tuamotu. C'est par leur exploration que nous allons commencer notre quête du « mythe des mers du Sud » ; pour cela, je compte aller d'atoll en atoll et les inspecter un par un de manière systématique, à la recherche du plus isolé d'entre eux, du plus perdu qui soit, mais qui abriterait malgré tout quelque communauté humaine.

Une longue errance à travers le Pacifique commence...

A la tombée de la nuit, nous fêtons un nouvel anniversaire d'importance, celui de mon jeune frère Eric : lui aussi a beaucoup donné, cœur et tripes, ces dernières années pour que vive *La Boudeuse.*

Alors, on crie « Hourra ! Hourra ! » sur le pont...

Océan Pacifique Sud, 14 mars 2005

Notre navigation est un vrai bonheur ; la mer est d'une teinte splendide et le ciel partout étourdissant de lumière : nous voilà définitivement entrés dans un Pacifique de carte postale... Mais lequel d'entre nous songerait à s'en plaindre après bientôt dix mois d'aventures ininterrompues et toutes ces épreuves que nous avons eu à surmonter de l'Amazone à l'île de Pâques ?

A 9 h 15, l'atoll de Maria, le premier des Actéon, est en vue, si bas sur l'eau que la ligne de sa cocoteraie se distingue à peine de celle de l'horizon. Avec Maria, nous avons atteint l'extrémité la plus méridionale des Tuamotu ; à partir de là, le Pacifique est semé sur un axe nord-ouest/sud-est de dizaines d'atolls du même genre pendant un bon millier de kilomètres.

Une poussière d'îles où nous finirons bien par trouver ce que nous cherchons...

Trois quarts d'heure après que la vigie a aperçu l'atoll, nous l'élongeons par le nord-est, face à la houle ; nous rencontrons instantanément des veines de courant aussi puissantes que sournoises. Si nous n'y prenions garde, elles nous entraîneraient irrémédiablement vers la barrière de corail et son récif... En dépit de ce danger et par acquit de conscience, nous faisons le tour entier de l'île, scrutant avec avidité le moindre recoin de la ceinture de plages qui l'entoure : pas le moindre habitant en vue.

Nous mettons le cap sur l'atoll suivant porté sur nos cartes, Matureivavao. Il apparaît en fin de journée ; en moins d'une heure nous en faisons également le tour, à une demi-encablure de la côte pour tout observer à l'œil nu : sable blanc, lagon translucide, cocotiers, un air de paradis, mais pas âme qui vive.

« Quand même, soupire Julia, j'habiterais bien ici quelque temps. La paix absolue...

– C'est la tentation du diable, dis-je en riant. On risquerait d'y rester une éternité... En tout cas, question solitude, on serait servis : retirés du monde comme des ermites tropicaux... Mais tu as raison, je viendrais bien écrire un livre dans une île déserte comme celle-ci.

– Encore un fantasme d'Occidental », ironise Julia.

La nuit tombe comme nous parvenons devant notre troisième atoll du jour, Tenarunga. Avec l'obscurité, impossible de déterminer s'il est habité ou non.

Nous nous mettons en dérive pour attendre le lever du soleil.

Depuis qu'il a mis le pied à bord, Alain Borer est en proie à un mal de mer épouvantable, comme je n'en ai encore jamais vu sur aucun navire... Impossible de lui faire quitter sa couchette. De l'air le plus comique possible, se gaussant de lui-même, il demande maintenant qu'on le laisse mourir en paix...

Cet homme-là sera toujours sauvé par son humour...

Minuit : Mon quart achevé, je ne trouve pas le sommeil dans ma couchette, tenu éveillé par l'excitation de nos recherches et un je-ne-sais-quoi de mélancolique qui est entré en moi en écoutant à quelques centimètres de mon oreille le clapotis de l'eau contre la coque en dérive. Je songe à tous ces bruits d'un navire en mer, à l'univers de vie complet qu'ils forment à eux seuls, à l'amour qu'on peut finir par leur porter... Je me lève, allume la veilleuse de mon petit bureau, prends mon journal personnel, écris :

Les bruits d'un navire... Je n'ai envie que d'une chose en cet instant même, dans la nuit : jeter tous ces sons pêle-mêle sur le papier comme je les entends depuis si longtemps, juste comme ça, pour le plaisir, pour essayer de n'en oublier aucun – mais j'en oublierais certainement des dizaines... Tans pis, écrivons : frottement onctueux du caoutchouc de nos canots contre la coque au mouillage, friselis imperceptibles des krills grignotant les algues accrochées à la ligne de flottaison, bruits de pas feutrés des hommes passant sur le pont juste au-dessus de ma cabine ou choc sourd de leurs pieds lorsqu'ils sautent depuis la dunette, chuintement de la mer contre la coque quand nous filons à bonne vitesse, coups de tonnerre de la mer contre la carène chaque fois que ça « bastonne » à l'extérieur et en même temps sifflement angoissant du vent dans les haubans. Et aussi tous ces bruits au roulis : cliquetis régulier des couverts contre les fargues des tables, dans un sens puis dans l'autre, tintement des assiettes et des verres dans leurs placards, battement de métronome de tout ce qui a été mal arrimé et des livres dans la bibliothèque. Et encore : crissement si caractéristique de l'itague de hunier volant à l'envoi de la voile, claquement sec des vagues contre le verre des hublots, ronronnement lointain et apaisant de la génératrice, couinement des poulies et des cordages au réglage des voiles par les hommes de quart, craquement permanent du bois dans les carrés, départ du compresseur de la chambre froide à l'avant – pour les oreilles exercées –, ragage d'acier de la chaîne d'ancre contre l'écubier au mouillage, son soyeux de la grande voile de misaine lorsqu'elle tombe de sa vergue et se déploie dans le vent. Et pour finir : tous ces tumultes de manœuvre, reconnaissables entre tous, lorsqu'on est égoïstement au repos dans sa couchette et qu'une autre bordée travaille...

Je ne sais pas ce que je ferai de ces notes plus tard : à jeter, à développer pour le livre futur, à retranscrire tel quel ? Je n'en sais diable rien ce soir et cela n'a à peu près aucune importance...

Puisqu'il en était ainsi ce soir-là, je retranscris ces notes sans rien changer...

Océan Pacifique Sud, 15 mars 2005

Portée au journal de bord cette annotation rapide en haut de la page de gauche, hors des cases réglementaires : « *Il y a quatre ans, à 6 h 30, la jonque* La Boudeuse *faisait naufrage à l'est de l'île de Malte.* »

Maudit anniversaire...

Mais comme pour toute aventure, ne faut-il pas continuer à dire : « Tout ce qui nous arrive est bon ? »

Aux premières lueurs du matin, nous approchons de l'atoll de Tenarunga et en faisons le tour : inhabité lui aussi.

Sans déception aucune, nous poursuivons en direction du nord-ouest, vers Vahanga et Tenararo que nous atteignons en milieu de journée. Avec les mêmes résultats : toujours personne dans les îles de ces immensités. Mais à y regarder de près, pourquoi s'étonner ? Au-delà de leur aspect paradisiaque, ces atolls ne sont guère hospitaliers : pas d'eau douce, peu de ressources naturelles – hormis des profusions de noix de coco –, accès difficile depuis la mer à cause des barrières de corail. Nous tentons d'ailleurs de débarquer à Tenararo. En vain. Malgré la ténacité de Fabre et Clérice qui pilotent « Commerson », nous ne découvrons pas la moindre passe naturelle dans le récif corallien...

Alain Borer ne va pas mieux ; son mal de mer est décidément incoercible. J'ai pris la décision de l'installer dans la cabine principale de la timonerie en vis-à-vis de la couchette de Michel Lanza pour que notre médecin puisse prendre soin de lui 24 heures sur 24. Mais sans aucun résultat.

« Ce bateau ce n'est pas *La Boudeuse*, se lamente maintenant Alain d'un air comique, c'est *La Gerbeuse...* »

Je laisse en permanence une bassine à ses pieds...

Plus grave : fuite de fréon à la chambre froide négative ; celle-ci n'assure plus ses – 20° et nous risquons de perdre les centaines de kilos de nourriture congelée qu'elle contient. Eric est inquiet pour ses réserves de vivres et regarde la chambre froide d'un œil torve ; Delzenne recharge le circuit de refroidissement comme il peut avec la bombonne de gaz fréon que nous nous sommes procurée aux Gambier – fort heureusement, les premières fuites avaient eu lieu du côté de Pitcairn et nous avaient alertés à temps...

Quoi qu'il en soit, il faudra réparer à la prochaine escale d'importance : Tahiti.

De gros poissons avalent toutes les lignes que nous mettons à l'eau pour pêcher, hameçons compris ; ils cisaillent même les minces câbles d'acier que nous mettons à la place...

Impossible de déterminer le type de carnassier capable de telles prouesses....

Océan Pacifique Sud, 18 mars 2005

Cela fait maintenant près d'une semaine que nous errons dans les Tuamotu à la recherche d'un atoll à la fois perdu et habité. Des atolls perdus, nous en avons découvert des dizaines, tous déserts; des îles habitées, nous en avons trouvé deux : Tureia et Vairaatea, mais pas assez isolées à notre convenance. Nous y avons débarqué pour nous en assurer mais malgré l'accueil extrêmement chaleureux des petites communautés polynésiennes vivant là et qui nous auraient bien gardés quelque temps, nous n'y sommes pas restés : ces deux îles disposaient chacune d'un petit aérodrome...

Nous sommes donc repartis, égrenant les atolls derrière nous comme le Petit Poucet de la fable ses cailloux : Paraoa, où Fabre et Tomasi sont parvenus à débarquer malgré les rouleaux balayant une passe dans le récif – mais où ils n'ont trouvé personne –, Manuhangi qui s'est révélé décevant, enfin Marokau vers lequel nous nous dirigeons maintenant.

Océan Pacifique Sud, 19 mars 2005

Nous atteignons l'atoll de Marokau en milieu d'après-midi.

L'île est minuscule. A la jumelle je devine un superbe lagon intérieur et aperçois bientôt quelques maisons bâties dans la cocoteraie. Juste devant ces dernières, une passe étroite se dessine dans la barrière de corail. J'appelle Jacques Petit :

« Prépare le canot, on va tenter de débarquer. J'ai l'impression qu'on tient enfin ce que nous sommes venus chercher...

– On dirait bien, fait Jacques d'un air satisfait. J'ai hâte d'aller voir ce que ça donne. Je m'occupe du canot. »

En moins de temps qu'il n'en faut pour l'écrire, nous filons dans la passe corallienne, parant à grands coups de moteur les dangers des rochers affleurant, zigzaguant au milieu des remous et des rouleaux qui déferlent dans des moutonnements d'écume ; ces dangers passés, nous parvenons à un petit débarcadère où un groupe de femmes semble nous attendre. Toutes sont massives et solidement plantées sur leurs jambes, la peau cuivrée, vêtues de longues robes à fleurs aux larges cols ronds ou carrés : des Polynésiennes comme on n'en voit plus que dans les gravures illustrant les livres de voyage du siècle dernier. Elles sont manifestement surexcitées par notre apparition. A peine avons-nous mis pied à terre que l'une d'elles s'écrie en levant les bras :

« Enfin de nouvelles têtes ! Bienvenue, bienvenue à Marokau... »

Les femmes se pressent aussitôt autour de nous, serrent nos mains avec effusion. Je demande à la ronde : « Vous êtes nombreux ici ?

– Une dizaine de familles, répond l'une des matrones dotée de rondeurs à la Gauguin. Pourquoi ?

– Comme ça... Il y a un aérodrome ?

– Jamais de la vie ; l'île est trop petite... Le dernier bateau étranger qu'on a dû voir passer de loin, c'était il y a un an ou deux. Et vous, on dirait des pirates avec votre voilier ; vous venez d'où ?

– De l'île de Pâques. Et on se rend à Tahiti. Alors, comme ça, personne ne vient ici ?

– Quasiment personne à part la goélette qui nous ravitaille tous les deux ou trois mois depuis Papeete. Mais c'est mieux comme ça... Au moins, on est tranquilles.

– Figurez-vous que ça nous convient parfaitement... On pourrait rester quelque temps avec vous ?

– Tout le temps que vous voulez monsieur ; vous êtes en France ici, vous savez... »

De retour à bord, je tente une approche de l'île avec le navire pour déterminer où un mouillage serait possible. Mais après de multiples tentatives et un tour complet de l'atoll, je dois me rendre à l'évidence : la côte est si accore qu'il ne faut même pas songer à jeter l'ancre quelque part. Le sondeur indique partout des profondeurs impressionnantes. Nous resterons donc en dérive tout le temps de notre séjour. Cette solution ne m'enchante guère compte tenu du nombre de personnes que cela va mobiliser pour les quarts de veille, mais nous n'avons guère le choix.

Malgré tout, je me sens heureux comme jamais. Marokau me paraît être l'île la plus prometteuse qu'il m'ait jamais été donné de connaître... Toutefois, le plus satisfait de notre découverte est encore Alain Borer. La perspective de mettre pied à terre le galvanise et il ne peut s'empêcher de conclure le briefing du soir par quelques trémolos à sa manière :

« Ah Patrice, quelle joie n'est pas la mienne ! A partir de demain, je vais enfin revivre... Fini le mal de mer... Je quitte *La Gerbeuse* et m'installe à terre jusqu'à notre départ. Personne ne m'en fera bouger d'ici là... »

Tout le monde éclate de rire...

Un grain de tempête se lève dans la nuit, impérieux et violent comme une soudaine colère du ciel : en un rien de temps, il arrache le pavillon français qui bat réglementairement au mâtereau arrière...

« Bah ! me dis-je, nous avons encore cinq de ces pavillons en réserve... »

De quoi faire le tour du monde...

Pluies diluviennes jusqu'à l'aube. Juste ce qu'il faut pour mettre à mal l'image conformiste de carte postale du Pacifique...

Une chose qui me convient parfaitement...

Atoll de Marokau, 20 mars 2005

Au petit jour, nous sommes de retour sur l'atoll, Alain Borer en tête, et tout s'enchaîne très vite tant les habitants semblent soucieux d'établir les meilleurs rapports possibles entre « Français » que nous sommes tous. Ils nous présentent d'abord Alphonse.

Alphonse est aussi polynésien que possible par sa stature solide et sa forte nature ; il a aussi une bonne tête ronde parée d'une moustache en guidon de vélo, des cheveux ondulés tournant déjà au gris, un corps massif et charpenté, des yeux habités d'une densité rare. Il est à la fois employé municipal de ce bout du monde qu'est Marokau et diacre de la minuscule chapelle de l'atoll. Sans oublier d'être, comme tout le monde ici, pêcheur et récolteur de coprah – la pulpe de noix de coco séchée...

Quand nous apprenons à Alphonse les raisons de notre présence, il s'exclame :

« Magnifique ! Vous ne pouvez pas savoir comme une chose pareille peut me faire plaisir... On va parler de nous, je n'en reviens pas ; j'en suis déjà très fier. Le maire est à Tahiti mais je le remplace en attendant son retour ; je vais m'occuper de tout.

– Le maire ? » dis-je, étonné.

Alphonse part d'un grand rire joyeux : « Mais qu'est-ce que vous croyez, on a un maire comme tout le monde en France et les PTT nous ont même installé une cabine téléphonique toute neuve... »

Je ris à mon tour de bon cœur : « Désolé, Alphonse, mais ce n'était pas évident de s'en souvenir. Votre île est quand même très loin de tout et... comment dire... différente, n'est-ce pas ?

– C'est vrai... Mais assez parlé, il faut d'abord vous loger : vous allez venir chez moi ; et comme ma maison n'est pas assez grande pour vous tous, je vais vous en donner une autre qui est vide, tout à côté.

– Merci, dis-je. Nous acceptons volontiers. Mais laissez-moi vous présenter d'abord l'écrivain Alain Borer que voici ; je crois qu'il serait le premier intéressé à habiter chez vous : il va écrire un livre sur notre expérience dans le Pacifique.

– Un livre ? Monsieur Borer, installez-vous dans le salon, ma femme va vous apporter de quoi dormir et des serpentins contre les moustiques ; il y en a beaucoup dès la nuit tombée mais ne vous inquiétez pas, les serpentins sont efficaces...

– Je vous présente aussi Philippe Pothon, dis-je, le grand gaillard qui est là. Il tourne les images du film que nous réalisons également. Il est très discret. Ça vous dérangerait si nous filmions tout ce qui va se passer ?

– Pensez-vous ! Voir Marokau à la télévision, les habitants des autres îles vont être épatés... »

Ces considérations achevées, nous nous répartissons entre la maison d'Alphonse et celle qu'il nous octroie non loin, construite en pierre, sans étage, fraîche et pimpante sous les cocotiers ; nous disposons couchages et appareils de cuisine dans un savant désordre au milieu des caisses et des sacs débarqués de *La Boudeuse* et nous voilà bientôt prêts. Les différents quarts à bord ont été modifiés hier pour la durée de notre séjour et je suis tranquille : bien qu'en dérive permanente, le navire sera en sécurité.

« Cousteau est venu un jour ici, m'apprend Alphonse ; il y a longtemps. Il est resté quelques jours avec son équipe et pendant tout ce temps, la *Calypso* a tourné autour de l'île, des dizaines de fois...

– C'est une autre procédure d'attente quand il est impossible de jeter l'ancre, dis-je. Pour un voilier comme le nôtre, ce serait compliqué pour la manœuvre ou coûteux en carburant. Rester en dérive est plus commode. Mais qu'est-ce que Cousteau venait faire par ici ?

– Il s'intéressait aux pêcheurs de perles.

– Les pêcheurs de perles ? dit Julia. Ils sont encore nombreux ?

– Pour les perles sauvages, c'est fini depuis longtemps. Pour les perles de culture, ça va encore ; mais les indépendants disparaissent peu à peu avec la concurrence des fermes perlières que les grandes compagnies installent un peu partout aux Tuamotu. Chez nous, il y a encore mon frère qui résiste. Il a créé sa propre ferme de l'autre côté du lagon, là où personne ne vit ; c'est artisanal mais ça marche. Vous voulez que je vous emmène le voir ?

– On ne demande pas mieux, Alphonse. »

L'atoll de Marokau, très bas sur l'eau comme tous les atolls coralliens de ce type, est d'une rondeur presque parfaite. Il ne doit pas mesurer plus de deux kilomètres de circonférence mais sa partie centrale est entièrement occupée par un lagon aux eaux absolument splendides qui vont du vert opale et translucide au bleu le plus profond, en passant par toutes les teintes possibles et imaginables de ces deux couleurs : une palette féérique qui ferait le bonheur de n'importe quel peintre impressionniste ; l'eau elle-même est d'une transparence telle qu'une pièce de monnaie jetée par vingt mètres de profondeur se voit encore de la surface...

Encerclant ce lagon de rêve, court une étroite bande de terre couverte d'une cocoteraie fraîche et ombragée, bordée de plages de sable fin.

Une image parfaite de paradis terrestre.

Ou de carte postale...

En tout cas une terre perdue tout en bas de la mappemonde sans à peu près personne sachant qu'elle existe...

Aidés d'Alphonse, nous faisons passer notre canot du débarcadère donnant sur l'océan jusqu'au lagon intérieur, le poussant à pied le long d'une étroite passe qui relie les deux univers marins. De là, nous embarquons et prenons la direction opposée au village pour gagner la maison du frère d'Alphonse, pêcheur de perles de son état. La surface du lagon est si plane que notre canot semble bientôt voler au-dessus de l'eau dans des gerbes d'écume, nous grisant de vitesse sous le soleil brûlant. Le gabier Tomasi, placé en vigie à l'avant, finit par se retourner vers moi pour tempérer mon enthousiasme :

« Attention quand même aux " patates " de corail, m'avertit-il. J'en aperçois un peu partout autour de nous, capitaine...

– C'est vrai, confirme Alphonse, elles affleurent et on ne les voit souvent qu'au dernier moment ; mieux vaut ralentir. Si on touche un de ces pâtés de corail, on vole en l'air et on casse tout... »

Je m'exécute et nous adoptons une vitesse plus raisonnable. De toute façon, l'autre extrémité du lagon approche déjà ; j'aperçois deux constructions en lisière d'une plage de sable blanc, un peu à l'écart de la touffeur des palmiers. Une sorte d'appentis se dresse non loin, près de réservoirs d'eau, et un débarcadère de bois s'avance perpendiculairement dans le lagon.

Nous abordons sur la plage. Un couple, averti par le bruit de notre moteur, surgit des frondaisons : la femme, ravissante et fine, couleur de crème brûlée, aux cheveux de jais longs et lisses, n'a pas plus d'une trentaine d'année et ses yeux respirent l'intelligence. L'homme, plus âgé, est aussi massif et solide que la plupart des habitants de l'île. Vêtu d'une veste de camouflage et d'un short rouge, coiffé d'une casquette à visière, il arbore une barbe blanche de quelques jours et une perle pendant à son oreille gauche par une chaînette d'argent ; il s'avance vers nous, un sourire aux lèvres. Alphonse annonce :

« Je vous présente mon frère Samuel et sa femme Rumata.

– J'allais partir m'occuper des perles, dit le dénommé Samuel en nous serrant la main comme s'il nous connaissait depuis toujours. Mais ça attendra. Entrez, on va parler... On n'en a pas beaucoup l'occasion ici, vous pensez... »

Nous nous installons dans une grande pièce spacieuse aux murs peints à la chaux, assis sur des bancs de bois autour d'une table recouverte d'une toile cirée, Christine et Julia côte à côte devant Samuel et Rumata. Je me dis que décidément un petit air de France flotte sur cette île alors que nous en sommes aux antipodes : les étagères sont pleines de produits semblables à ceux de mes habitudes, les livres sortent des meilleurs éditeurs parisiens, tout est un peu comme « chez nous », jusqu'au carrelage du sol que ne renierait pas une maison de campagne du Lubéron... L'idée que la Polynésie française est, d'une manière générale, un exemple plutôt rare d'acculturation réussie commence à trotter dans ma tête. Je pense : « Il faudra que j'en parle à Chaliand lorsque nous nous retrouverons à Tahiti. La question devrait l'intéresser... »

Sur ces entrefaites, une ribambelle de gamins surgit du jardin et vient s'égailler dans la pièce.

« Ce sont nos enfants, s'attendrit Rumata, on a deux garçons et une fille.

– Mais comment faites-vous pour l'école ? demande Christine, étonnée. Il y a ce qu'il faut ici ?

– Hélas, non, déplore Samuel en secouant sa tête de désolation. Rien après le primaire et pour ce qui est des instituteurs ça va, ça vient... Des fois, il n'y en a aucun, comme en ce moment. Les candidats ne se battent pas pour obtenir un poste ici...

– Pour que nos enfants puissent rester avec nous, dit Rumata, je suis obligée de leur faire l'école par correspondance. Avec Paris *via* Tahiti... Vous imaginez comme c'est compliqué !

– D'une certaine manière, reprend Samuel, Marokau c'est un paradis et c'est pour ça qu'on est là. Mais il y a des problèmes comme partout. Si vous regardez bien le village, vous verrez qu'il y a beaucoup de maisons vides et abandonnées. Vous savez pourquoi ? À cause de l'absence de collège naturellement ; beaucoup de gens s'en vont dès que les enfants ont plus de dix ans. Comment faire autrement ? Et c'est pareil dans toutes les petites îles isolées. C'est comme un exode rural... »

Alphonse intervient : « C'est un de nos plus grands défis, ce problème de l'éducation de nos jeunes : soit ils s'en vont, soit ils sont incultes. C'est le cas de beaucoup ici qui ont entre seize et dix-huit ans ; ça fait longtemps qu'ils ne vont plus à l'école. Ils sont restés parce que leurs familles avaient besoin d'eux pour la pêche, le coprah, la collecte des langoustes... Mais ce n'est pas une bonne chose. Comment vont-ils faire plus tard quand ils seront sans leurs parents ?

– De toute façon, si on ne les oblige pas à rester, ajoute Samuel, les jeunes préfèrent s'en aller vivre à Tahiti où il y a davantage de distractions. Moi, j'ai un grand garçon, par exemple. Eh bien, il vient de partir ! Il en avait assez... Il voulait bien faire n'importe quoi, mais pas ici...

– Alors, combien êtes-vous encore à Marokau ? demande Julia.

– Soixante, pas davantage, dit Samuel. Et ça va diminuer dans les années à venir. En plus, comment trouver un vrai travail à Marokau ? Que peut-on faire de sérieux dans un atoll aussi minuscule ?

– La culture des perles, dis-je. Comme vous... Il paraît que c'est l'une des richesses de la Polynésie française.

– C'est vrai. Mais tout le monde ne peut pas investir là-dedans ni connaître le métier en quelques jours. Moi, c'est différent. Vous savez pourquoi je suis tombé amoureux de ce métier ? Parce que les perles sont les seuls bijoux au monde qui sont produits par des êtres vivants. Ce n'est pas extraordinaire ? C'est pour ça que j'élève des huîtres perlières, on dit aussi des nacres ; et ce n'est pas un travail de tout repos : il faut installer toutes ces huîtres dans des centaines de filets, les accrocher sur des lignes de flotteurs à quelques mètres sous la surface et les relever régulièrement pour gratter et nettoyer les coquilles. Oui, c'est tout un travail. Sans parler de la greffe des huîtres elles-mêmes pour donner les perles. Il faut au moins dix-huit mois pour un cycle complet de croissance et obtenir des perles vendables. Et pendant tout ce temps, on a des tas d'huîtres qui se décrochent des filets et tombent dans le fond du lagon, à 30 mètres sous l'eau. Toutes ces perles là sont perdues pour nous.

– Trente mètres ? dis-je. Ce n'est pas énorme. A bord de *La Boudeuse*, nous disposons de douze équipements de plongée, d'autant de bouteilles et d'un compresseur pour les recharger. Si vous voulez, on revient demain à plusieurs et on vous récupère une bonne partie de ces perles...

– Pourquoi pas ? répond Samuel après un instant de réflexion. Je serais curieux de savoir comment ont évolué les perles qui sont au fond du lagon depuis des années...

– Alors, on viendra dans l'après-midi, dis-je ; je crois que ça va nous plaire de devenir pêcheurs de perles... »

Atoll de Marokau, 21 mars 2005

Sur Marokau, ce qui tient lieu de village se dresse sur la partie la plus large de la cocoteraie et comporte une vingtaine de maisons rectangulaires, presque toutes identiques, qui s'échelonnent du lagon translucide au sombre océan, reliées entre elles par quelques allées de sable. La plupart de ces maisons sont construites en dur, sans étages, souvent spacieuses et aérées, entourées de jardins, de potagers, parfois de petites cours pour la volaille, et surtout dotées d'énormes réservoirs de récupération d'eau de pluie : si la température est idyllique et l'ardeur du soleil, mesurée – les deux composant un climat presque parfait –, il pleut heureusement assez pour qu'en règle générale l'eau ne vienne pas trop à manquer en cours d'année.

Un silence bienheureux enveloppe l'atoll comme un linceul immaculé, à peine troublé par le bruit léger des vagues de l'océan roulant sur les plages et le frémissement des palmes de cocotiers bercées par le vent. Des aboiements de chiens se font aussi entendre de-ci de-là, lointains, au milieu du caquetage de poules esseulées qui errent comme des âmes en peine le long des allées désertes, mais c'est à peu près tout...

Dans un coin du village se trouve un cimetière bien entretenu, avec des tombes alignées comme à la parade et de belles croix de pierre par-dessus. Un peu plus loin, une ravissante chapelle a été bâtie, surmontée d'un clocheton qui lui donne des airs pimpants de campagne française : sans doute le fruit d'un missionnaire nostalgique... C'est qu'ici, comme partout ailleurs dans le Pacifique, la foi chrétienne règne sans partage. Alors, Alphonse célèbre un office par jour. Comme c'est aussi l'occasion de faire quelque chose, tout le village s'y presse. Poussé par la curiosité, je m'y rends également avec quelques membres de l'équipage dès que la cloche de la chapelle bat le rappel.

La ferveur que je découvre sur le visage des habitants me laisse aussi perplexe que songeur. J'observe un moment les lèvres qui prient, les yeux mi-clos, les faces extasiées... Et brusquement, j'ai la certitude intuitive que sur ce lambeau de terre lilliputien encerclé par un océan interminable, Dieu seul peut vraiment aider à égrener le temps : sans lui, il n'y aurait pour beaucoup de ces hommes et de ces femmes que vide et néant sous le soleil, aussi paradisiaque soit-il, non-sens du monde et de la vie ; en d'autres termes : nausée de l'existence... Et me voilà méditant sur le thème : « De l'utilité de Dieu selon les peuples et leurs besoins, leurs lieux d'existence et les circonstances du monde... »

Les premiers chants religieux interrompent ce songe spéculatif ; ils s'élèvent au moment où Alphonse, se tournant vers le public, brandit la Bible au-dessus de sa tête avec un sérieux digne du Messie dans le film des *Dix Commandements*. J'écoute les chants qui se succèdent ensuite, toujours entonnés à plusieurs voix, d'une harmonie rare et prenante, presque envoûtante, reconnaissable entre mille, tout simplement magnifique. Je dirai plus tard à Pothon qui approuvera : « Mon vieux, je ne sais pas ce que tu en penses, mais pour le générique du film, je choisirais un air de ce genre... »

La messe achevée, Alphonse nous convie chez lui et nous mangeons tous réunis dans son jardin autour d'une grande table dressée dans le sable face à la mer. Un vrai bonheur pour les yeux.

Au milieu du repas, Alphonse nous fait cet aveu à Borer et moi, dans un long monologue : « Lorsque j'étais jeune, j'étais alcoolique et violent... L'alcool dans les îles, vous savez, c'est souvent une calamité ; les gens n'aiment pas en parler, les autorités de Tahiti encore moins, mais c'est comme ça... A cause de l'ennui peut-être : toujours les mêmes choses à faire, pas de distractions, jamais rien de nouveau... » Il s'interrompt, désigne du menton son épouse, massive et solide, qui a préparé le repas avec l'aide de Christine, et ajoute : « Je battais même ma femme tellement je buvais ; je rentrais ivre le soir à la maison... J'étais comme ça... C'est la découverte de la foi qui m'a sauvé ; c'était il y a quelques années : j'ai arrêté de boire, je n'ai plus jamais frappé ma femme et je me suis transformé en homme de Dieu. Maintenant, j'essaie de faire le bien autour de moi, je suis enfin heureux et apaisé... » Il soupire un instant et ajoute d'un air touchant : « Vous voulez que je vous dise ? Avec votre bateau, vous représentez le rêve que je n'ai jamais pu réaliser. Si je pouvais revenir en arrière, il y a une chose que je changerais bien, ce serait d'être célibataire : pour pouvoir faire comme vous des voyages à travers le monde... »

Dans l'après-midi, nous sommes de retour chez Samuel, comme promis. La traversée du lagon sur « Commerson » a été une fois de plus un bonheur insigne malgré le danger des pâtés de coraux : la couleur des eaux de lagon me laissera toujours rêveur comme un enfant...

Pour la pêche aux perles qui s'annonce, nous sommes venus en force : Philippe Pothon qui est de loin notre meilleur plongeur et va tout filmer, Nicolas Clérice, impatient de se dépenser depuis que la plaie de son dos s'est refermée, Pierre Marcel qui ne se débrouille pas trop mal, Stéphanie Pélissier que cela change de sa salle de montage, et enfin moi-même, que tout cela épate...

Nous quittons le débarcadère de Samuel à deux embarcations : sa grande barque dans laquelle ont pris place trois de ses employés Polynésiens, et notre Zodiac surchargé de bouteilles de plongée.

En quelques minutes de course, nous sommes arrivés sur les lieux de la « ferme » perlière, en fait un simple bout de lagon signalé par des « avenues » de bouées rondes posées sur l'eau. Comme nous l'avait expliqué Samuel, chacune de ces bouées est reliée à ses semblables par des filins d'acier auxquels sont suspendues en chapelets des centaines de fines cages de fer contenant des milliers d'huîtres.

« C'est là-dessous que ça se passe, annonce Samuel. Mes hommes vont descendre de gros paniers avec des cordages jusque dans le fond du lagon : vous mettrez dedans les nacres que vous trouverez ; quand les paniers seront pleins, tirez trois fois sur leurs cordes et on les remontera ; on vous les redescendra ensuite pour recommencer l'opération. »

Sans plus attendre, nous plongeons dans les eaux bienheureuses du lagon.

Exaltation immédiate : nous voilà transformés en pêcheurs de perles par la magie de notre aventure. Pour rien au monde je ne voudrais être ailleurs. A cet instant même, j'ai l'impression de m'enfoncer dans des abîmes de mystères, en quête de trésors perdus ; alors, tête la première, je me laisse glisser dans les profondeurs, me demandant bien ce que nous allons trouver, surveillant la descente silencieuse de mes camarades.

Trente mètres plus bas, je découvre un immense tapis de sable parsemé de blocs de coraux de toutes tailles et de toutes formes, parfois déjà « blanchis » par la mort. Nous nous mettons en ligne comme convenu plus tôt afin de couvrir le plus d'espace possible, et avançons lentement, gênés dans nos recherches par un lourd plancton en suspension dans l'eau ; cependant, nous découvrons aisément nos premières nacres, emmêlées dans des amas de filets ; avec davantage de précautions qu'il n'en faudrait sans doute, peut-être pris par une sorte de respect irraisonné, je les retire de leur prison dans des nuées de sable pulvérulent, sentant avec une joie profonde la rugosité des coquilles d'huître sous mes doigts.

De ces huîtres perlières, nous en trouvons partout au fur et à mesure de notre chasse, presque dans chaque replis de sable : une fortune dort sous la mer, à portée de main. Mais mon émotion reste celle, fantasmatique, d'une certaine sorte de chercheurs de trésors, qui vivent davantage pour l'ivresse que procure leur quête que dans l'espoir des richesses qui pourront en découler. Je sais par avance que nous ne retirerons aucun bénéfice des perles contenues dans ces nacres. Nous les rendrons à leur propriétaire et garderons juste le souvenir de l'excitation qu'elles nous auront offerte. Et ce sera bien ainsi.

En peu de temps les premiers paniers, accrochés tout là-haut à la barque de Samuel, sont pleins à ras bords : trois secousses sur leurs cordes et nous les voyons repartir vers la surface, lourdement, sans un bruit ; le temps de ramasser quelques nouvelles nacres et ils redescendent à vide.

Nous en sommes là de notre travail quand un requin de belle taille surgit entre deux eaux, nageant avec une élégance féline qu'on devine mortelle pour ses proies. Le temps d'identifier ce squale et mon cœur se met à battre plus vite ; mais ce n'est qu'un requin à « pointes noires », typique des lagons polynésiens. Rien à craindre a priori. Il va venir sentir ce que nous sommes et déguerpir. Un coup de palme fera le reste s'il se montre trop curieux.

Et c'est exactement ce qui se passe...

Le soir même, Samuel me dira : « Ah oui, j'avais oublié de vous prévenir, le lagon est infesté de ces requins, mais on n'a jamais eu d'accidents ; ils ne doivent pas être de l'espèce des mangeurs d'hommes... »

En attendant, nous poursuivons notre travail sous la mer jusqu'à épuisement de l'air dans nos bouteilles. Nous regagnons alors le Zodiac, amarré contre la barque de Samuel. D'un coup d'œil, je constate que cette dernière est déjà pleine d'un monceau d'huîtres plutôt conséquent ; nous décidons de rentrer voir ce qu'elles ont « dans le ventre ».

Parvenus devant la maison de Samuel, nous nous débarrassons de nos équipements sous-marins et déchargeons les huîtres près d'une grande table posée à même le lagon, calée entre des blocs de coraux ; bientôt, nous sommes debout autour de cette table, nos couteaux de plongée à la main, les pieds dans l'eau, impatients d'éventrer les huîtres.

La scène est plutôt surréaliste...

« Allez, on commence », ordonne Samuel.

Aussitôt, nous voilà jouant du couteau. Nicolas Clérice est le plus excité d'entre nous ; lorsqu'il extraie sa première perle – une pièce toute ronde, grosse comme un dé à coudre, d'un gris cendré –, il s'écrie avec une joie qui fait plaisir à voir : « Ah, qu'est-ce qu'elle est belle ! » et l'exhibe à la ronde, les yeux brillants. Pierre Marcel n'est pas en reste ; il arrache directement les coquilles avec ses gants de plongée et extirpe les perles de leurs gangues de chair dans une jubilation admirable. C'est que pour nous qui découvrons ce métier, l'ouverture de chaque nacre est une émotion renouvelée : impossible de savoir à l'avance ce que l'on va trouver à l'intérieur, quels seront la taille de la perle ou sa forme, ses reflets, sa beauté, tout ce qui en fait la valeur, tout ce que la nature a bien voulu créer. Je me dis : « Voilà bien un de ces métiers qui renvoient aux émerveillements de l'enfance. »

Un métier estimable, donc...

Peu à peu les perles s'entassent dans les coquilles vides où nous les disposons, comme des tas de billes au fond d'un sac. Elles ont toutes les formes, toutes les tailles, presque toutes les couleurs, du blanc nacré au vert translucide. Samuel dit : « On voit bien celles qui ont " poussé " pendant trop d'années ; ce sont les plus grosses et les moins rondes : rien de bien vendable... Il ne faut pas dépasser un an et demi pour faire une belle perle. » Je lui demande combien il en récolte chaque année et il répond modestement : « Pas beaucoup, comparé aux fermes industrielles qu'on trouve en Polynésie ; je ne suis qu'un artisan. Si je parviens à en vendre quelques milliers par an, je suis content. Ça rapporte bien mais il y a des frais et beaucoup de risques quand on investit ; on ne sait jamais ce que ça va donner. » Je l'interroge sur le niveau de ces risques et il me dit avec ironie qu'ils sont sans doute très inférieurs à ceux d'un capitaine-armateur de mon espèce, lancé avec un trois-mâts autour du monde... Je lui réponds, à moitié sérieux, que la vie, c'est le risque et que par conséquent, plus le risque est grand plus la vie est belle, et nous rions tous les deux de cette connivence impromptue...

Enfin, nous rapportons le lot de perles à l'intérieur de la maison de Samuel et le disposons sur une table, saluant Rumata au passage, nous apprêtant déjà à repartir. Alors Samuel nous dit :

« Reprenez donc toutes ces perles. Cela vous fera un vrai souvenir de Marokau. Plus tard, vous penserez à nous chaque fois que vous les regarderez... »

19 heures : De retour au village, nous dînons rapidement d'une boîte de ration après avoir suspendu nos moustiquaires; puis, je m'en vais deviser avec Alphonse sur le pas de sa porte, entouré de Borer et Pothon.

Sans détour, je demande à Alphonse : « Le grand fils de Samuel, ton neveu, est déjà parti au loin parce qu'il n'avait aucune perspective sur l'atoll. D'autres jeunes m'ont dit au contraire qu'ils étaient très bien ici. Alors, comment est-ce que ça se passe réellement pour ces jeunes de Marokau ?

– C'est une chose compliquée, avoue Alphonse, embarrassé. D'une certaine manière, ils trouvent qu'ici c'est le paradis comparé à une grande ville comme Papeete. Ils sont libres et tranquilles; comme tout le monde, ils font ce qu'ils veulent de leur temps de tous les jours... Ils vont à l'église ou à la pêche, ils font comme ils l'entendent. C'est vrai qu'ici, personne ne vient te dire : à telle heure il faut que tu sois là ou à telle heure il faut que tu sois ici ! C'est ça la liberté de Marokau... Mais d'un autre côté, tous ces jeunes s'ennuient beaucoup, comme je te l'ai déjà dit. En outre, quel avenir peuvent-ils attendre? Alors certains n'échappent pas à l'alcool – de la mauvaise bière fermentée qu'ils fabriquent eux-mêmes –, comme moi autrefois. C'est comme ça... Peut-être que même au paradis, rien n'est simple... Mais le plus embêtant pour ces jeunes, c'est encore la drogue; même ici elle commence à faire son apparition : du cannabis surtout.

– A Marokau, si loin de tout ?

– Oh ! Il suffit d'un aller-retour avec le bateau de ravitaillement et l'affaire est jouée. Qui va contrôler ce qu'il y a dans les poches d'un brave Polynésien rentrant dans son île perdue ? »

« C'est exact, me dira un peu plus tard Samuel lorsque je l'interrogerai sur ce sujet. Mais en réalité, ce sont les gens de la ville qui apportent la pagaille quand ils viennent dans l'île; parce que ceux qui ont toujours vécu ici, ils ne savent même pas ce que c'est qu'une pousse de cannabis... »

Je médite un instant sur cette image de la drogue envahissant le paradis, me demandant s'il s'agit d'une contradiction dans les termes, du résultat inéluctable de la globalisation du monde et de l'intensification des échanges, ou plus simplement d'une preuve flagrante que le paradis ne se situe tout simplement pas ici malgré les apparences ou les affirmations de certains.

En regardant tout autour de moi, je songe également au petit « Clochemerle » tropical que doit être Marokau. Chacun ici vit sous le regard de tout le monde presque en tout temps et en tous lieux : alors, rumeurs et ragots, calomnies et médisances ne doivent ménager personne. Mais, me dis-je, n'est-ce pas ainsi dans toutes les communautés humaines un tant soit peu isolées et réduites en nombre ? Et cela sur toute la surface de la terre ? Ne l'ai-je pas déjà constaté partout ? N'est-ce pas là l'une de ces ressemblances négatives mais universelles de tous les hommes, dans toutes les sociétés, à travers toutes les époques et toutes les cultures ? Chacun ne peut-il pas faire ce même constat lui-même, dans son petit village de province, son immeuble, son entreprise, sa famille ? Et nous-mêmes sur *La Boudeuse*, sommes-nous épargnés par ces travers, les inévitables et traditionnels « bruits de coursives » ? Je fais part de ces réflexions à la femme d'Alphonse que cela fait bien rire. Elle admet volontiers qu'il est impossible de garder secrète sa vie privée à Marokau. « Quand quelque chose d'anormal se passe dans une famille, dit-elle, la nouvelle se propage à toute vitesse... » Et son mari ajoute : « En une journée toute la population est au courant, on ne peut pas y échapper... » Son frère Samuel nous dira d'ailleurs que s'il s'est isolé à l'autre bout de l'atoll, c'est pour éviter l'envie et les jalousies que son niveau de vie supérieur n'aurait pas manqué de susciter. « J'ai même renoncé à me faire construire une belle maison comme à Papeete, nous avouera-t-il. Sinon ç'aurait été pire ; le désir de cette maison est en moi mais je ne peux pas me l'offrir. Si je veux éviter les histoires, je dois me mettre au niveau de tout le monde... »

Pour le réconforter, je lui affirmerai qu'à mon sens, « l'envie » est bien la chose du monde la mieux partagée chez les hommes et qu'il s'agit là sans doute d'une autre constante universelle de la nature humaine sous toutes les latitudes. Son frère Alphonse, se rappelant alors sa fonction de diacre de la chapelle, conclura par ces mots d'une joyeuse naïveté :

« Si j'avais un rêve, ce serait que nous vivions tous en bonne communauté : comme Jésus a vécu avec ses apôtres. »

Atoll de Marokau, 22 mars 2005

Le temps s'écoule avec une indolence à nulle autre pareille sur Marokau, terre française du bout du monde où la même poignée d'hommes et de femmes se croisent à longueur d'année dans les mêmes rues de sable, le cours d'une vie entière... Tentant de dépasser la simple vision d'un « Clochemerle » tropical, gentil mais simplet, j'observe d'un autre œil mais avec un intérêt grandissant ce monde en réduction où les mêmes scènes semblent s'autoreproduire jour après jour dans un cycle immuable qui peut paraître sentimentalement attachant ou intellectuellement effrayant, c'est comme on le souhaite... Je me dis alors que selon le regard que l'on veut bien porter sur un atoll aussi perdu, selon l'état d'esprit dans lequel on se trouve à ce moment-là, selon encore les expériences que l'on a connues précédemment dans la vie, cet atoll peut représenter – malgré quelques insuffisances et défauts – un paradis absolu, préservé des fléaux du monde et de la dangerosité des hommes, ou se révéler au contraire la plus despotique des prisons. Je réfléchis donc à ce fait étrange que si tous les villageois admettent volontiers que l'ennui et la routine sont leurs ennemis favoris – et des plus féroces –, ils ne s'en déclarent pas moins absolument et définitivement heureux de leur sort ; par conséquent, à la question de savoir si Marokau est un paradis, ils répondent tous par l'affirmative, ajoutant même que pour rien au monde ils ne souhaiteraient finir leurs jours ailleurs... En tant que Français des antipodes ils ont assurément nombre d'avantages comme de ne pas payer d'impôts et de voir subventionner par l'Etat tout ce qui peut l'être de leur vie sociale, mais la question est évidemment subsidiaire et l'essentiel se trouve ailleurs... J'en suis toujours en quête...

Me mettant alors à la place des habitants de Marokau, je me dis que sur bien des points cet atoll est effectivement un petit bijoux de perfection : beauté des paysages, pureté de l'air et du silence, harmonie de la nature et des hommes, douceur du climat... Mais dans ce cas, étant ce que je suis, resterais-je vivre toute ma vie dans cette île comme si elle était l'incarnation de l'Eden terrestre ? Si je tentais cette expérience, ne finirais-je pas par me sentir à l'intérieur d'une prison flottante qui, par un de ces paradoxes cruels de l'existence, aurait transformé l'espace de liberté que représente pour moi la mer en une muraille infranchissable où que je me tourne ? En fin de compte, pour pouvoir vivre sur une terre perdue dépourvue de tout autre attrait qu'elle-même – le Jotavella des Yuhup, l'île de Pâques des *djorgos*, Marokau maintenant, et tant d'autres endroits de même espèce à travers le monde – ne faut-il pas y être né, ne faut-il pas que ce soit la « patrie » de son enfance, c'est-à-dire une somme d'habitudes venues de très loin ? Sans quoi l'existence serait un néant insurmontable ?

J'en suis là de ces réflexions quand Tehupe nous invite à l'accompagner pour une partie de pêche sous-marine. Tehupe est d'une famille proche de celle d'Alphonse et Samuel ; il a la réputation d'être l'un des meilleurs pêcheurs de l'atoll. Grand, solide, le visage massif, la démarche tellurique d'un Yéti descendu de l'Himalaya, il doit avoir une trentaine d'années et l'air de quelqu'un qui ne s'embarrasse pas de questions métaphysiques inutiles. En ce qui concerne Marokau, il considère comme tout le monde qu'il s'agit d'un paradis puisqu'on y trouve aisément le peu de choses nécessaires au bonheur – sage constatation – et, s'il ne s'y passe jamais rien, c'est qu'à son avis le bonheur est justement une chose sans histoires...

Avec Jacques Petit, nous rameutons Fabre et Pothon, préparons des combinaisons de plongée, et nous voilà bientôt filant sur « Commerson » au milieu du lagon, là où Tehupe nous dit d'aller. Nous stoppons très vite au-dessus d'un superbe massif de corail et préparons nos fusils de chasse sous-marine. Tehupe nous montre le sien avec une sorte de fierté contenue : c'est un long morceau de bois, vaguement taillé en forme de fusil et muni d'une goupille d'acier ; cette dernière est reliée à une flèche du même métal, propulsée de manière artisanale par un sandow de caoutchouc visiblement récupéré dans de la vieille chambre à air de voiture.

« Système tahitien, dit-il à un Jacques quelque peu effaré ; tu vas voir, ça marche très bien. »

Sa phrase à peine achevée, il bascule dans l'eau et nous devons presque nous précipiter pour ne pas le perdre de vue...

L'instant d'après, nous retrouvons le silence des profondeurs et la magnificence des eaux du lagon, identiques à ce que nous avons connu lors de la pêche des perles ; cependant, le nombre et la variété des poissons sont tels ici que l'on pourrait se croire dans un aquarium géant, sans limites, expression suprême de tout ce que la nature peut produire de beau et de sublime. A contempler le spectacle féérique de la multitude de ces poissons virevoltant, dansant, multicolores et graciles dans la diffraction des rayons de lumière venant de la surface, il me vient le regret soudain de ne pas en être un « spécialiste », de n'en rien connaître, de ne pouvoir pas même les nommer. Je me jure d'emblée de combler cette lacune dès mon retour en France...

Ce qu'évidemment je ne ferai jamais, faute de temps...

En attendant, Tehupe donne le meilleur de lui-même par la grâce de son fusil tahitien. Chacun de ses coups porte avec une facilité déconcertante, traversant les poissons comme s'ils n'étaient pas plus épais que des feuilles de papier ; il ne rate aucune cible et fait benoîtement son « marché » dans l'immense « grande surface » naturelle que représente le lagon – ce que chaque habitant de Marokau pratique quotidiennement pour améliorer son ordinaire. Tout est à portée de main, dans une telle profusion, que l'on peut aller jusqu'à sélectionner les poissons de son choix, délaissant les autres. Jacques, notre meilleur pêcheur, fait de son mieux pour être à la hauteur mais peine à suivre le rythme infernal de Tehupe. L'aisance de ce dernier est proprement diabolique.

A pêcher ainsi, avec tant de facilité, on est vite envahi par l'impression d'être au cœur d'un Eden offrant tout à l'homme sans effort ni contrainte : nourriture, beauté, plaisir et même liberté puisque dans une vie aussi naturelle il est aisé de se donner l'illusion de ne dépendre que de soi-même... Et il faut bientôt se défendre de cette illusion...

Resté en surface à bord du canot dont il a la charge, Denis Fabre récupère les poissons qui sont remontés au bout des flèches de chaque pêcheur, surveillant en même temps les environs. Tout à coup, il nous met en garde :

« Faites attention, il y a des requins qui arrivent !

– Je les ai vus aussi, fait Pothon, rassurant ; encore des " pointes noires " : rien à craindre a priori. »

La pêche se poursuit avec néanmoins davantage de prudence, sauf pour Tehupe qui semble ne pas même remarquer le déhanchement gracile mais menaçant des requins dont la taille approche tout de même les deux mètres.

Question d'habitude sans doute...

Lorsque nous remontons définitivement, épuisés mais heureux, le canot contient de quoi largement nourrir un équipage affamé...

15 heures : Alphonse, Eric, Pothon, Tehupe et une demi-douzaine d'autres habitants se préparent à la récolte quotidienne de coprah.

« Le poisson, c'est juste pour se nourrir, me dit Alphonse ; de ce côté-là on ne manque de rien. Mais pour se procurer de l'argent et acheter des produits manufacturés, c'est autre chose ; il n'y a que deux moyens, en fait : les perles – pour mon frère – et le coprah – pour les autres... C'est tout ce qu'un atoll comme le nôtre peut offrir. »

J'observe la cocoteraie et dis : « Bah, question coprah, ça ne doit pas être un problème ; les noix ne manquent pas. Il y en a des milliers par terre ...

– C'est vrai ; mais tu vas voir que pour les ramasser, c'est autrement plus fatigant que d'aller pêcher... »

La petite troupe s'engage dans la cocoteraie, de solides machettes à la main, mon frère Eric sur les talons d'Alphonse. « On va sur ma parcelle, annonce ce dernier. Ici tout le monde a son bout de terrain ; ça évite les disputes et chacun peut faire comme il l'entend selon ce qu'il veut gagner : récolter un peu, moyennement, beaucoup... chacun fait à sa manière et selon ses besoins... »

L'île étant minuscule, Alphonse s'arrête bientôt :

« Voilà ! On est chez moi. Je vous explique le boulot maintenant. Première étape : rassembler les noix de coco qui sont par terre et les mettre en tas. Celles qui sont dans les arbres, on les laisse : pas encore mûres. Elles tomberont toutes seules...

– Et ensuite ? demande Eric.

– Quand les tas seront suffisamment importants, on ouvrira chaque noix à la hache pour en sortir la pulpe et la mettre à sécher au soleil quelques jours : c'est ça le coprah.

A Tahiti où on le vend, ils en font de l'huile qui sert à toutes sortes de choses... Allez, assez parlé, au travail maintenant, le soleil va vite se coucher ! »

Je découvre alors – non sans une certaine stupeur – que la collecte de noix de coco est une affaire de spécialistes ; les ramasser une à une à la main relèverait à l'évidence de l'amateurisme – trop lent, trop peu rentable. Il existe donc une technique bien précise, pour tout dire professionnelle, digne des stakhanovistes de l'ancienne Union soviétique. Alphonse en fait la démonstration à Eric, impatient de se faire récolteur de coprah : muni de deux machettes, une dans chaque main, notre ami pique une noix de coco avec la pointe de la première et frappe celle-ci d'un coup sec de la seconde en visant l'endroit où doit être constitué le tas de coprah. Sous le choc des deux machettes, la noix de coco file au ras du sol comme un boulet de canon dans la direction voulue et il n'y a plus qu'à recommencer. Un bon récolteur peut parvenir à une cadence stupéfiante : pratiquement une noix de coco à la seconde...

Eric se met au travail avec une bonne volonté studieuse et bientôt, « l'usine » tourne à plein régime : on n'entend plus que le tintement métallique des machettes, le feulement des noix roulant sur le sable, le souffle rauque des hommes... Et des montagnes de noix de coco se forment un peu partout. Lorsque chaque tas est suffisamment conséquent, les noix sont ouvertes en deux à coups de hache ; après quoi, chacun s'assoit, ruisselant de sueur, et s'emploie à extraire la pulpe à l'aide de spatules de fer... Là aussi le « geste » de l'extraction est technique, précis, rapide. Au bout d'une heure, des tombereaux de coques vides s'entassent de part et d'autre de monceaux de pulpe blanche ; pour autant le rythme ne baisse pas. Devant tant d'ardeur et de labeur, Eric finit par supposer que la vente de coprah doit rapporter des sommes conséquentes. Alphonse tempère ce jugement, expliquant qu'un homme peut vivre de manière correcte avec le coprah mais à la condition de récolter chaque jour ; car, dit-il, il faut remplir quelques dizaines de sacs par mois si l'on veut réellement subvenir à ses besoins. Et il montre des yeux les gros sacs de jute marron empilés sous des cocotiers, capables de contenir chacun un demi-quintal de pulpe séchée... De toute façon, précise-t-il, l'achat du coprah est subventionné par le gouvernement et les prix fixés de telle sorte que les récolteurs puissent vivre correctement sans se tuer à la tâche. Il ajoute qu'en ce qui concerne le transport des récoltes vers Tahiti, il est assuré tous les deux ou trois mois par la mythique goélette de ravitaillement – comme on continue à appeler ce navire bien qu'il ne s'agisse plus d'un voilier mais d'un petit cargo. Celui-ci apporte des provisions, de la nourriture, le matériel qu'on n'a pas manqué de lui commander lors de son précédent passage, et embarque en contrepartie les perles et le coprah.

Un peu plus tard, Eric désigne les gens autour de lui, tous occupés à l'extraction de la pulpe de coco, et demande encore à Alphonse : « Honnêtement, comment ça se passe entre les gens pour ce travail du coprah ? Et pour le reste ? Jamais de disputes ou de conflits ? » Alphonse sourit à cette question directe et avoue qu'il y a parfois des tensions, par exemple quand deux propriétaires se partagent un même terrain et que l'un des deux récolte du coprah sans prévenir l'autre : « Dans un cas de ce genre, admet Alphonse, ça se termine par une dispute... Mais tout finit par s'arranger, heureusement... » Il poursuit en déclarant que, par la force des choses, ils ont appris à régler les conflits dans l'intérêt de tous – le premier homme de loi ou le premier représentant de l'autorité se trouvant de toute façon à des jours de pirogue. Et il conclut en affirmant que s'ils sont parvenus à faire régner une entente cordiale entre eux, c'est grâce à un mélange de foi, de religion et de bonne volonté.

Tout semble donc aller pour le mieux dans le meilleur des mondes à Marokau...

Atoll de Marokau, 23 mars 2005

Comme le soleil se lève au-dessus des cocotiers, je passe saluer Alain Borer. Repassé de frais, son carnet à la main, il est en grande conversation grammatico-gestuelle avec des villageois manifestement subjugués par la prestance de ses déclarations : son livre doit avancer à grands pas, me dis-je... Un peu plus loin, un groupe d'hommes et de femmes de tous âges ne lui prête au contraire aucune attention : vautrés dans des sièges de plastique ou allongés à même le sol, ils sont figés devant une télévision satellitaire où défilent les images d'un monde qu'ils n'ont jamais vu mais que le ciel déverse désormais sur eux 24 heures sur 24.

« C'est leur manière de se distraire, les excuse Alphonse devant mon air vaguement réprobateur. Il faut les comprendre : avant, on n'avait rien pour se changer les idées et chasser l'ennui... Mais alors, rien de rien... Tout juste quelques journaux apportés par la goélette deux ou trois fois par an. Maintenant, il y a la télévision, c'est quand même mieux ; et comme ça, on est aussi au courant de ce qui se passe sur la terre... »

Je médite un instant ces propos tout à fait justes et en apparence anodins, innocents même, mais qui en réalité me parlent davantage que bien des discours sur le sens de la vie, la valeur des choses ou l'évolution de l'Histoire ; car à mes yeux, l'influence de la télévision sur les sociétés isolées – sans parler des masses humaines des pays émergents – est l'un des faits majeurs de ces dernières décennies d'un point de vue psychologique et politique, compte tenu de la propagation de cette télévision jusque dans les territoires les plus reculés de la planète grâce aux avancées technologiques apportées par les satellites. En la matière, la question est : comment les hommes de ces sociétés, souvent très éloignées de la nôtre d'un point de vue culturel, intègrent-ils le système de valeurs et le modèle d'existence qui leur sont massivement présentés par la télévision – à savoir le système et le modèle de l'Occident, encore largement dominant – alors que du fait de la rapidité de cette évolution technologique, ils sont toujours dépourvus de toute grille de lecture adéquate pour les interpréter ? J'en ai pris conscience pour la première fois au cours de la guerre du Kurdistan en 1991. L'un des principaux collaborateurs du chef kurde avec lequel j'étais à l'époque, Jalal Talabani, devenu plus tard président de la république d'Irak – l'Histoire a de ces ironies... –, me demanda, un soir où nous n'avions plus de sujet de conversation depuis l'arrêt de l'offensive de la garde républicaine de Saddam Hussein, pourquoi les Occidentaux dilapidaient-ils leur argent à faire manger leurs chiens dans de la vaisselle en or alors que tant de misères perduraient à travers le monde ? Désarçonné par une question aussi surréaliste qu'inattendue, surtout venant d'un intellectuel de haut rang, je l'interrogeai plus avant et finis par découvrir que, quelques années plus tôt, il avait regardé sur une chaîne de télévision britannique un spot publicitaire vantant d'une manière visiblement très « glamour » les mérites d'une nourriture pour animaux... Sans aucun moyen de démêler le vrai du faux, la publicité de l'information, la fiction du documentaire, mon ami avait tout pris au premier degré...

Trois années plus tard, au cœur des hautes vallées de Nouvelle-Guinée, je devais connaître un questionnement similaire dans la case d'un missionnaire protestant : devant des Papous nus, en étuis péniens, impassibles, leurs parures en os joyeusement passées dans le nez, ce brave homme me présenta avec fierté la télévision par satellite qu'il venait de faire installer après trente années d'isolement... Non sans un certain effarement, je me demandai ce que ces Papous à peine sortis du néolithique pouvaient bien penser des images du feuilleton américain qui couraient sur l'écran...

Laissant là les villageois de Marokau et leur télévision, je retraverse le lagon en compagnie de Julia, Tomasi, Pothon et Chevrier. Le temps est venu pour Samuel d'entreprendre la greffe de nouvelle nacres ramenées des parcs d'élevage et il a convié les filles à un cours particulier sur cette activité : le genre de chose que nous ne voudrions manquer pour rien au monde.

Lorsque nous arrivons chez Samuel, nous trouvons d'abord sa femme Rumata en plein travail avec leurs trois enfants : « C'est l'heure de la classe, nous dit-elle. C'est moi qui m'occupe des cours par correspondance. »

Je jette un œil curieux sur les livres : ce sont a priori ceux de n'importe quel écolier français. Ils paraissent même d'une infinie modernité à ce que je peux en juger lorsque j'entends Rumata demander :

« Alors, mes enfants, sur cette image qu'est-ce que vous voyez ?

– Quelqu'un qui frappe une personne...

– C'est un Blanc qui frappe un Noir, mes enfants. C'est important.

– C'est du racisme, maman ?
– C'est du racisme, oui.
– Et ce n'est pas bien ?
– Non, ce n'est pas bien... »

Au même moment sur la plage, la petite équipe de Samuel rapporte des parcs d'élevage plusieurs dizaines de filets contenant chacun une douzaine d'huîtres. Le travail du jour commence par le nettoyage des coquilles, souillées par les multiples concrétions qui ne manquent pas de pousser sous l'eau. Il faut retirer les huîtres des mailles de leurs filets, les gratter à coups de spatule – les mains protégées par des gants solides – puis les remettre à leur place avant de retourner immerger les filets : les perles pourront alors poursuivre leur croissance en toute quiétude...

Ce grand nettoyage s'effectue sur des tables de bois posées à même l'eau du lagon, à quelques mètres de la plage, en plein soleil. Bruno Tomasi qui a entrepris d'aider les employés de Samuel se fait la réflexion que c'est bien la première fois de sa vie qu'il se trouve « les pieds dans l'eau », comme en vacances, pour travailler. « Profites-en, lui dis-je en plaisantant, ça n'arrivera pas souvent... »

Entre-temps, Samuel a entraîné Christine et Julia devant sa maison où se dresse une autre table, plus « technique » celle-là : bordée de cloisons sur trois côtés, elle est encombrée d'un appareillage en acier inoxydable digne d'un bloc opératoire. C'est ici que les nacres vont être « opérées »... Le terme est à peine excessif, tant greffer des huîtres relève d'un travail éminemment complexe et délicat.

Samuel s'assoit sur une chaise, Christine et Julia derrière lui, et commence leur instruction devant une huître ouverte dont il manipule délicatement l'intérieur à l'aide d'une pince :

« Pour faire une perle de culture, explique-t-il, il faut deux choses : un “ nucléus ” et un greffon. Le “ nucléus ”, c'est la petite bille de plastique qu'on place à l'intérieur de l'une des deux poches situées dans le corps de l'huître afin que cette dernière sécrète sa nacre tout autour pour se défendre de ce corps étranger. Pour introduire le “ nucléus ” dans une poche, on incise cette dernière au scalpel. C'est évidemment l'une des parties les plus délicates de l'opération. Il ne s'agit pas de tuer l'huître en y allant trop fort... Si on met le " nucléus " dans la petite poche, on obtient généralement une perle bien ronde, parfaite même. Dans la grande poche, les perles vont être plus grosses mais moins belles à mon avis. Attention donc à ne pas vous tromper tout à l'heure : vous mettrez les " nucléus " dans la petite poche...

– Très bien, très bien, font Julia et Christine en chœur.

– Le greffon maintenant, reprend Samuel : c'est un morceau de chair qu'on prélève sur le corps de l'huître elle-même et qu'on associe au " nucléus " dans la poche. Naturellement, on ne prend pas n'importe quel bout de chair. Selon la couleur souhaitée pour la perle, on coupe le greffon au niveau correspondant de la nacre : comme vous le constatez, celle-ci a différentes teintes depuis son centre vers les bords extérieurs, qui vont du blanc au vert avec même un peu de bleu... Ainsi, tout part du choix du greffon pour la réussite d'une récolte... »

Julia et Christine ont écouté la fin de ces explications partagées entre la surprise et l'émerveillement. Même sans être spécialement amatrices de perles, elles s'avouent fascinées par cette « manipulation » de la nature destinée à procurer le plus de beauté possible à un objet en lui-même « gratuit » du fait de sa seule fonction esthétique.

« On passe à l'incision, dit maintenant Samuel. Regardez bien comment je fais. J'installe d'abord l'huître dans ce petit étau, l'ouverture face à moi. Ensuite, avec cette sorte de spéculum, je l'ouvre doucement jusqu'à ce que je puisse introduire le scalpel pour inciser la poche et couper le greffon de mon choix. Voilà, c'est fait... Maintenant, avec cet instrument spécial, je prends un " nucléus " et je l'introduis délicatement dans la poche... Voilà qui est fait aussi... Il ne reste plus qu'à laisser l'huître se refermer toute seule et à la ramener dans son filet... »

Il se lève, laisse son siège à Julia.

« A toi de jouer, dit-il : je coince une huître dans l'étau et je te laisse faire... »

Un peu intimidée, Julia se saisit du scalpel, demande :

« Je commence par l'incision ?

– C'est ça... Allez, n'hésite pas... Très bien... Ne coupe pas plus... Fais passer le greffon dedans maintenant...

– Je le mets au fond de la poche ?

– Oui, mais doucement... Voilà, voilà... Pas davantage... C'est bon, il y est... Au tour du “ nucléus ”... »

Julia saisit l'instrument adéquat, fixe au bout la petite bille de plastique que lui tend Samuel, l'approche du bord de l'huître avec précaution, l'introduit à l'intérieur, le visage penché en avant, le plus près possible de l'ouverture, place le “ nucléus ” à petites touches dans la poche... Cela fait, elle redresse la tête, ses grands yeux bleus brillants de plaisir...

« C'est parfaitement réussi, conclut Samuel avec une admiration non dissimulée. Bravo ! A Christine maintenant ; vous avez du travail pour un moment, vous n'allez pas voir le temps passer... »

Effectivement, le reste du jour s'écoule à une allure invraisemblable... Tomasi gratte coquille après coquille les pieds dans l'eau, Julia et Christine greffent leurs huîtres, Rumata poursuit sa classe vaille que vaille malgré la turbulence des enfants, Samuel et ses hommes ne cessent d'effectuer des allers-retours entre la plage et les parcs d'élevage, Pothon et moi, enfin, tournons autour de toutes ces activités comme des âmes en peine.

Nous rentrons chez Alphonse la nuit largement passée.

Ereintés mais satisfaits : toutes les nacres ont repris leur place dans la sérénité du lagon et il ne reste plus qu'à laisser faire le temps. Dans quelques mois, du cœur de ces huîtres si peu engageantes en apparence, à la carapace si revêche, naîtra l'étrange beauté des perles. Une beauté qui fera le bonheur de femmes vivant si loin d'ici qu'elles n'entendront jamais parler de Marokau...

Longtemps plus tard, je m'endors dans mon hamac en me disant que si paradis il y a dans ces mers du Sud, ce ne peut être aussi que dans un rapport bien particulier au temps et à l'espace : aimer le temps qui glisse sur les choses sans rien laisser derrière lui ; aimer les horizons qui ne changent jamais...

Atoll de Marokau, 24 mars 2005

Il est midi et nos amis de Marokau montent les uns après les autres à bord de *La Boudeuse* pour un dernier déjeuner dans le grand carré. Nous avons décidé de quitter l'île dans l'après-midi, tout doit avoir une fin et l'heure est venue des adieux, des embrassades, des colliers de fleurs, des grandes déclarations et de toutes ces sortes de choses... Malgré la brièveté de notre séjour – comparé à tant d'autre –, je pars profondément heureux de l'histoire que nous venons de vivre : comme je l'espérais, la minuscule société de Marokau a fini par se mélanger, presque naturellement, à la microsociété représentée par l'équipage de *La Boudeuse* et j'ai l'espoir que, par là, nous avons pu établir de véritables échanges mutuels, les découvertes humaines se faisant de part et d'autre et non à sens unique.

Quant à la question du « mythe des mers du Sud », il me semble avoir avancé dans sa compréhension avec une nouvelle question qui s'est installée en moi : fantasme occidental du bonheur rapporté en Europe par Bougainville, ce mythe sur l'existence du paradis terrestre n'aurait-il pas effectué aujourd'hui un glissement psychologique du « sujet » vers « l'objet », autrement dit des Occidentaux vers les Polynésiens, ces derniers se réappropriant ce mythe qu'ils avaient fait naître, dans le même temps que les Occidentaux l'abandonnaient dans leur désenchantement du monde ? Nous verrons plus tard, me dis-je, dans d'autres îles, avec d'autres hommes. En attendant, Alphonse m'a encore redit hier soir, en insistant : « Tu sais, Patrice, Marokau c'est un atoll vraiment tout petit, mais c'est un paradis. »

Sans doute a-t-il raison – et tous les siens avec lui – si l'idée de paradis consiste à vouloir vivre loin des contraintes du monde. Mais pour moi qui dois continuer ma propre route, je sais que Marokau ne pouvait être qu'un paradis provisoire. En quelque sorte : enchanteur mais éphémère. Il y manquait ce qui à mes yeux fait la force de la vie : cette infinie variété des choses que l'existence peut offrir, cette puissance de création qu'elle peut proposer.

Nous hissons nos voiles sous un ciel radieux.

« On vous regrettera ! crient nos amis en agitant les mains.

– Nous aussi, répondons-nous avec émotion. Mais nous nous reverrons... »

Et sur la mer je retrouve mon propre paradis...

Océan Pacifique Sud, 25 mars 2005

« Où allons-nous ? demande Alain Borer, le regard inquiet. J'ai encore un mal de mer terrible...

– Je sais, dis-je en riant, mais ne t'inquiète pas : nous avons mis le cap sur l'atoll de Makemo spécialement pour toi ; nous devrions y arriver en fin d'après-midi si le vent se maintient. Il y a un aérodrome qui t'attend là-bas... Tu pourras y prendre le premier avion pour Tahiti.

– Merveilleux... Et vous, qu'allez-vous faire ?

– Gagner aussi Tahiti par la route la plus courte et de là continuer notre quête du " mythe des mers du Sud " vers les îles Marquises. En ce qui concerne les Tuamotu, c'est terminé : Marokau était parfait pour ce que nous cherchions...

– J'espère que tout se passera bien pour vous. »

Je ris : « J'espère surtout qu'il se passera beaucoup de choses ; mais je ne vais pas me plaindre : déjà presque un an que nous courons les océans et les " peuples de l'eau ", toujours à chercher par-delà les différences qui nous séparent de ces hommes, les ressemblances qui nous en rapprochent et, pour le moment, nous avons été plutôt comblés, tu ne crois pas ? »

Des vociférations de joie nous interrompent, venant de la dunette, dominées par la voix de Nicolas Clérice qui s'écrie :

« On a un poisson énorme au bout de la ligne ! »

Nous nous précipitons... Marcel et Petit hâlent déjà l'une des deux lignes de pêche qui courent en permanence sur l'arrière de *La Boudeuse*. A cinquante mètres de là, je vois la surface de la mer agitée d'un bouillonnement d'écume spectaculaire. Tomasi s'empare déjà de la gaffe principale munie d'un croc d'acier, Eric et Stéphanie arrivent à la rescousse, tout l'équipage accourt, l'agitation est à son comble. Marcel et Petit continuent à tirer de toutes leurs forces. La « bête » est bientôt à la verticale du pavois ; encore un effort et la tête apparaît, les yeux emplis de ce qui me semble être un rictus de reproche, puis le corps émerge tel un bloc de zinc argenté, tétanisé d'épouvante : « Un thazard ! » rugit Jacques Petit, surexcité... Deux essais infructueux et le croc de la gaffe se plante solidement derrière la tête de l'animal qui se débat comme un forcené. D'un dernier coup de reins, il est remonté par-dessus la lice, jeté ensanglanté sur le pont, assommé d'un coup de cabillot et aussitôt mesuré compte tenu de sa taille imposante : « Un mètre cinquante, annonce Eric. La plus belle pièce qu'on ait prise jusqu'à présent... Vous pouvez déjà deviner le repas de ce soir... »

16 h 20 : Nous embouquons la passe d'Arikitamiro qui coupe en deux la barrière de corail de l'atoll de Makemo ; un quart d'heure plus tard nous accostons au petit quai du village de Pouheva.

Cette fois, la page des Tuamotu est définitivement tournée.

Il en reste encore des milliers à effeuiller dans le grand livre de la vie.

Océan Pacifique Sud, 26 mars 2005

Alain Borer débarqué, nous sommes repartis à l'aube et avons mis notre étrave dans la direction de Papeete à Tahiti, droit devant nous.

Une petite houle court sur l'océan et les objets reprennent vie à l'intérieur de *La Boudeuse*. Sans jamais me lasser, je m'amuse à les regarder bouger tous ensemble au rythme du bateau : ballet des vêtements accrochés aux patères, livres qui vont et viennent dans les rayonnages de la bibliothèque, rideaux des portes de cabine qui balayent la coursive de gauche à droite, outils qui battent la mesure aux panneaux de rangement de la salle des machines, ustensiles de cuisine qui font la gigue sur leurs crochets... Tous vivent comme par magie et dansent sur le même air tandis que l'horizon monte et descend devant les hublots à l'exacte mesure des mouvements du navire...

Minuit : Mon quart s'achève, je fume une cigarette sur le pont dans la paix de l'obscurité – plus exactement, le vent fume ma cigarette avec moi, la consumant à toute allure dès que je quitte l'abri d'un roof...

Je songe à l'étrangeté des choses, au soulagement dont m'ont fait part certains de l'équipage de retrouver bientôt la terre – ah, cette chose étrange chez les marins que de toujours désirer la mer quand ils sont au port et le port quand ils sont en mer ! –, et je songe aussi à ce temps qui passe et ne reviendra plus.

Océan Pacifique Sud, 27 mars 2005

Journée sans histoire qui file encore à toute force... Tahiti se rapproche, le soleil se couche déjà...

La nuit qui suit est très sombre. Je ne peux arriver à dormir et arpente le pont, y trouvant très vite la sérénité recherchée. Marcher sur le pont de mon navire dans l'obscurité est un de mes petits bonheurs secrets, surtout quand les choses vont mal... Car il y a une dimension « métaphysique » à cette affaire : sur un pont « propre, net et clair » – comme le veut la vieille formule –, chaque pas dans le noir absolu est une harmonie à lui seul car assuré de ne heurter aucun obstacle inconnu ; chaque main trouve également chaque chose à sa place et en est par là rassurée comme la main d'un aveugle qui, parce qu'elle connaît chaque centimètre carré de la maison de son maître, peut le mener avec sûreté... Que quelque chose ou quelqu'un bouleverse cette sorte d'ordre de la nature – en modifiant l'emplacement d'un cordage ou d'un outil, en laissant traîner un objet, en en oubliant un autre – et l'insécurité s'installe : on ne reconnaît plus rien. Devenu comme étranger en sa demeure, on trébuche, on tombe et tout peut arriver : l'accident par temps calme, le drame dans le mauvais temps... Dans tous les cas, on n'est plus chez soi, envahi d'un sentiment de dépossession.

Marcher sur un grand voilier courant la mer est de toute façon une expérience unique, à la fois adaptation aux mouvements particuliers d'un navire quand tout bouge sous ses pieds et adoption d'une nouvelle démarche dont l'élasticité – pour ne pas dire la plastique – est inversement proportionnelle à la rudesse des coups portés par la mer. Il n'y a là rien à voir avec ce que l'on peut connaître sur les bateaux de plaisance où l'on ne « marche » pas vraiment compte tenu de leur taille réduite, ni avec ce qui se passe sur les très grands navires, cargos ou paquebots, où l'on peut cheminer comme dans les rues d'une grande ville tant les mouvements de la mer y sont atténués.

Quoi qu'il en soit, adaptation ou pas, quand cela bouge vraiment sur un bâtiment de la taille de *La Boudeuse*, on ne cesse de se cogner partout et d'être cogné par toutes sortes d'objets familiers devenus soudain ennemis...

De quoi méditer sur le peu de chose qui est nécessaire parfois pour transformer un ami en adversaire ?

Océan Pacifique Sud, 28 mars 2005

Allongé dans la couchette supérieure de ma cabine, je regarde la mer par le hublot qui frôle la ligne de flottaison. A cette hauteur, la taille de l'océan semble démultipliée, la vitesse du navire amplifiée : nous filons à toute allure vers notre but... Mais au moindre coup de gîte, le hublot passe sous l'eau, se transforme un moment en aquarium – devant lequel passe parfois quelque poisson aussi surpris que moi de la rencontre – puis en hublot de machine à laver tourbillonnant d'eau lorsqu'il remonte à la surface...

Sur cette route de Tahiti, mes lectures de mer se partagent entre Conrad, pour la puissance littéraire – ah, cette figure pathétique du capitaine d'*Au bout du rouleau* ! – et Monfreid – pour la nostalgie d'une époque moins « contrôlée » où les aventures les plus rocambolesques étaient encore possibles dans une sorte d'innocence joyeuse. Je relis *La Croisière du haschich* : brusque envie d'être à nouveau sur un boutre comme autrefois, de manger de la purée de datte arrosée de thé noir trop sucré, au goût âcre d'eau de guerba, de sentir les vapeurs brûlantes du désert tout proche de la côte et cette odeur indéfinissable qui est la sienne sous le soleil...

La nuit est étourdissante d'étoiles et de constellations, toutes à leurs places dans la ronde immuable de la voûte céleste ; comme toujours chacune de ces étoiles dit quelque chose d'amical au navigateur sur sa position et l'endroit où il se trouve sur la terre, toutes affirmant en même temps au poète qu'il n'est pas de spectacle de la nature supérieur à celui de cet infini sans fin.

Océan Pacifique Sud, 29 mars 2005

La fonction du temps est d'user. Et la mer use avec le temps : les hommes comme le matériel... Après trop de temps en mer, les caractères des hommes s'irritent pour un rien, le matériel ne répond plus comme il devrait ; on sent qu'il faut reposer tout cela, rompre avec la litanie toujours identique des quarts, des astreintes, des manœuvres.

Le port de Papeete à Tahiti sera en vue avant le milieu de la matinée et ce sera sans doute une bonne chose que de toucher terre pour de vrai. Mais « horreur » en même temps de ce que draine cette simple idée de l'escale, avec son « angoisse existentielle » des armées de fonctionnaires, de policiers, de douaniers qu'elle implique après le bonheur de la liberté sur la mer. Et l'inutile bureaucratie qui lui est associée.

Mais Tahiti, c'est la France.

Chez nous...

Il est midi lorsque nous nous amarrons au quai d'honneur de Papeete où nous mène spécialement la vedette du capitaine du port – celui-là même qui nous avait pris en charge à Cayenne et que le hasard des mutations a mené ici entretemps... L'accueil qui suit – du public, des responsables de la ville, des autorités du territoire, de la presse – est inversement proportionnel à nos craintes : toutes les facilités nous sont octroyées, nous sommes les bienvenus et bien davantage que cela. Soulagement. Notre séjour devrait se passer sous les meilleurs auspices.

L'animation des quais me monte à la tête.

Le soir, les lumières de la ville m'étourdissent.

Tahiti...

10

Ceux de Fatu Hiva

Après les neuf mois de mer qui viennent de s'écouler et devant ce qui nous attend encore, je prends le parti de rester à Tahiti tout le temps nécessaire à une remise à niveau technique du navire – ce dont nous n'aurons probablement qu'à nous féliciter par la suite. C'est chose faite en trente jours exactement – de la salle des machines à la pomme des mâts –, grâce à la base de la Marine nationale de Papeete et l'aide généreuse des chantiers navals du Pacifique Sud.

L'équipage s'est aussi donné sans compter et, au petit matin du 30 avril 2005, je peux considérer que nous sommes parés pour de nouvelles aventures, à commencer par celles qui nous attendent aux îles Marquises, toujours à la poursuite du « mythe des mers du Sud ». Nicolas Clérice a été chargé d'une mission de reconnaissance dans l'ensemble de ces îles et il en est ressorti que la plus propre à nos recherches est celle de Fatu Hiva, la plus au sud de l'archipel ; c'est l'une des rares à ne toujours pas disposer d'aérodrome et la population y est ni trop nombreuse, ni trop réduite : 500 personnes environ. Un chiffre idéal après l'expérience microscopique de Marokau.

De Papeete je n'ai guère profité, tout à ma tâche de préparer le navire ; je me suis contenté de quelques petits bonheurs quotidiens oubliés depuis des mois : plaisir des espressos pris le matin au coin d'un zinc de café, joie des retrouvailles d'amis exilés en ces terres lointaines – comme Christian Hyvernat qui officiait à la cellule d'urgence du Quai d'Orsay du temps de mes missions humanitaires en

Somalie et au Soudan –, volupté de la lecture des journaux aux terrasses de restaurants ensoleillés, promenades sans but dans les rues animées...

Dans l'intervalle de ces trente jours, une large rotation d'équipage a eu lieu : Delzenne, Clusan, Marcel, Fabre et Pélissier sont définitivement rentrés en France tandis que nous récupérions quelques « anciens » comme Gérard Chaliand, Sophie Mousset et Vincent Trousseau, heureux de retrouver leur place à bord. Christine Chevrier, promue en grade, a permuté son poste avec Vincent ; elle s'en est donc allée prendre pour quelques mois la coordination de la base arrière sous la vigilance toujours fidèle de Bernard Wolfrom. Le hasard des circonstances va faire qu'avant de revenir à bord, elle initiera à l'esprit de *La Boudeuse* et à ses rites un nouveau venu dans l'équipage dont nous ne pouvons savoir encore qu'il se révèlera au cours des années suivantes l'un des principaux « piliers » des opérations du navire et mon second de fait : Amaury Bironneau.

Mon frère Eric est rentré également pour quelques mois, le temps de s'occuper de ses affaires personnelles laissées en jachère à Paris. En attendant, Julia cumulera ses responsabilités avec celles de commissaire de bord compte tenu des renforts apportés à l'administration par le retour de Vincent Trousseau.

Deux autres anciens de l'époque de la jonque nous ont également rejoints : Gérard Maury et Ségolène Château. Maury a été second lieutenant du temps de nos aventures en mer de Chine et se trouvait à mes côtés lors du naufrage de la jonque au large de Malte il y a quatre ans : comportement digne, calme et solidaire, efficace, comme d'ailleurs tous ceux de l'équipage en cette occasion ; je ne l'ai pas oublié. Marin et plongeur professionnel, Maury a maintenant une soixantaine d'années. Petit, râblé, prompt aux coups de gueule comme aux coups de poing mais toujours sans rancune, il a cette « gueule » ravaudée des aventuriers sur lesquels la vie est passée sans barguigner, sans faire beaucoup de cadeaux non plus, donnant des coups, souvent tordus, mais offrant en contrepartie tout ce qu'elle avait de meilleur. Maury va prendre jusqu'en Nouvelle-Calédonie, de l'autre côté du Pacifique, ce poste de second capitaine qui me manque tant depuis Panama. A lui désormais de faire tourner le quotidien du bord...

Ségolène Château est bien différente : jeune, belle et blonde, elle est depuis son embarquement sur la jonque en 1999 notre médecin fétiche. Qu'elle retrouve Maury à bord est un signe du destin : du côté de Bornéo elle lui a sauvé la vie alors qu'il avait contracté une mauvaise leptospirose au cours d'une de nos expéditions dans les grottes de l'île – diagnostiquant la maladie à temps, elle l'avait maintenu en vie jusqu'à ce que nous puissions l'évacuer d'urgence sur Singapour. Mais il s'en était fallu de peu... Pour ma part, je dois aussi beaucoup à Ségolène ; elle a eu à me recoudre à quelques reprises et même à m'évacuer moi aussi – sur l'Australie cette fois, pour un peu de greffe chirurgicale – un jour où, du côté des îles de l'Amirauté, il m'avait pris la fantaisie de laisser un morceau de doigt dans le guindeau de notre ancre... Bref, avec Ségolène dans l'équipage, nous nous sentons tous plus rassurés : c'est un médecin de choc, ancienne de Médecins du monde, de surcroît intelligente et d'une gentillesse à toute épreuve. Si elle nous rejoint seulement maintenant c'est que depuis nos aventures précédentes, elle s'est fixée du côté de l'île de la Réunion avec un homme qui nous l'a « ravie » au sens propre du terme – un guerrier Papou dirait « rapté ». Ce diable d'homme porte le nom d'Emmanuel Sanchez ; il est ébéniste de son état et accompagne naturellement Ségolène à bord, prenant un poste qui nous faisait défaut depuis toujours, celui de charpentier : jamais les bois de *La Boudeuse* – lice, pavois, coffres, caillebotis, poulies, bômes et autres pics – ne seront aussi bien entretenus et vernis qu'au cours de son séjour...

Comme monteuse pour les films nous avons récupéré une nouvelle recrue, Laetitia Regourdal. Je ne le sais pas encore, mais par la grâce de la providence et ses qualités propres, elle se révèlera l'un des meilleurs éléments de l'équipage – excellente monteuse et gabier courageux – jusqu'aux derniers jours de notre aventure deux années plus tard... Brune, jolie, énergique, parfaitement dans l'esprit de dépassement voulu par l'aventure, peu accessible au découragement et forte de caractère, de surcroît volontaire pour tout, Laetitia va apporter au bord sa gaieté naturelle et sa sociabilité inébranlable.

Trois nouveaux marins ont pris la relève des partants : Serge Lombardi comme bosco, Christian Thoraval au poste de chef mécanicien et Laurent Daney à celui de second lieutenant. Lombardi approche de la cinquantaine et ses cheveux se teintent déjà de gris ; ancien du *Belém* et du *Bel Espoir* du père Jaouen, il vient de la vieille marine à voile et se révèlera un spécialiste invétéré de l'entretien des poulies – il y en a plus d'une centaine à bord – et un bosco remarquable, en outre bon camarade et bon marin, d'humeur égale et de santé quasi inébranlable. Comme Laetitia, il deviendra une nouvelle figure du bord et sera toujours présent trois années plus tard lorsque nous rentrerons en France ; entre-temps, il aura permuté son poste avec notre autre bosco, le non moins fameux et tatoué Ali Berredouane, pour le moment en vadrouille sous d'autres cieux depuis notre équipée amazonienne...

Christian Thoraval vient, lui, de la marine marchande. Excellent mécanicien, débrouillard, à cheval comme il se doit sur les procédures de travail mais prêt à toutes les corvées désagréables – mis à part la vaisselle peut-être... –, il apportera beaucoup au navire en termes de sécurité et d'efficacité dans l'antre sacralisée de la salle des machines... Moyennant quoi il effectuera plusieurs séjours à bord au cours des années à venir, chaque fois que ses postes sur de gros cargos lui en laisseront le loisir.

Laurent Daney de son côté, frais émoulu de ses examens de marin professionnel, vient achever son expérience à bord de *La Boudeuse*. Je le mets comme adjoint direct de Jacques Petit et attends de voir ce qu'il est capable de donner.

Derniers embarqués enfin, un groupe de quatre Corses issus du « Programme jeunesse international » que nous mettons en œuvre autant que faire se peut sous le haut patronage de l'Unesco. Marie Géronimi, Joanne Carli, Jean-Philippe Rafaeli et Paul Saladini ont entre 18 et 25 ans ; ils ont gagné le concours public ouvert en Corse à l'intention des jeunes de leur âge et ils vont les représenter à bord de *La Boudeuse* au cours de notre expédition aux îles Marquises en tant que « matelots stagiaires ». Ils ont l'air solides, déterminés, motivés. Un homme assure leur encadrement : Pierre Planet. La quarantaine gaillarde, dynamique et passionné d'aventures, cet hôtelier d'une petite bourgade corse est le responsable bénévole de nos programmes jeunesse dans l'île. Il s'est donné sans compter pour que ces programmes existent et tient à s'assurer de leur suivi jusque sur le terrain...

Le 30 avril 2005, nous sommes donc prêts pour reprendre la mer, équipage au complet comme nous ne l'avons plus été depuis l'Amazonie. L'avitaillement a été fait en prévision de longs mois d'aventure avec l'embarquement de plusieurs tonnes de vivres – qui s'entassent de la cambuse aux chambres froides en passant par tous les recoins possibles et imaginables du bateau –, les cuves de la salle des machines sont pleines à ras bord de milliers de litres de bon gasoil offert par la marine, le coffre à cuisine est rempli de bouteilles de gaz, celui des Zodiac de centaines de litres d'essence en jerrycans de vingt litres, et ainsi de suite... *La Boudeuse* étant redevenue le petit village autonome que j'aime, prête à tout affronter avec son équipage, l'image me vient que nous sommes comme un escargot emportant sa maison avec lui, ou quelque tortue lancée dans une longue course, protégée par sa carapace. Dans tous les cas cela m'est un bonheur intime que de sentir en moi-même cette autonomie face au reste du monde...

C'est alors que je reçois depuis la France un message de Maurice Thiney. Peu de gens savent qui est Maurice Thiney, membre de la Société des explorateurs français, que je préside à l'époque, et jeune retraité de l'armée de l'air. Disons pour aller à l'essentiel que c'est un « fou d'aventure » comme on l'est rarement à un âge où l'on ne songe plus habituellement qu'à profiter d'une paix bien méritée après une longue vie de labeur... C'est donc un « cas » ; autrement dit quelqu'un qui ne peut que m'intéresser. Maurice m'annonce qu'il vient enfin de réaliser son rêve : un éditeur accepte de publier le récit de ses expéditions à travers le monde, expéditions sans prétentions mais naturelles et sincères. Il voudrait que je rédige la préface de ce livre. Thiney est si atypique dans le « paysage » actuel de l'aventure que je me mets aussitôt à la tâche, avec la volonté de mettre en relief les aspects de sa personnalité qui pourront permettre à chacun de se reconnaître en lui, d'une manière ou d'une autre, et le désir de développer à travers les forces qui le poussent en avant une forme complémentaire de compréhension de « l'esprit d'aventure ». Alors, puisqu'il s'agit de cela et que de ce fait Thiney n'est plus le seul concerné par lui-même, voici son portrait pour servir à tous :

Dans le vaste panorama humain qu'offre la Société des explorateurs français, Maurice Thiney occupe une place bien à lui. Non pas une place à part tant chaque membre de cette société est, par nature, un cas particulier, mais comment dire... une place originale. Pour s'en convaincre, il suffit de décrypter le passé de Thiney, de connaître sa gouaille inusable, sa gentillesse, et surtout cette forme de candeur qui est en lui comme si la marque du mal qui habite le monde ne l'effleurait jamais. Les années peuvent passer, les épreuves de la vie se succéder, Maurice demeure infatigablement semblable à lui-même. Il est ainsi des hommes dont la carte d'identité indique à coup sûr une date de naissance erronée. Maurice est de ceux-là. Il naît chaque matin à la vie et recommence à naître le matin suivant, toujours neuf et intact. A tout le moins est-ce ainsi qu'il nous apparaît, à nous ses amis.

Maurice Thiney, éternel adolescent alors ? Pour une part, assurément. Et cette part nous touche par sa fraîcheur et sa simplicité. C'est chose fort rare en ces temps de désillusion. Mais l'essentiel est en profondeur, bien sûr, dans ce qui hante Maurice et transparaît à chacun de ses voyages. Cette hantise porte un nom : la quête de l'inconnu. Un inconnu bien précis en ce qui le concerne, celui des terres vierges et des hommes qui y vivent encore comme à l'aube de l'humanité. C'est ainsi : en Thiney brûle ce même désir de lointain, d'ailleurs et d'absolu qui jetait jadis les explorateurs dans les profondeurs du monde. Il appartient à cette espèce d'homme. Une espèce maudite aujourd'hui puisque ses derniers représentants savent qu'ils sont nés trop tard pour espérer faire de leur vie un âge d'or.

Thiney n'y peut rien, il est d'une autre époque et d'un autre monde. Il est « à l'ancienne ». Qu'on y voit ici un compliment. Car en la matière, la modernité a donné peu de beaux fruits naturels et beaucoup de fruits artificiels cultivés sous serres. Egaré en ce début de XXIe siècle, Maurice fait donc de son mieux pour mener sa quête solitaire, poursuivant ce qu'il sait être une chimère qui s'estompe chaque fois qu'il croit la saisir. Le compliment ici tient évidemment dans ces trois mots : « De son mieux. »

Dans cette quête que le monde réel contrecarre à chaque pas, Maurice est admirable de ténacité. Si, comme je le crois, une vie vaut davantage par sa trajectoire que par ses points saillants, alors celle de Thiney vaut beaucoup. Car depuis l'enfance, son existence a été tendue tout entière vers l'accomplissement du seul rêve qui puisse concrétiser sa soif d'inconnu : devenir un aventurier. Et ce rêve n'a été atteint qu'à l'âge mûr.

La vraie vie de Maurice Thiney a ainsi commencé à l'âge où d'autres éteignent la leur. Comment ne pas admirer un tel basculement du destin ? Comment ne pas saluer en même temps l'enthousiasme juvénile qui persiste chez cet homme, envers et contre tout, quand d'autres plus jeunes ne cessent de ressasser amertume et regrets, abîmés par l'usage du monde ?

Spinoza disait humblement qu'il faut « persévérer dans son être ». Thiney n'a jamais fait que cela. Peut-être même un peu plus que cela. Car il s'est d'abord construit par lui-même. Chaque jour il a dû sauter hors des rails d'une vie convenue par avance pour devenir ce qu'il est et rester ensuite ce qu'il était devenu. Le chemin s'est révélé long et ardu. On ne demeure pas fidèle à l'image que l'on s'est forgée soi-même sans en payer le prix. Thiney s'est acquitté chaque jour de son écot. Son chemin personnel, il l'a suivi jusqu'au bout sans faiblir et ce livre est une forme d'aboutissement.

On a parfois reproché à Maurice sa naïveté ou nombre d'approximations ou d'erreurs dans ses observations ethnologiques. Sans doute parce qu'il n'est pas ethnologue et ne porte pas sur les hommes un regard d'ethnologue. Dans notre société française, les autodidactes à la façon de Maurice, qui font leurs universités dans la seule expérience de la vie, paient tôt ou tard, d'une manière ou d'une autre, de ne pas avoir pâli de longues années sur les livres d'étude. Et c'est à leurs risques et périls qu'ils pénètrent dans les chasses gardées des messieurs de la faculté. Ces reproches sont donc peu de choses en vérité. De toute façon, ce dont nous parle Maurice, c'est d'abord d'aventure et par là même d'une forme d'exaltation de la vie sur laquelle Nietzsche se serait sûrement penché avec curiosité. Là est l'important. Dans ce domaine, Thiney sait de quoi il retourne. Alors, s'il n'est spécialiste en rien, quelle importance ! De toute façon, si l'on veut bien m'en croire, une vie entière ne suffit pas à être spécialiste de quoi que ce soit...

Reste l'essentiel, que l'on peut ramasser en quelques lignes : Thiney transforme la matière brute de ses expériences aventureuses en quelque chose d'autre – ce livre par exemple, rêve enfin concrétisé d'une trace laissée sur la terre. Cette transmutation d'une expérience vécue en un livre est ce qu'il faut bien appeler une « création de valeurs », sans doute ce qu'il y a de plus important au monde. On en jugera le niveau comme on veut, là n'est pas le plus fondamental. Ce qui importe, comme pour toutes les « valeurs », c'est son existence même, le fait qu'elle ait pu surgir au monde plutôt que de ne pas surgir, et qu'elle soit la « valeur propre » de son créateur, l'exprimant tel qu'il est.

Maurice Thiney voulait vivre comme on vit dans les livres d'aventure. Voici le sien aujourd'hui, comme un passage de flambeau qu'un jeune lecteur inconnu reprendra peut-être un jour... D'une certaine manière, c'est mon vœu le plus cher. C'est par là que Maurice continuerait à vivre bien après que nous aurons tous tiré notre révérence... Alors, si ce lecteur existe, que son livre lui apporte la joie d'un monde revisité par un homme sincère qui démontre à chaque page que seul compte d'être soi-même quand tout le reste a été épuisé.

Ainsi soit-il !

Océan Pacifique, 1er mai 2005

Nous voilà partis !

Cap au nord-est, sur Fatu Hiva aux îles Marquises, vers des hommes qui nous sont encore inconnus. Une semaine probablement pour parvenir jusqu'à eux. Qu'allons-nous découvrir cette fois ? Que va-t-il nous arriver ? Eternel et formidable questionnement de toute aventure naissante. Alors, qu'importe si ce qui nous attend est dur ou périlleux pourvu que ce soit fort, intense et fécond !

En moi : exaltation devant les perspectives de cet avenir, joie sans mélange d'avoir repris la mer après une longue escale, de retrouver l'immensité des espaces infinis portés par l'océan, d'en éprouver la liberté et les contraintes, l'autonomie de toute façon, de retrouver enfin ce sentiment puissant que, face au monde et à ses épreuves, il n'y a plus qu'à compter sur soi-même et ses propres forces...

Le temps est au beau, la mer amicale, le vent modéré. Les anciens du bord disent : « C'est bien parti », et commencent l'instruction des derniers embarqués, tout là-haut dans les vergues de la mâture pour en faire au plus vite de bons et fiers gabiers.

Magie des trois-mâts qui renaît au cœur d'hommes et de femmes nouveaux. Puisque tout est magie sur un grand voilier traditionnel.

Magnificence du gréement transformé en toile d'araignée lumineuse la nuit, sous le feu des projecteurs de mâts allumés pour la manœuvre...

Retrouvaille des sensations marines aux différentes allures du navire : si mouvantes au vent arrière, si pentues au travers, si exaltantes à l'allure de combat du près... Et toujours : sentiment de puissance de *La Boudeuse* par bon vent et bonne toile quand le vent siffle de partout et que l'étrave fend les flots dans des gerbes d'écume qui balayent le pont comme un grondement de tonnerre.

Pour ne rien perdre de l'acquis de notre remise à niveau technique, nous avons repris sans faiblir l'entretien du navire : partout cela peint, rabote, pique, coud, ravaude, vernis, épisse, nettoie, balaie, lave et répare... Tant de milliers de choses à entretenir, petites ou grandes, partout de la poupe à la proue et dans tous les domaines...

Sans oublier le fourbissage des cuivres : cloche, compas et autres hublots qui doivent briller sous le soleil pour la simple fierté des yeux de l'équipage ...

Ah, tout le « sang » que *La Boudeuse* nous demande de lui sacrifier chaque jour en efforts toujours identiques et répétés, comme un moloch exigeant son tribut quotidien !

Mais tout ce qu'elle nous rend en contrepartie, amicale et fraternelle, en force de vie et raison d'être. Jamais je n'ai autant aimé ce navire, capable de nous mener partout pour peu qu'on ne cesse de s'occuper de lui...

Dans la salle des machines, bien suspendues à la queue-leu-leu sur un cordage, Lombardi le bosco a mis à sécher les premières poulies de bois qu'il a vernies ; à chacune des rondes de mon quart je les vois se balancer en rythme comme une ribambelle de bajoues de notables festoyant dans un banquet.

Océan Pacifique, 2 mai 2005

Sur notre quart avant tribord, plongeant depuis les hauteurs du ciel, des nuées d'oiseaux de mer chassent implacablement des bancs de poissons qui tentent de leur échapper en sautant dans tous les sens. D'un coup de barre à droite, nous faisons route vers les lieux de ce combat sans merci dans l'espoir que l'une de nos lignes de traîne au moins s'empare de quelque infortuné survivant. Espérance comblée : une dorade coryphène mord l'un des hameçons et fait les frais de notre repas du soir...

Nous reprenons aujourd'hui un cycle complet de « formation sécurité » pour les nouveaux arrivants. A la feuille de service à la mer, un exercice a été inscrit pour chaque journée : évacuation du navire, incendie, homme à la mer, sans oublier la formation à la navigation, au matelotage et aux manœuvres de voiles – mise à la cape, virements de bord, réduction de voilure d'urgence... Rien ne va manquer jusqu'à notre arrivée aux Marquises ; les journées vont encore passer à une vitesse insupportable...

20 heures : Je prends mon quart avec le plaisir toujours renouvelé de retrouver l'atmosphère feutrée, tamisée, silencieuse, de la timonerie et de sa chambre des cartes au pied de la dunette : voilà bien un de mes lieux de travail préférés sur *La Boudeuse* avec son plafonnier rouge – pour ne pas éblouir le chef de quart au cours de ses incessants allers-retours à l'extérieur –, ses instruments de navigation familiers caressés comme à coups de lustrine par cette lueur très douce, sa grande table à cartes surmontée de sa petite veilleuse penchée vers elle, ses modestes objets de travail quotidien : règle Craa, double décimètre, journal de bord soigneusement tenu, compas à pointes sèches, chronomètre du sextant, compas de relèvement, gommes et crayons sagement alignés dans le râtelier à leur échelle fixé à droite de la table à cartes...

Ici, tout semble plus paisible et serein que partout ailleurs dans le navire.

« Timonier, cap au 35°, route fond 55 et que la nuit soit belle ! »

Bonheur...

La lune, familière de nos veilles nocturnes presque aussi sûrement que les étoiles, est suspendue au-dessus de nos têtes entre les pantoires de bras de vergues ; à chaque mouvement du navire, elle mime son balancement dans la cadence imposée par la mer. Les hommes à terre croient souvent que la lune suit un cycle précis, de la nouvelle à la pleine lune en passant par une forme en croissant, puis de la pleine lune à la nouvelle lune en passant par une forme inversée de croissant. Les gens sur la mer savent qu'à l'exception des nécessités de la navigation, ce cycle est bien peu de chose comparé à toutes les visions poétiques que la lune peut offrir : dans le ciel – clair ou sombre comme il sait l'être sous l'équateur –, entre les nuages effilés comme des serpentins ou massifs comme des châteaux forts crénelés, sous la pluie fine ou épaisse, parmi les éclairs proches ou lointains, accrochée dans l'enchevêtrement de la mâture ou posée sur l'horizon, la lune est toujours semblable à elle-même et jamais la même en même temps. Et lorsque sa lueur pâle flottant sur la mer et le navire se strie de la fulgurance des étoiles filantes, on atteint à l'une de ces splendeurs que la nature propose à l'homme.

Fatu Hiva, baie des Vierges, 6 mai 2005

Après quatre nouvelles journées de navigation sans histoire, nous atteignons Fatu Hiva par un petit matin blafard après que la vigie dans le mât de hune a crié comme au bon vieux temps : « Terre ! Terre ! »

Mais ce que nous apercevons bientôt ressemble davantage à une montagne jetée sans ménagement dans la mer par quelque démiurge descendu du ciel qu'à un nouveau paradis sur terre : devant nous, ce n'est que profusion de falaises abruptes, d'escarpements massifs, de sommets acérés et dentelés comme des lames de sabre, de reliefs hostiles, inhumains pour tout dire. Et tout cela couvert de forêts impénétrables, d'un vert profond, presque sinistre. Pas le moindre lagon où que porte le regard, rien que des eaux sombres et tumultueuses qui battent et rongent les pieds de cette montagne dans des flots d'écume.

Un spectacle inquiétant au premier abord : on est loin ici de l'image habituelle des atolls polynésiens ou du mythe idyllique des Marquises loué par Paul Gauguin ou Jacques Brel. Une première impression rassurante, en fait... Du moins à mes yeux puisque ici va commencer un nouveau moment de notre existence, une de ces chroniques de vie comme je les aime, avec des hommes qui restent à découvrir. Il aurait été décevant que notre première impression soit... ordinaire.

Avec précaution, nous nous engageons dans le doigt de gant de la baie des Vierges qui mène au petit village d'Hanavave. Il pleut et les nuages noirs accrochés sur les sommets qui les effilochent avec le vent accentuent le sentiment d'univers dantesque qui pèse sur ces lieux. De nombreux pains de sucre, droits comme des cierges, dominent la baie. Les pluies ont dû être si violentes au cours de la nuit précédente que la petite rivière qui se jette à cet endroit charrie jusqu'à nous des flots de boues couleur de terre qui font comme une traînée de peinture sale au milieu du bleu de la mer.

Maury est à la manœuvre de mouillage, Lombardi à la barre comme timonier.

« Tu avances autant que faire se peut, dis-je à Maury ; et on tente de mouiller au plus près de la côte.

– Il y a pas mal d'embarcations à l'ancre devant le village, remarque-t-il ; elles vont nous gêner...

– J'ai vu, mais fais au mieux ; on avisera quand nous serons à une longueur du bateau le plus proche. »

La chose est vite vue : même en venant à presque toucher le premier bateau à l'ancre, nous avons encore trente mètres d'eau sous les pieds. Peu rassurant de mouiller dans ces conditions avec nos 75 mètres de chaîne seulement, surtout par vents et courants contraires.

« On tente d'affourcher ? propose quelqu'un.

– Pas question, dis-je ; le coin est trop étroit, on emmêlerait nos deux ancres tôt ou tard et à coup sûr quand on les relèverait. Non, on cule et on se met en dérive. Ce sera la pire des positions à l'exclusion de toutes les autres... A toi de jouer, Maury ! »

Quelques minutes plus tard, nous sommes dégagés de l'étau des montagnes, libres de manœuvrer à notre guise. Comme à Marokau, il nous faudra garder à bord des quarts de veille complets pour parer aux dangers et maintenir le navire dans la configuration que nous souhaitons, mais ce sera encore un moindre mal.

Bientôt notre canot principal est descendu du bossoir arrière et une équipe renforcée envoyée en reconnaissance à terre.

Le canot s'est à peine éloigné du bord qu'à la jumelle j'aperçois de nombreuses pirogues à balanciers qui quittent la rive dans une excitation certaine pour converger vers lui ; d'autres pirogues se dirigent en même temps vers nous.

Une nouvelle aventure commence au bout du monde...

Paris, Montmartre
Saint-Léger-en-Yvelines
Anneville-sur-Mer, village de Bougainville
Février – août 2008

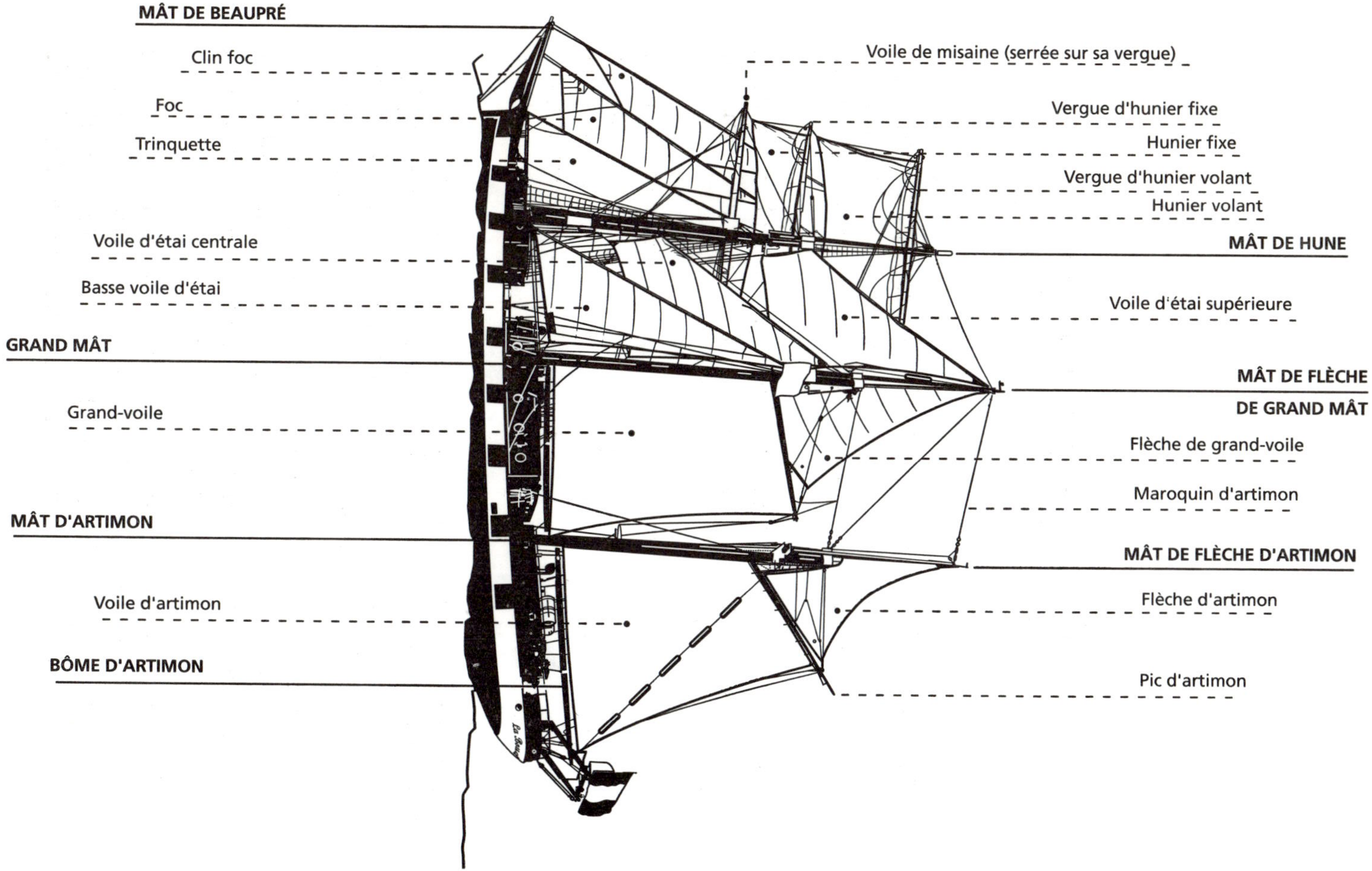
MÂT DE BEAUPRÉ
Clin foc
Foc
Trinquette
Voile d'étai centrale
Basse voile d'étai
GRAND MÂT
Grand-voile
MÂT D'ARTIMON
Voile d'artimon
BÔME D'ARTIMON
Voile de misaine (serrée sur sa vergue)
Vergue d'hunier fixe
Hunier fixe
Vergue d'hunier volant
Hunier volant
MÂT DE HUNE
Voile d'étai supérieure
MÂT DE FLÈCHE
DE GRAND MÂT
Flèche de grand-voile
Maroquin d'artimon
MÂT DE FLÈCHE D'ARTIMON
Flèche d'artimon
Pic d'artimon

Glossaire des principaux termes de marine utilisés dans le livre

Adonner : Se dit du vent lorsqu'il passe de l'avant vers l'arrière du navire, rendant son allure plus portante. A l'inverse, on dit que le vent *refuse* lorsqu'il passe de l'arrière du navire vers l'avant.

Affourcher : Manœuvre qui consiste à mouiller les deux ancres du navire en V sur une ligne perpendiculaire au vent ou au courant.

Amure : L'un des trois points de fixation d'une voile (sauf pour les voiles carrées) avec celui de l'écoute et de la drisse. Le point d'amure est le plus bas et le plus au vent. Les expressions « bâbord amure » et « tribord amure » signifient que le vent vient de la gauche du navire ou de sa droite.

Artimon : Le mât le plus en arrière d'un trois-mâts. La voile principale de ce mât porte le même nom. Si ce mât est placé en arrière du gouvernail (généralement sur de petits bateaux), il ne s'appelle plus un artimon mais un tape-cul.

Aussière : Cordage de fort diamètre servant à l'amarrage du navire. Sur *La Boudeuse*, les aussières sont surdimensionnées à peu près au double du nécessaire, soit 50 mm de diamètre, pour parer à tous les dangers à quai.

Beaufort : Terme de mesure de la force du vent sur l'échelle du même nom qui porte 12 niveaux de graduation, du calme plat à la tempête (10 Beaufort) et au-delà (12 pour l'ouragan). Beaufort est le nom de l'inventeur de cette échelle de mesure. La vitesse du vent peut aussi se mesurer en nœuds, en mètres/seconde ou en kilomètre/heure.

Beaupré : Mât oblique et fixe de l'avant du navire prolongeant l'étrave. Il peut être augmenté (ou remplacé) par un bout-dehors, partie de mât amovible. C'est sur ce mât de beaupré que sont amurés (fixées) les voiles d'avant (3 sur *La Boudeuse*, clin foc, foc et trinquette)

Bosco : Maître de manœuvre (à ne pas confondre avec « chef de manœuvre », officier responsable des manœuvres de voiles). Sur *La Boudeuse*, le bosco est le responsable du gréement et de l'ordonnancement du pont.

Bossoir : Potence double saillant à l'extérieur du navire pour la fixation d'une embarcation et permettant de la hisser comme de la descendre à l'aide de cordages passés par une série de poulies. Sur *La Boudeuse*, les deux embarcations en service permanent se trouvent au « bossoir arrière » pour la principale (canot « Commerson » – du nom du botaniste qui accompagnait Bougainville dans son tour du monde) et pour la secondaire (canot « Véron », du nom de l'astronome qui accompagnait aussi Bougainville) sur l'un des deux berceaux en forme de ber (celui de tribord) qui sont situés de part et d'autre du navire dans sa partie centrale. Le canot « Véron » doit être mis à la mer à l'aide d'un mât de charge. Il existe aussi des bossoirs d'ancre sur certains types anciens de navires.

Bras de vergue : Cordage (manœuvre courante) servant à brasser une vergue, c'est-à-dire à faire pivoter cette dernière autour du mât (sur laquelle elle est fixée perpendiculairement) en fonction des nécessitées du vent ou de la manœuvre. Chaque vergue porte une voile carrée (misaine, hunier fixe et hunier volant sur *La Boudeuse*) et dispose de deux « bras » pour la manœuvrer, à tribord et à bâbord.

Brion : Partie avant du navire à la jonction de l'étrave et de la quille.

Cabillot : Pièce de bois ou de bronze d'une trentaine de centimètre de long, servant à tourner les « manœuvres » des voiles, autrement dit à maintenir fixés au navire les différents types de cordages de ces voiles (drisses, amures, écoutes et cargues). On tourne ces cordages trois fois en huit autour d'un cabillot pour les fixer correctement, sans terminer par une demi-clef afin de pouvoir les larguer en urgence en cas de besoin. Les cabillots, amovibles, sont placés dans des râteliers comportant autant de trous qu'il y a de cabillots. Sur *La Boudeuse*, il y a près d'une centaine de cabillots pour « tourner » autant de « manœuvres ». Afin d'aider à la mémorisation des cabillots, vu leur nombre important, ces derniers portent généralement des plaquettes indiquant leur fonction. Par exemple : « cargue bouline tribord de hunier volant », « drisse de grand-voile », « amure bâbord de misaine », « guide de pic tribord d'artimon », etc.

Cambuse : Magasin à vivres. En d'autres termes, partie du navire où sont stockées les réserves principales de nourriture. Sous la surveillance du « cambusier » ou du commissaire de bord...

Cargue : Manœuvre courante (cordage) servant à ramener une voile carrée sur sa vergue (ou un autre type de voile sur son mât ou son étai, pouvant alors être dit aussi « hâle-bas » ou « hâle-au-mât ») avant qu'elle ne soit serrée (ferlée). Sur une voile carrée comme la misaine ou les huniers, il existe plusieurs types de cargues selon le point de la voile où elles se trouvent : cargue point (relevant les points d'écoute et d'amure) cargue fond (relevant la bordure et dites « cargue fond en dedans », « cargue fond milieu » ou « cargue fond en dehors » selon leur positionnement sur cette bordure de la voile) cargue bouline (relevant la chute de la voile). Au moment de carguer une voile (autrement dit de la supprimer du plan de voilure utilisé à ce moment-là) il est bon de « peser » (d'utiliser) toutes les cargues en même temps pour la rapidité de la manœuvre, ce qui demande beaucoup de matelots de pont (six rien que pour un hunier.) On peut peser les cargues alternativement en cas de manque de personnel. Dans l'ordre inverse, on « largue » les cargues avant d'envoyer la voile.

Choquer : Donner du mou à un cordage, le laisser filer doucement ou jusqu'à un certain point. Ne pas confondre avec

« larguer » qui est choquer en grand... A l'inverse, pour reprendre un cordage, on le « borde ».

Clin foc : Premier foc sur l'avant du navire. Il est suivi sur son arrière par le foc, le faux foc, le petit foc ou le grand foc selon le type de navire et sa taille.

Coupée : Ouverture dans le pavois ou la lice, permettant de monter à bord.

Culer : Equivalent de reculer.

Drisse : Manœuvre courante (cordage) servant à hisser une voile par son « point de drisse ».

Dunette : Partie arrière (généralement surélevée et à l'air libre) d'un navire traditionnel comme un trois-mâts. Lieu où se trouve le plus souvent le gouvernail sur ce type de navire. C'est alors sur la dunette que se trouvent les timoniers et les chefs de quart.

Ecoute : Cordage servant à border une voile, c'est-à-dire à la régler par rapport au vent. Il s'agit d'une *manœuvre courante* puisqu'elle est mobile.

Encalminé : Etre immobilisé faute de vent.

Enfléchures : Echelles de corde disposées dans les haubans pour grimper au plus haut de la mâture.

Etais : Câbles d'acier soutenant les mâts dans le sens longitudinal (contrairement aux haubans qui soutiennent les mâts latéralement). Il s'agit de *manœuvres dormantes* puisqu'elles demeurent fixes. Des voiles sont souvent « endraillées » sur les étais.

Etrave : Partie avant de la coque, la première à fendre la mer.

Foc : Voile d'avant. Sur un trois-mâts comme *La Boudeuse*, seconde voile d'avant après le clin foc. Tous les types de focs sont des voiles latines, c'est-à-dire à trois côtés.

Fusée de vergue : Partie des vergues les plus à l'extérieur. C'est là que sont fixées les pantoires des bras servant à manœuvrer les vergues.

Gabier : Matelot spécialisé dans la manœuvre de la voilure, notamment dans la mâture.

Galhauban : Type de hauban (servant à soutenir les mâts latéralement) allant de la tête du mât au pont. Un hauban va du milieu du mât au pont, et un bas-haubans du bas du mât au pont… Les différents types de haubans peuvent être faits, soit de câbles d'acier de fort diamètres que l'on « raidit » à l'aide de ridoirs pour assurer la rigidité de la mâture, soit de solides cordages qui se règlent non plus avec des ridoirs mais avec des caps-de-moutons.

Gréement courant : Il s'agit, dans le gréement d'un navire, de l'ensemble des cordages ou câbles d'acier qui sont mobiles.

Gréement dormant : Il s'agit, dans le gréement d'un navire, de l'ensemble des cordages, câbles d'acier, poulies et autres, qui restent fixes.

Gréement de lougre : Gréement équipant les lougres qui sont des navires à deux ou trois mâts portant des voiles au tiers.

Guindeau : Treuil horizontal (contrairement au winch et au cabestan qui sont verticaux) servant à remonter (virer) les ancres.

Hunier : Voile carrée placée au-dessus de la basse voile d'un phare carré.

Hunier fixe : Sur *La Boudeuse*, voile carrée placée au-dessus de la voile de misaine (sur le mât avant).

Hunier volant : Voile carrée placée au-dessus du hunier fixe.

Loch : Appareil servant à mesurer la vitesse du navire. Le loch peut être à main ou électronique (sur un GPS).

Lof pour lof : Se dit pour un virement au vent arrière.

Maroquin d'artimon : Un maroquin est un étai reliant deux mâts en hauteur pour aider à la rigidité de la mâture. Le maroquin d'artimon relie le mât du même nom au grand mât.

Mât d'artimon : Mât arrière sur un trois-mâts.

Misaine : Basse voile carrée disposée sur la basse vergue du mât de misaine. Le mât de misaine est le mât le plus à l'avant du navire sur un trois-mâts.

Pantoire : Manœuvre dormante servant de rallonge à une manœuvre courante.

Pavois : Partie supérieure de la coque protégeant le pont.

Petit largue : L'une des allures du voilier, proche du vent de travers.

Phare carré : Se dit de la voilure d'un mât portant une série de voiles carrées (trois au minimum, six au maximum). Par exemple, le phare carré du grand mât d'un trois-mâts peut porter du bas vers le haut : grand voile, hunier fixe, hunier volant, perroquet, cacatois et contre-cacatois.

Pomme de mât : Se dit pour la partie la plus supérieure d'un mât.

Prendre la cape : Manœuvre (souvent complexe sur un trois-mâts) consistant à immobiliser un voilier malgré le vent, en mettant notamment certaines voiles à contre (on dit alors « masquer » les voiles). On peut prendre la cape (on dit aussi « mettre en panne ») pour diverses raisons : sauver un homme tombé à la mer, se mettre en attente, ou protéger le navire de la tempête.

Râtelier de mât : Large pièce de bois disposée en U sur le pont, au pied des mâts. Ces râteliers sont percés de trous dans lesquels sont disposés les cabillots sur lesquels sont « tournées » les manœuvres courantes (écoutes, cargues, amures et autres drisses).

Râtelier de pont : Large pièce de bois longitudinale disposée le long du pavois au niveau des mâts, portant les cabillots qui ne peuvent être placés sur les râteliers de mâts.

Ris : Plis dans les voiles servant à en diminuer la surface quand le vent forcit. Sur *La Boudeuse*, la grand-voile est à deux ris et l'artimon à un seul ris.

Roof : Partie des habitations surélevées au-dessus du pont.

Safran : Partie plane du gouvernail située sous l'eau et servant à diriger le navire.

Sextant : Appareil optique permettant de relever la hauteur d'un astre au-dessus de l'horizon et de calculer à partir de là la position du navire.

Trinquette : Voile d'avant (donc voile de type « latine ») située juste derrière le foc et amurée (fixée) au mât de beaupré. La trinquette peut être « bômée » ou non, c'est-à-dire posséder ou non une bôme pour rigidifier sa bordure.

Vergue : Espar (pièce de bois) perpendiculaire à un mât sur lequel est fixée une voile carrée (misaine, hunier, perroquet, cacatois).

Voile à corne : Type de voile à quatre côtés possédant à la fois une bôme sur le bord inférieur et un pic sur le bord supérieur et prenant le vent de manière latérale. Souvent lourde à manœuvrer...

Voile carrée : Type de voile à quatre côtés fixée uniquement sur une vergue et prenant le vent de manière longitudinale. Les voiles de misaine, de hunier ou de perroquet sont des voiles carrées. Généralement plus faciles à manœuvrer que des voiles à cornes...

Voile latine : Type de voile à trois côtés. On trouve ces voiles sur les étais de l'avant d'un grand voilier ou entre ses mâts.

Winch : Petit treuil vertical servant à border ou manœuvrer des cordages comme les écoutes ou les drisses à l'aide d'une manivelle.

ANNEXE

Le document suivant, extrait du « Manuel de manœuvre » de La Boudeuse *s'intitule : « Procédure générale de manœuvre à la voile. » Pour bien comprendre le fonctionnement d'un trois-mâts et de son équipage, il peut être utile à lire malgré la nécessaire austérité de ce type de littérature :*

1 – Rôle des personnels

Ils se répartissent sur trois niveaux d'organisation : chef de manœuvre, chefs de mâts, matelots et gabiers.

a) Chef de manœuvre

Le chef de manœuvre a pour fonction de diriger l'ensemble de la manœuvre en cours, quelle qu'elle soit, du simple serrage des huniers à l'envoi de toute la toile. Aucune manœuvre ne s'effectue sans un chef de manœuvre. Il n'y a qu'un seul chef par manœuvre.

Le chef de manœuvre ne doit rien effectuer par lui-même. Il doit rester attentif à conserver un regard d'ensemble sur la manœuvre afin de l'ordonner au mieux et de la rendre à la fois efficace, rapide, sûre et élégante. Il est généralement placé sur la dunette pour coordonner l'ensemble des actions à effectuer et donner ses instructions au timonier.

Les chefs de manœuvre habilités sont : le capitaine, son second et les lieutenants chefs de quart. Ils sont assistés par le bosco. Le capitaine ou son second décident de prendre la manœuvre ou de la confier à l'un des lieutenants. Le bosco, responsable de l'entretien des manœuvres dormantes et courantes, ainsi que de l'ordonnancement du pont, assiste généralement le chef de manœuvre en transmettant ses instructions, en assurant la coordination de l'ensemble de la manœuvre, ainsi que le réglage des voiles avec les chefs de mâts.

En cas d'urgence ou d'indisponibilité momentanée du capitaine et de son second, c'est le lieutenant chef de quart du moment qui décide de la manœuvre et en prend la direction.

b) Les chefs de mâts

Ce sont généralement les lieutenants. Ils mettent en action les ordres de manœuvre du chef de manœuvre avec leurs équipes de matelots et de gabiers. Ils rendent compte au chef de manœuvre. Ils restent dans la zone de manœuvre de leurs mâts respectifs.

c) Matelots et gabiers

Ils sont répartis en deux ou trois équipes – une par mât dans le cas de trois équipes – selon le nombre de lieutenants du moment. Ils suivent les instructions de leur chef de mât et lui rendent compte. Les chefs de mâts les répartissent par poste à leur convenance et selon des besoins.

2 – Les types de manœuvres en fonction des personnels engagés

Il existe trois types de manœuvres : les manœuvres générales, les manœuvres réduites, les manœuvres d'urgence.

a) Les manœuvres générales

Ce sont celles qui nécessitent l'ensemble de l'équipage : appareillage, envoi ou réduction de toute la toile, accostage, etc. L'ensemble de l'équipage est donc appelé sur le pont par le chef de manœuvre et les chefs de mâts prennent aussitôt en charge leurs équipes.

b) Les manœuvres réduites

Ce sont celles qui ne réclament qu'une partie de l'équipage : serrage des voiles du phare carré, affalage des voiles d'un seul mât, mouillage, etc. Le chef de manœuvre n'appelle que les personnels nécessaires ou la bordée de quart du moment (bâbordais/tribordais).

c) Les manœuvres d'urgence

Elles sont décidées par le capitaine, son second ou le lieutenant chef de quart du moment. Le chef de manœuvre appelle les personnels jugés nécessaires au type de manœuvre à effectuer (ensemble de l'équipage, bâbordais/tribordais ou quel-

Les partenaires et mécènes de *La Boudeuse*

L'UNESCO
La région la Réunion
La collectivité territoriale de Corse
Le département du Finistère
La ville de Bastia
La ville du Port
La Marine nationale
La Direction des Constructions navales
Le SHOM (Service Hydrographique et Océanographique de la Marine)
Météo France
Air France
Corsair
La Caisse d'Epargne de Provence-Alpes-Côte-d'Azur
La Fondation BNP Paribas
Le CIC Paris
L'Envol production
L'Agence France Presse
Océans Magazine
Le SIRPA Marine
Groupe Denis frères
Carrefour Ajaccio et Indonésie
Super U Ajaccio
Beuchat
Hempel
Honda Marine
Bombard
Zodiac
Armor Lux
Geolink
Nauti Store
Sudac
Groupe Marck
MBA Assurances
Groupe Eyssautier
Société de géographie
Société des explorateurs français
Présidence de la République du Cap-Vert
Port autonome de Paris
Association des Amis des grands voiliers
Corderie Lancelin
Cinq/cinq
Cashoi
Blew Stoub

Remerciements particuliers

A toutes les communautés humaines avec lesquelles l'équipage de *La Boudeuse* a partagé des moments de vie, à toutes les ambassades de France qui ont facilité ce tour du monde et à quelques personnes en particulier pour l'appui qu'elles ont apporté à la première partie de cette entreprise, relatée dans ce tome 1 : Alain Hueber, Alexandre Job, Arne Timmerling, Bernard Sexe, Caroline Huot, Cedric Morinet, Charles Branchereau, Patrick Prigent, Christian Hue, Christian Prost, Christophe Ducasse, Michel Cordier, Cyril Aouizérate, Rolande Dantan, Emile Zucarelli, Eric Marchin, François Léotard, Gilles Bonavita, Guy Bénard, Iva Cabral, Jacques Rocher, Jean-Claude Moutic, Julien Celton, Marc Lagadec, Martine Tridde-Mazloum, Michel Bouziat, Nicolas Denis, Nicolas Lancelin, Olivier Le Bret, Michel Marchand, Paul-Eric Eyssautier, Philippe Migaux, Pierre Camus, Paul Verges, Raoul de Torcy, Thierry Bracciotti, Véronique Recouvrot, Alain Lemaire, Pierre de Liges, Pierre Maille, Commandant Prazuck, Serge Thébaut, Jean-François Lemounier, Michel Scotto, François Mouteau, Christophe de Ponfilly, Gérard Magnier, Gérard d'Aboville, Jean Bagionni, Daniel Jehanno, Jean-Yvon Combot, Lionel Rimoux, Jean-Paul Réau, Dominique Bussereau, Zouhair El Asfari, Claire de Heaulmes, Jean-André Maurizi, Vincent Leroux, Raymond Lauret, M'hamed Atmani.

A Catherine et Michel Orliac et à leur livre : *Des dieux regardent les étoiles* auquel je dois beaucoup pour l'historique de l'île de Pâques.

Table

Cet ouvrage a été composé par
CPI Firmin Didot à Mesnil-sur-l'Estrée
et achevé d'imprimer sur Roto-Page
par l'Imprimerie Floch à Mayenne
pour le compte des Éditions Plon
76, rue Bonaparte
*Paris 6e*
en octobre 2008

Imprimé en France

Dépôt légal : octobre 2008
N° d'édition : 14387 – N° d'impression : 72165